Mufti

HC McNeile

Writat

Diese Ausgabe erschien im Jahr 2024

ISBN: 9789359940113

Herausgegeben von
Writat
E-Mail: info@writat.com

Inhalt

PROLOG

ICH

Der in dem selbstgebauten Stuhl zurückgelehnte Beamte hielt sich den Schirm seiner Mütze über die Augen und ließ sein Buch sanft auf den Boden gleiten. Wenige Augenblicke später, nach mehreren vergeblichen Handbewegungen, zog er ein Taschentuch von auffälligem Muster heraus und legte es sorgfältig über sein Gesicht. Dann, die Hände tief in den Taschen vergraben, um auch nur einen Quadratzentimeter Haut von der allgegenwärtigen Fliege zu entfernen, bereitete er sich auf den Schlaf vor. Und kurz darauf verkündete das sanfte Heben und Senken der zentralen Bulldogge, die so wunderbar auf dem Kopftuch dargestellt ist, dass ihm das gelungen war.

Für jeden, der frisch aus England kam und Krieg sehen wollte, wäre die Szene enttäuschend gewesen. Es gab keine Anzeichen von Truppen, die fröhlich singend und mit einem heiteren Lächeln der Zuversicht eine Straße entlang zogen und verlangten, sofort zurückgeführt zu werden, um gegen die Hunnen zu kämpfen. Es wurden keine Gewehre abgefeuert: die grimmige Rüstung des Krieges, was auch immer sie bedeuten mochte, glänzte durch Abwesenheit. Nur ein sehr dicker Quartermaster-Sergeant lag schlafend in der Sonne und schnarchte, während ein alter und liederlicher alter Krieger in der Nähe damit beschäftigt war, im Rahmen seiner Feldstrafe einen Abfluss zu reinigen, und gerade einen toten Hund darin entdeckt hatte. Er sang nicht fröhlich: er hatte kein heiteres Lächeln der Zuversicht im Gesicht: er redete nur – leise mit sich selbst.

Das Feld lag auf einem kleinen Hügel. Über dem Lager schwebte einer einer Reihe von Wurstballons, und das Kabel, an dem er befestigt war, spannte sich straff von einem Punkt in der Nähe des dahinterliegenden Bauernhauses. Auf halber Höhe des Kabels wehte eine dreieckige Flagge, wie eine Stander, senkrecht in der Brise, und der Korb, der absurd klein aussah, hing wie ein schwarzer Punkt unter dem Ballon herab.

Frieden war der Grundton der ganzen Situation. Vor uns erstreckte sich das Land mit seinen Hecken und Bäumen, seinen Feldern und Bauernhäusern. An manchen Stellen verliefen lange Reihen von Pfählen, zwischen denen Streifen aus braunem Stoff gespannt waren, was ein Beobachter zu Recht als Tarnung zur Abschirmung der Straßen werten würde. Aber wovor? Wo war der Boche in dieser Atmosphäre des Schlafs und der Ruhe?

Hinter der stillen Landschaft erhob sich eine Hügelkette. Sie schienen abrupt zu beginnen und zu enden – ein Auswuchs in der alles durchdringenden Flachheit. Oben am nahen Ende der Linie, klar gegen den Himmel abgehoben, der Turm und die Türme eines großen Gebäudes; Am anderen Ende, auf einem Hügel, der fast isoliert vom Hauptkamm getrennt war, stand eine Reihe von Baumstümpfen, hagere Zahnstocherstümpfe, die steif in einer Reihe standen. Auf den Hügeln gab es kein Lebenszeichen, kein Zeichen von Bewegung. Selbst im warmen Schein der Nachmittagssonne waren sie tot und kalt. Besonders der isolierte Baum am anderen Ende mit seiner Reihe von Wächterbäumen. Es hatte etwas Gespenstisches, etwas Heimliches.

Und dann stieg plötzlich eine große gelbe Rauchsäule langsam aus der Mitte auf und breitete sich wie ein riesiger Pilz aus. Eine weitere und noch eine weitere erschien, und die gelbe Wolke rollte kurvenreich die Seite hinab, schwebte in die Luft und wirbelte über den dunklen, düsteren Hang. Allmählich verdunkelte sie den einsamen Hügel, wie Nebel, der einen Berggipfel umhüllt, und während man fasziniert zusah, drang eine Reihe dumpfer Knalle träge durch die Luft.

„Jerry kriegt Kemmel eins auf die Mütze." Zwei Männer, die vorbeigingen, beobachteten die Vorstellung mit oberflächlichem Interesse, während der lila Bulldog noch immer auf und ab ging und der liederliche alte Krieger nicht aufhörte, mit sich selbst zu reden.

„Derek hat wie immer den größten Teil des Geldes abgeräumt." Ein Beamter erschien mit einem Bündel Briefe in der Hand am Eingang eines Blechgebäudes in einer Ecke des Feldes. „Sehen Sie sich den dreckigen Hund dort an – er schläft wie ein Schwein – auf dem einzigen anständigen Stuhl."

Er verschwand im Inneren und tauchte gleich wieder mit einem Badmintonschläger und einem Federball wieder auf. „Auf die Bulldogge – ein Schuss Schnellfeuer." Er feuerte und mit einem lauten Schnauben erwachte der Schläfer.

„Ihnen wird Verhalten zur Beeinträchtigung der Vorurteile usw. vorgeworfen", sagte der Schütze streng, „weil Sie unter den Truppen Besorgnis und Verzweiflung geweckt haben, indem Sie sich als Krankheit ausgegeben und Geräusche gemacht haben, die auf Schmerzen hindeuten."

Derek Vane streckte sich und stand auf. „Wir fühlen uns wohl, danke – und brauchen Nahrung. Erwartet mich Tee, und wenn nicht – warum nicht?" Er nahm seine Post und blätterte sie durch. „Wie sie mich lieben, lieber alter Junge! Was es heißt, jung und gutaussehend und charmant zu sein …"

Es ertönte ein lautes Geschrei, und der Liegestuhl wurde zum Mittelpunkt einer raufenden Meute. Kurz darauf verkündete das Geräusch reißender Plane, dass er sich so verhalten hatte, wie Liegestühle sich zuvor verhalten hatten, wenn fünf Personen gleichzeitig darauf saßen.

„Passt auf, ihr Trottel, ihr habt es kaputt gemacht." Vanes Stimme kam gedämpft vom Boden. „Und mein Gesicht ist in einem Ameisenhaufen."

„Sehen Sie gut aus und sind Sie charmant?", fragte eine unerbittliche Stimme.

„Nein. Geh runter, Käfer. Du hast Knochen wie das menschliche Skelett bei Barnum's."

„Wie bist du?", fuhr dieselbe unerbittliche Stimme fort.

„Schrecklich", stammelte Vane. „Ein wandelnder Albtraum; ein abscheulicher Traum."

„Es ist gut – du kannst aufstehen."

Die Masse löste sich auf, und nachdem sie das Stuhlgestell vom Körper eines Offiziers gerissen hatten, der aus offensichtlichen Gründen bei allen als „Tank" bekannt war, gingen sie langsam zur Messe, um Tee zu trinken.

In jeder Hinsicht eine unkriegerische Szene, die den Sensationssucher enttäuschen würde. Wären da nicht die Lastwagen gewesen, die unaufhörlich die lange gerade Straße unten auf und ab holperten, und das alles durchdringende Khaki, hätte es eine Szene aus der Heimat vor dem Krieg sein können. Der gelbe Nebel hatte sich von Kemmel verzogen, und über dem flachen Land stieg der Hitzedunst auf, der in der Nachmittagssonne schimmerte und tanzte. Auf dem Feld neben dem Lager pflügte ein alter Belgier, seine beiden großen wallonischen Pferde wurden von einer einzigen Leine gelenkt, während hinter dem Bauernhof das leise Poltern eines Fußballs zu hören war.

Und dann geschah es. Innerhalb weniger Sekunden war die Luft erfüllt von Archies Stampfen und dem fernen Knattern von Maschinengewehren.

„Bei Gott! Da ist er", rief der Tank. „Er hat ihn auch."

Die Beamten blieben stehen und blickten über die tote Stadt Poperinghe, wo ein Blitz nach dem anderen ein Boche-Flugzeug verkündete. Sie sahen, wie er auf einen Ballon zustürzte – er fiel wie ein Falke; dann richtete er sich plötzlich auf und ging auf den nächsten zu. Von der ersten Wurst aus schossen zwei schwarze Streifen hervor, stabilisierten sich nach etwa dreißig Metern und schwebten, unterstützt von ihren weißen Fallschirmen, herab. Aber der Ballon selbst war fertig. An einem Ende glühte für einen Moment ein gelber Feuerofen. Dann schoss eine Flamme hoch, gefolgt von schwarzen Rauchwolken. Wie ein Stein krachte der Korb herab, vorbei an den beiden weißen, treibenden Flecken auf dem Weg und hinterließ einen langen schwarzen Streifen.

Das Flugzeug rollte wie ein Betrunkener hin und her und näherte sich seinem nächsten Steinbruch. Lewis-Geschütze, Maschinengewehre und Archies feuerten jetzt alle auf Hochtouren, aber der Pilot setzte seinen Kurs fort. Leuchtspurgeschosse schossen wie Lichtlinien in die Höhe, aber bisher war er unbeschadet durchgekommen. Aus den Ballons stiegen die Beobachter ab, bis irgendwann zehn in der Luft waren. Und jeder Ballon folgte der Reihe nach seinem Besitzer, einem brennenden, rauchenden Überrest...

Dann kam das Ende – so plötzlich, wie es begonnen hatte. Eine Leuchtspurgeschosse schien das Flugzeug direkt zu durchdringen. Wie ein winziger Feuerball traf die Kugel darauf ein und ging dann aus. Das Flugzeug schwenkte heftig aus, richtete sich auf und schwenkte erneut ab. Dann drehte es sich nach unten und schwankte von einer Seite zur anderen, während um ihn herum ein Strahl weißer Flammen loderte. Und es fielen etwas schneller als das Flugzeug, zwei schwarze Flecken, die sich nach dreißig Metern nicht stabilisierten. Sie stürzten fünfzig Meter von der Blechhütte entfernt ab, und kurz bevor sie den Boden erreichten, waren die Beamten zur Stelle. In einiger Entfernung brannte das Flugzeug, und sie konnten die Hitze spüren, als sie sich über den Piloten und seinen Beobachter beugten. Sie waren beide tot und der Pilot war nicht wiederzuerkennen; Eine Kugel war von hinten in seine Schädelbasis eingedrungen. Aber der Beobachter war äußerlich nicht sehr beschädigt. Er lag mit ausgestreckten Armen auf dem Boden, den der Bauer gerade gepflügt hatte, und blickte in den Himmel. Er schien zynisch zu lächeln über den heiseren Jubel, der sich jetzt von Feld zu Feld, von Lager zu Lager ausbreitete. Vielleicht hatte er schon damals die Sinnlosigkeit des Ganzen erkannt...

Derek Vane sah ihn einige Sekunden lang ernst an, während ganz in der Nähe zwei aufgeregte Männer aus verschiedenen Einheiten lautstark darüber stritten, welches Bataillon das Flugzeug zum Absturz gebracht hatte.

„Ich sag dir, ich habe gesehen, wie die verdammte Kugel den Verschütteten mitten in die Mitte traf", rief einer der Kläger. „Es war Gingers Gewehr, sag ich dir. Ginger mit einem Lewis ist ein echter Volltreffer."

Das Lächeln auf dem Gesicht des Toten wurde immer breiter, bis es beinahe zu einem Grinsen wurde. Natürlich war es eine Muskelanspannung, aber ... Mit einer plötzlichen Bewegung bückte sich Vane und bedeckte das Gesicht.

„Sergeant Major." Er wandte sich an den Unteroffizier neben ihm. „Bewaffnete Wache um das Flugzeug, bis die Fliegertruppe eintrifft. Bringen Sie diese beiden Leichen auf Tragen ins Lager."

Fünf Minuten später setzten sie sich zum Tee und einer ungeöffneten Post hin. Der Bauer hatte sein Pflügen wieder aufgenommen – die Fußballbegeisterten ihr Spiel. Fünfundzwanzig Lewis-Geschütze und zwölf Vickers-Abteilungen verfassten alle Berichte, in denen es hieß, dass ihre spezielle Waffe die Tat begangen hatte und dass jemand eine weitere Nebelwolke über Kemmel aufdeckte.

Tatsächlich bestand der einzige wirkliche Unterschied in der Szene nach diesen zehn kurzen Minuten darin, dass neben den Ruinen eines Liegestuhls zwei deutsche Flieger mit bedeckten Gesichtern ganz still auf Tragen lagen. . . .

II

Zwei Stunden später. Vane reichte seinem Burschen seinen Stahlhelm und schwang sich in den Sattel seiner alten grauen Stute. Sie hatte einen Hauch Araber in sich und die Hufe waren riesig. Aber sie erfüllte die meisten Anforderungen, die ein Mann an ein Kriegspferd stellt, die nicht unbedingt die sind, die er von einem Pferd mit dem Grafton verlangt. Sie verachtete Gewehre – sie lehnte Lastwagen ab, und er konnte ihr die Zügel auf den Hals legen, ohne dass sie aufhörte zu funktionieren. Sie fiel dabei häufig hin; aber – *c'est la guerre* . Die Schatten begannen länger zu werden, als er aus dem Lager ritt, einem Badminton-Vierling zum Abschied zuwinkte und sich auf den Weg nach Poperinghe machte.

Poperinghe lag etwa eine Meile die Straße hinauf zu seinem Ziel, und Vane kannte es seit über drei Jahren immer wieder. Er erinnerte sich noch daran, wie es im April 1915 beim ersten Gasangriff bombardiert worden war und die Einwohner in alle Richtungen geflohen waren. Dann war es allmählich wieder normal geworden, bis es nach den Kämpfen von Passchendaele 1917 an Fröhlichkeit übertraf. Und jetzt, im Mai 1918, war es wieder tot, jedes Haus war vernagelt und jedes Fenster mit Fensterläden verschlossen. Der große gepflasterte Platz, die düsteren, stillen Kirchen, der einzelne Militärpolizist, der neben seinem mit Sandsäcken umschlossenen Wachhäuschen stand – und in der Ferne das Rumpeln eines Wagens, der am Bahnhof vorbeifuhr – so sah Poperinghe aus, wie Vane es an diesem Abend sah.

Eine Geisterstadt – verlassen und leer, und während die alte graue Stute gesetzt über den Platz schritt, hatte Vane das Gefühl, das Lächeln des toten Fliegers zu verstehen.

Manchmal wirkte ein zufälliger Schuss, aber der Beutel wurde bald entfernt. Noch am selben Nachmittag war ein Fahrer mit seinen beiden Pferden direkt getroffen worden. Der Mann oder das, was von ihm übrig geblieben war, war entfernt worden – nur die Pferde waren zurückgeblieben und eine rote Lache, die mit grauem Staub bedeckt war. Die Stute drängte sich vorsichtig um sie herum, und ein Schwarm Fliegen, aufgedunsene, abscheuliche Tiere, summte wütend auf, als sie vorbeikam.

„Das ist nicht fair, altes Mädchen“, sagte Vane, beugte sich vor und tätschelte ihren Hals; „Aber ich vermute, dass es heutzutage nur im Einklang mit allem anderen steht – es ist nicht die Gerechtigkeit, die zählt; es ist nur Glück – albernes, idiotisches Glück. Es ist nicht einmal ein Spiel; es ist ein wildes Glücksspiel auf der ganzen Welt. Und möge der Himmel.“ Helfen Sie uns allen, wenn der Markt den Tiefpunkt erreicht.“

Die graue Stute schlenderte ruhig die Hauptstraße von Ypern entlang, ungestört von seiner Philosophie. Die Toten ihrer Art waren bereits vergessen, und der Nasenbeutel am Sattel ließe sich umso besser entleeren. Auf beiden Seiten der Straße befanden sich Geschützstellungen, und Vane behielt die Augen im Auge, während er weitertrottete. Wenn es etwas gab, das er über alles andere verabscheute, dann war es der Humorist des Schützen, der mit böser Absicht absichtlich mit dem Abfeuern seiner Waffe wartete, bis ein hilfloser Passant etwa einen Meter von der Mündung entfernt war. Doch im Moment schien alles ruhig zu sein. Der abendliche Hass war noch nicht fällig; und Vane erreichte die Brandhoek-Kreuzung, ohne dass sein Trommelfell platzte.

Auf dem Decauville-Gleis in der Nähe standen acht Züge, gestapelt mit Reihen von Zylindern, und er betrachtete sie grimmig. Jeder Zug wurde von einer hässlich aussehenden Benzin-Elektrolokomotive gezogen. Die gesamten acht würden in Kürze in engen Abständen zum nächstgelegenen Punkt zur Frontlinie laufen. Dann konnte Vane mit einem großen Schubtrupp die Züge in die festgelegte Position manövrieren – ein paar hundert Meter hinter der Außenpostenlinie. Und als Kampfmethode erschien es ihm dürftig.

Was auch immer über Macht und Recht gesagt werden mag, es gibt ein Element, das jedes normale Wesen im Triumph der Stärke und Härte über die Schwäche ansprechen muss. Es kann falsch sein; es ist jedoch natürlich. Aber für den Durchschnittsmenschen ist die Fähigkeit eines Wissenschaftsprofessors, der meilenweit entfernt in seinem Labor arbeitet, überhaupt nicht attraktiv, eine Waffe herzustellen, die sowohl den Starken als auch den Schwächlichen mit einer Qual niederschlägt, die den Tod zu einer gesegneten Erleichterung macht. Gas – nur eine Verfeinerung des modernen Krieges, eingeführt von den Köpfen vieler bedeutender Herren. Und es muss für sie ein persönlicher Triumph sein, zu erkennen, dass ihre erschöpfenden Experimente mit Meerschweinchen und Kaninchen bei Tausenden zunächst fürchteten, sie würden sterben, und später noch mehr fürchteten, dass dies nicht der Fall sei. . . .

Vane nickte dem Gasoffizier zu und bestieg den kleinen Traktor, der ihn zu den vorderen Schützengräben bringen sollte.

Er tuckerte durch einen Schirm nach dem anderen aus brauner Tarnung, der die kleine Eisenbahnlinie vor den wachsamen Blicken Kemmels verbarg, und schien durch ein geheimnisvolles Land zu fahren. Tagsüber war es abscheulich genug; aber in der Dämmerung wurde die flache Trägheit verwandelt. Jeder Teich mit den schwarzen Schatten auf seiner glatten Oberfläche schien ein Märchensee zu sein; Jeder dürre und verkrüppelte Baum schien sich wieder mit raschelnden Blättern zu bekleiden. Die Nacht war still; nur das Rattern des kleinen Zuges, der über Brücken rumpelte, die einen trägen Bach überspannten, oder mit warnendem Gejohle eine Straße überquerte – durchbrach die Stille. Große Granattrichter voller verrottender Trümmer schossen vorbei, die vermodernden Ruinen eines alten Schlosses runzelten die Stirn, als sie sich durch das Gelände wanden, auf dem einst Männer geflirtet und Frauen geseufzt hatten. Jetzt wurde der Rosengarten als Müllhaufen für Dosen genutzt; und neben der überwucherten Sonnenuhr, die von einer verirrten Muschel angeschlagen und vernarbt war, ragten zwei Holzkreuze aus dem hohen Gras. Endlich erreichten sie den Kanal, und die Lokomotive blieb in der Nähe der Straße nach Lille stehen.

Ganz in der Nähe hoben sich die Leuchtraketen ab, grün hoben sie sich von der Nacht ab; und ein weißer Nebel bedeckte den tief liegenden Boden. Auf der anderen Straßenseite lagen Bäume in alle Richtungen, während ein kalter, heller Mond durch die wenigen, die noch standen, fantastische Schatten warf. Auf beiden Seiten der Straße saßen Gruppen von Männern, die durch die Böschung vor Maschinengewehrfeuer geschützt waren und auf die Züge warteten.

Endlich hörte Vane den ersten Ton – schwach in der Ferne. Plötzlich tauchte es aus dem Nebel auf und kroch über die Straße. Ohne ein Wort zu sagen, schienen die Männer, die es schieben sollten, aus dem Boden aufzusteigen. Lautlos verschwanden sie damit, wie Gespenster bei einer geheimnisvollen Zeremonie. Bei gedämpften Kupplungen gab es kein Geräusch von sich; und in wenigen Minuten war es mit seinem Führungswagen dort, wo einst der Besitzer einer Farm nach der Arbeit des Tages vor dem Feuer gesessen hatte, bereit.

Und so kamen sie – insgesamt acht. Jeder Lärm – jeder Verdacht seitens der Boche, nur eine Viertelmeile entfernt, und ein Maschinengewehr hätte den Boden gefegt. Aber die Nacht war still, die Fackeln stiegen noch immer friedlich auf und der Wind hatte sich nicht verändert. Es wehte sanft und stetig auf die deutschen Linien zu. Nur lag jetzt nur noch ein schwacher Ananasduft in der Luft; Einer der Zylinder war undicht. . . .

Unerwartet tauchten Gestalten aus dem Nebel auf; gelegentlich war ein leiser Fluch zu hören, wenn ein Mann in ein Granatenloch stolperte. . . .

„Alles in Ordnung; alles klar?" Der Gasexperte blickte Vane in der Dunkelheit an. „Richtig! Nun, lass sie gehen."

Eine Reihe von Knallen klang ohrenbetäubend laut, als die Zünder der Zylinder elektrisch gezündet wurden; ein gleichmäßiges, zischendes Geräusch, als eine große Wand aus weißem Dampf sich mit dem Nebel vermischte und auf die Deutschen zurollte. Der Gasangriff hatte begonnen. Für einen Flieger, der von einem Bombenangriff zurückkehrte und einen Moment lang oben kreiste, sah es aus wie ein Laken, das langsam über das Land unter ihm ausgebreitet wurde; ein schönes – und unheimliches – Bild. Für diejenigen am Boden, die es beobachteten, schien es wie eine feste Wand aus dichtem Nebel, die sich unaufhaltsam vorwärts bewegte – wie der Nebel, der über die Downs kriecht, bis diejenigen, die darin gefangen sind, kaum noch die Hand vor Augen sehen können. Für die Boche war es der Tod …

Als die Patrouillen in der nächsten Nacht ausrückten, fanden sie verkrümmte und geschwärzte Männer, deren geschwollenen Lippen noch den Geruch von Ananas aufwiesen; in den dahinter liegenden Krankenhäusern krümmten sich die Männer und murmelten heiser, rangen um Atem und kämpften vergeblich. Der Angriff war erfolgreich gewesen – und alles war, wie es sein sollte. Zweifellos hatten die Deutschen in einem Land, in dem der vorherrschende Wind Südwest war, mit Gas begonnen – und es zahlt sich im Krieg nicht aus, ein Dummkopf zu sein …

Vane wünschte, ein oder zwei deutsche Wissenschaftler hätten die Bosch-Außenpostenlinie besetzt, statt … Krieg – moderner Krieg!

"Es geht sauber durch ihre Helme", sagte der Gasexperte. "In den meisten Fällen eine Stunde, und wenn es schwächer wird, vierundzwanzig oder sogar länger. Das ist das Zeug, das man ihnen geben muss."

Schließlich war die Vorstellung vorbei und die Züge kehrten nach der Auslieferung der Waren an ihren Bestimmungsort zurück.

"Am erfolgreichsten." Der Gasexperte rieb sich die Hände und kam auf Vane zu, der auf der Straße nach Lille stand. „Ich denke, wir haben eine ganze Reihe von Blightern. Und keinen einzigen Todesopfer!"

„Gut", sagte Vane. „Aber was für eine schmutzige Kampfmethode."

„Die Deutschen haben damit angefangen", antwortete der andere.

„Das weiß ich", lachte Vane. „Das ist wahrscheinlich der Grund, warum es so dreckig ist."

Der Gasoffizier sah nachdenklich aus. „Ich bin mir nicht sicher, ob ich dir zustimme, Vane. Krieg ist ein so schmutziges Geschäft, wie auch immer man es betrachtet, dass es ein Narr wäre, die Wissenschaft nicht auf jede erdenkliche Weise zu nutzen …“

„Das können Sie nicht glauben“, spottete Vane. „Die Wissenschaft hat uns angespannt. Wir haben den Bally-Motor mit eingelegtem Gang gestartet und jetzt rennen wir hinter ihm her und versuchen, ihn einzuholen. Kann ich Sie auf meiner privaten Stinkmaschine mitnehmen? …“

Gemeinsam schlenderten sie die Straße hinauf zu der Stelle, wo der Traktor wartete.

„Sie meinen, der Mensch ist nicht mehr Herr seines Schicksals?“, sagte sein Begleiter.

„Bring mich nicht zu laut zum Lachen“, erwiderte Vane, „sonst hört es der Boche vielleicht; es sei denn, du hast sie alle getötet …“

„Sie irren sich, mein Freund – völlig falsch.“ Sie kamen an die Stelle, wo die Eisenbahnschienen die Straße kreuzten, und er blieb stehen, um seine Pfeife herauszuholen, bevor er auf die kleine Lokomotive stieg.

„Ich sage dir, Vane …“

Und in diesem Moment schien eine Schar Maikäfer über die Straße zu fegen. Vane spürte den stechenden Schmerz in seiner rechten Schulter und blickte dann törichterweise den Gasexperten an…

„Das hast du gesagt“, begann er…

Doch sein verstorbener Begleiter hatte eine Maschinengewehrkugel ins Herz erlitten.

KAPITEL I

Der Strand von Paris Plage ist für die meisten Menschen, die vor dem Krieg dort waren, mit einem gewissen Maß an Fröhlichkeit verbunden. Es gab Bands, schöne Damen und verschiedene andere Freuden, die man normalerweise mit beliebten französischen Badeorten verbindet. Übrigens ist der Strand ein Strand – keine Ansammlung scharfkantiger Felsbrocken. Es gibt echten Sand – jede Menge davon; die Art, die in der Sonne heiß und angenehm wird und Menschen, die zu viel zu Mittag gegessen haben, zum Schlafen einlädt. Und während des Krieges blieb der Sand, obwohl die Bands und anderen Freuden verschwunden sind, eine Quelle der Freude für Hunderte von Menschen, die eine vorübergehende Erholungskur brauchten. Sie kamen aus den großen Krankenhäusern in Etaples; sie kamen aus dem Erholungsheim der Offiziere. Einige kamen sogar nur für einen Tag mit dem Auto aus den Schützengräben, und alle haben sich an den Strand gelegt und geschlafen und sind dann besser gelaunt abgereist.

An einem bestimmten Nachmittag im Frühjahr 1918, auf dem Höhepunkt der deutschen Offensive, saß ein Mädchen am Strand und starrte aufs Meer. Am Horizont hob sich eine schwarze Rauchwolke vom leuchtenden Blau des Himmels ab, während dicht am Ufer ein kleines Segelboot in der leichten Brise kaum vorankam.

Das Mädchen war eine VAD, und die große französische Familie, die sich in der Nähe niedergelassen hatte, warf ihr von Zeit zu Zeit kleine neugierige Blicke zu. Und sie war einen Blick wert, mit ihrem blonden Haar, den tiefblauen Augen und diesem wundervollen Teint, der das ausschließliche Eigentum der Briten zu sein scheint. Madame machte gegenüber Monsieur eine Bemerkung darüber, während sie einen Blick auf die weißen Gesichter ihrer drei eigenen Töchter warf, und Monsieur grunzte zustimmend. Persönlich war er mehr mit den vergangenen Herrlichkeiten von Paris Plage beschäftigt als mit einer bloßen Haut aus Rosen und Milch; zumindest hielt es der ehrenwerte Mann vielleicht für wünschenswert, so zu erscheinen.

„Pauvre petite", fuhr die freundliche Matrone fort, „aber sie sieht müde aus … so müde." Sie seufzte tief. „Mais que voulez-vous? C'est la guerre." Sie sah zu, wie sich ihr Nachwuchs zum Paddeln vorbereitete, und seufzte erneut. Es gab keine Band, keine Unterhaltung – „Mon Dieu! Aber es war triste. Dieser verfluchte Krieg – würde er nie enden?"

Margaret Trents Aussehen täuschte nicht; sie war müde. Die Arbeitsbelastung der letzten Zeit hatte ihre körperliche Ausdauer fast zerstört, und es schien kaum eine Chance zu geben, dass sie in naher Zukunft nachlassen würde. Sie fühlte, dass sie sich nur Ruhe wünschte – völlige, vollständige Ruhe, in der Dinge wie Verbände und Jod unbekannt waren.

Und selbst als sie sich danach sehnte, wusste sie, dass eine Woche davon alles sein würde, was sie ertragen konnte. Sie konnte über den sehnsüchtigen Schmerz, aufzuhören, hinaussehen – den nahezu unwiderstehlichen Schrei ihres Körpers nach Ruhe. Sie konnte den Ruf des Geistes spüren, der die bloße körperliche Erschöpfung überwältigte. Und er trieb sie weiter – obwohl jeder Muskel nach einem Halt schrie.

Vor dem Krieg hatte sie zu jenen Leuten gehört, die sich angenehm durchs Leben treiben ließen, und doch war sie nicht dazugehörig. Sie tanzte perfekt, sie spielte Tennis und Golf und ging zur richtigen Zeit an die richtigen Orte – aber sie war anders. Sie hatte eine gewisse idealistische Verträumtheit in sich, eine intensive Liebe für das Schöne im Leben. Schmutzige Dinge erfüllten sie mit einer Art Grauen, und als der Krieg kam, versuchte sie, ihn wie einen schrecklichen Albtraum aus ihrem Gedächtnis zu verbannen. Aber es gab Geschichten in den Zeitungen, und es gab Briefe von Freunden, die von Verlusten und unsäglichem Leid berichteten. Überall um sie herum war Krieg, und eines Tages packte sie die große Unruhe, die nicht mehr zu vergehen schien. Sie fühlte, dass sie etwas tun musste …

Und so wurde sie VAD und kam schließlich in Frankreich an. Ihre Freunde prophezeiten, dass sie einen Monat überleben würde – dass sie den Anblick von Blut und Wunden niemals ertragen würde. Ihre Antwort war zwei Jahre bei Etaples gewesen. Und für diejenigen, die es wissen, ist das eine Antwort, die vielen Dingen förderlich ist.

Manchmal versuchte sie, sich an ihre Lebenseinstellung vor vier Jahren zu erinnern. Bis zu einem gewissen Punkt hatte es ihr Spaß gemacht, aber die ganze Zeit über tastete sie nach etwas, das sie nicht besaß. Sie hatte sorgfältig und mit Unterscheidungsvermögen gelesen, und die Lektüre hatte ihr nur noch das Gefühl ihrer eigenen Sinnlosigkeit vermittelt. Sie hatte das Gefühl, dass sie etwas tun wollte – aber was konnte sie tun?

Natürlich war die Ehe in ihren Gedankenhorizont gekommen. Aber es hatte nur einen Mann gegeben, der sie jemals so angezogen hatte, dass es alles andere als eine müßige Spekulation war. Es hatte eine Zeit gegeben, eine Saison in London, als dieser Mann ihr ständiger Begleiter gewesen war, und sie war alles andere als abgeneigt gewesen. Manchmal schien er ernst zu sein, und tatsächlich hatte ihn der subtile Unterschied zwischen ihr und der durchschnittlichen Masse mehr interessiert, als er sich selbst eingestand. Dann entdeckte sie eines Tages, dass eine bestimmte Wohnung und ihr Bewohner sehr eng mit seinem Bankkonto verbunden waren. Es war reiner Zufall, dass sie es herausfand. Eine zufällige Bemerkung, die sie bei einer Dinnerparty mitbekam … Und am Abend zuvor in den Grafton Galleries hatte sie ihm erlaubt, sie zu küssen, wie sie es noch nie einem Mann erlaubt hatte …

Es empörte sie; und der Mann, der zunächst über ihre plötzliche Verhaltensänderung erstaunt war, wurde schließlich verärgert, und die Episode hörte auf. Sie trafen sich noch immer; es gab keinen Streit – aber sie trafen sich nur als flüchtige Bekannte.

In diesem Moment ihrer Überlegungen fiel ein Schatten auf sie und sie blickte auf. Einen Moment lang fiel ihr der Zufall nicht auf, dann streckte sie mit einem überraschten kleinen Lachen ihre Hand aus.

„Aber Derek“, sagte sie, „ich habe gerade an dich gedacht.“

Vane, dessen rechter Arm fest in einer Schlinge lag, setzte sich neben sie.

„Ich fand, du sahst ziemlich müde aus“, lachte er. „Juhu! Aber es ist toll, dich wiederzusehen, Margaret …! Und die Ruhe, die das alles ausstrahlt.“ Er winkte mit der linken Hand über den verlassenen Strand. „Na, es ist wie in alten Zeiten – bevor die Welt verrückt wurde“ … Er fummelte an seinem Zigarettenetui herum, bis sie es ihm aus der Hand nahm und ein Streichholz für ihn anzündete.

„In welcher Station sind Sie?“, fragte sie, als er es sich bequem gemacht hatte.

„Nummer 13; gestern angekommen.“

„Ich habe dort heute Nachtdienst. Was ist Ihr Problem?“

„Maschinengewehr“, antwortete er kurz. „Ein schöner, sauberer Schuss durch die Schulter. Und der Mann neben mir bekam die nächste Kugel durchs Herz.“ Er lachte kurz. „Was für ein Wagnis – was für ein verdammt dummes Wagnis, nicht wahr?“

Sie blickte nachdenklich aufs Meer hinaus. Der Gedankengang, den sein plötzliches Erscheinen unterbrochen hatte, beschäftigte sie noch halb bewusst.

„Vier Jahre, seit wir uns kennengelernt haben, nicht wahr?“ sagte sie nach einer Weile.

„Vier Jahrhunderte, meinen Sie. Vier verschwendete Jahrhunderte. Nichts wird jemals wieder so sein wie zuvor.“

„Natürlich nicht. Aber meinst du nicht, dass es genauso gut ist?“ Sie sah ihn lächelnd an. „Es war so viel falsch, Derek; so viel war faul.“

„Und glauben Sie, dass vier Jahre Wahnsinn das Heilmittel beweisen werden?“ Vane lachte zynisch. „Abgesehen davon, dass es ein paar Millionen weniger Männer gibt, die die Fäulnis weitertragen“ –

Margaret schüttelte den Kopf. „Wir wollten etwas, das uns aufweckt. Es war drastisch, aber wir sind wach.“

„Und was die meisten von uns wollen, ist, wieder einzuschlafen. Fühlst du dich nicht manchmal müde, Margaret?“

„Ja – ich schätze, das tue ich. Aber es ist die Müdigkeit, die mit dem Tun einhergeht – nicht mit dem Driften … Wir sind es, die den neuen Himmel und die neue Erde erschaffen müssen, Derek …“

Wieder lachte Vane. „Immer noch so idealistisch wie eh und je, wie ich sehe. Sechs Monate nach dem Frieden werden wir wieder streiten und streiten und knurren – um Jobs, Geld und Arbeit.“

Margaret Trent schwieg und zeichnete mit dem Finger ein Muster in den Sand. „Die Angst, sich nach einem Job durchzuschlagen, wird Sie wahrscheinlich nicht sehr hart treffen“, sagte sie schließlich.

„Was vielleicht auch gut so ist“, erwiderte er leichthin; „Denn ich bin sicherlich zu müde, um mir die Mühe zu machen. Ich werde, wenn ich dazu noch am Leben bin, auf die Südseeinseln gehen und mich von Früchten ernähren. Die einzige Bedingung ist, dass sie reif genug sein müssen, um hineinzufallen.“ mein Mund, und erspare mir die Mühe, ihn zu pflücken.

Das Mädchen drehte sich um und sah ihn plötzlich an. „Du hast es ziemlich schlimm erwischt, alter Junge, nicht wahr?“

"Bekam, was?" fragte er langsam.

„Geistige Gelbsucht“, antwortete sie. „Deine Welt ist schief.“

"Wunderst du dich?" er kam grimmig zurück. „Ist die Welt nicht schief?“

„Und wenn ja, muss jemand es zurückstellen.“

„Das hat der kleine Junge gesagt, als er die Kommode über sich zog und sich abmühte, darunter zu liegen. Aber er konnte es nicht selbst. Das geht über uns hinaus, Margaret – und Gott scheint es vergessen zu haben. Das gibt es.“ nur ein blindes, bösartiges Schicksal, das die Show leitet.

Sie sah ihn ernst an. „Du liegst falsch, Derek – völlig falsch. Das Spiel ist immer noch in unseren Händen und wir müssen es dort belassen. Worüber lächelst du?“

„Ich habe mich gefragt“, antwortete er, „ob der Satz beim letzten Mal, als mir gesagt wurde, ich hätte falsch gelegen, ähnlich enden würde. Leider ist der Sprecher mittendrin gestorben und hat damit seine Behauptung bewiesen.“

„Oh! aber du bist klein“, rief sie und schlug ihre Hände aneinander. „Sehen Sie nicht, dass Sie über das Individuum hinausblicken und in großen Dimensionen denken müssen?“

„Das überlassen wir den Zeitungsleuten", entgegnete er zynisch. „Unsere lächelnden Helden; unsere unerschrockenen Soldaten! Sie sind Helden, diese Tommys; sie sind unerschrocken, aber das liegt daran, dass sie es sein müssen. Sie sind dagegen – und der Moloch des Schicksals weiß, dass er sie hat. Und sie." Ich weiß, dass er sie hat, aber das ist nicht der Fall „Anderer Kerl, es ist so unerwartet, dass ich nicht glaube, dass es eine große Rolle spielt."

„Aber wir müssen das durchziehen, nicht wahr?" sagte sie leise.

„Natürlich haben wir das", antwortete er lachend; „Und das Wissen um diese Tatsache schneidet bei den Männern in den Schlammlöchern dort oben ungefähr so viel Eis wie das tapfere kleine Belgien oder das leidende kleine Serbien. Ich sage dir, wir sind alle benommen, Margaret – wir leben nur in einem Traum. Einige von uns Nehmen Sie es schlimmer als andere, das ist alles. Sie wollen heutzutage die Konstitution eines Elefanten kombiniert mit der Intelligenz einer Kuh.

„Und doch", sagte sie mit einem ernsten kleinen Lächeln, „liegt dem Ganzen sicherlich das große Ideal zugrunde … Wenn ich das nicht gedacht hätte, wenn ich das nicht wüsste, dann … ich." konnte nicht weitermachen.

„Auf welches Ideal spielst du an?", fragte er zynisch. „Den Völkerbund, den Triumph der Demokratie oder den Krieg, der den Krieg beenden sollte. Das klingt alles so großartig, nicht wahr? Von den Männern, die ihre Stiefel seit einer Woche nicht ausgezogen haben, mit Beifallgeheul empfangen." Er klopfte wild auf den Sand. „Hör auf zu gackern, mein liebes Mädchen, hör auf zu gackern. Diese kleine Vorstellung wurde von ein paar Puppen begonnen, die dachten, sie hätten eine gewinnende Hand, und die anderen Puppen riefen einen Showdown aus. Und dann ging ihnen das Spiel aus den Händen. Sie schreiben Bücher darüber, entdecken neue Götter und verabschieden neue Gesetze – aber die Sache nimmt keine Notiz davon. Es geht einfach weiter – unaufhaltsam. Der Mensch hat mit Einsätzen gespielt, die zu groß für ihn sind, Margaret. Und das Problem ist, dass die Karten in den Schützengräben mächtig zerfetzt werden."

Sie sah ihn neugierig an. „Ich hätte nie gedacht, dass es dich so treffen würde, Derek … Nicht ganz so schlimm."

„Sie haben sich Ihre Meinung doch schon in den schlechten alten Zeiten gebildet, nicht wahr?" sagte er leichthin. „Als wir in den Grafton Galleries tanzten und uns liebten." Sie errötete ein wenig, senkte aber nicht den Blick. „Du warst auch so ein ernstes Mädchen, Margaret. Ich frage mich, wie du dich jemals mit einem hirnlosen Arsch wie mir abgefunden hast."

„Weil ich dich mochte", antwortete sie leise, und plötzlich wurde Vane, fast mit einem Gefühl der Überraschung, bewusst, dass das Mädchen, das neben ihm saß, mehr als attraktiv war. Er fragte sich, warum er sie so leicht aus seinem Leben verschwinden ließ. Und der einmal begonnene Gedankengang schien nicht unangenehm zu sein. . . . „Du wirst es bald zurückbekommen, Derek – dein Augenmaß. Das musst du.“

„Damit ich beim Aufbau des neuen Himmels und der neuen Erde helfen kann“, lachte er.

„Damit du beim Aufbau des neuen Himmels und der neuen Erde helfen kannst“, wiederholte sie und erhob sich ernst. „Ich muss zurück, sonst verpasse ich meinen Tee.“

„Trinken Sie eine Tasse mit mir im Dorf.“ Vane rappelte sich auf und folgte ihr. Sie kamen an Monsieur vorbei, der immer noch schnarchte, und an Madame, die friedlich beim Stricken nickte, und überquerten die verlassene Promenade. Dann gingen sie schweigend die Hauptstraße der kleinen Stadt hinauf auf der Suche nach einem Teeladen.

„Ist dir klar, Margaret“, bemerkte er, als sie sich an einen kleinen Tisch mit Marmorplatte setzten, „dass ich seit sechs Monaten keine Frau mehr gesehen oder mit ihr gesprochen habe? ... Der Himmel helfe uns! Gibt es keine.“ Kuchen?"

"Natürlich nicht", lachte Margaret, "auch keine Milch und keinen Zucker. Auf der Straße herrscht Krieg. Du brauchst ungefähr zehn Tropfen von diesem flüssigen Saccharin." Auf der sonnigen Straße draußen schlenderten Soldaten in verschiedenen Stadien der Genesung ziellos umher. Gelegentlich bremste ein Auto mit Offizieren – natürlich im Dienst – an der gegenüberliegenden Ecke ab und entlud seine Ladung. Bei näherer Betrachtung eines von ihnen hätten sich vielleicht ein paar verdächtig aussehende Schnitte in der Polsterung und Löcher in den Schmutzfängern gezeigt. Natürlich – Granatsplitter – aber Granatsplitter kamen auch nicht am Meer vor. Und mit welchem Auftrag konnten Offiziere aus dem Granatsplittergebiet in Paris Plage beschäftigt sein? ... Aber seien wir in allen Dingen diskret.

In ein paar Stunden würde der von Granatsplittern übersäte Wagen seine Fracht zurück nach Boulogne bringen, wo bereits ein Tisch im Restaurant Mony für das Abendessen reserviert war. Dann zurück durch die Nacht, um verschiedene heruntergekommene Höfe und Löcher im Boden anzusteuern, in der Gegend, in der Schrapnelle und Krümel keine Unbekannten sind. . . . Aber nur für ein paar kurze Stunden würden die Insassen des Autos im Wasser des Vergessens baden; Sie würden leben – so wie der Ausflügler aus den Slums seine kurze Zeit in Margate verbringt. Und sie waren bei dem Gedanken nicht weniger aufgeregt. . .

Sie zeigten es nicht durch übermäßigen Verzehr unverdaulicher Früchte oder durch unmelodisches Singen. Zwar hatte der größte aller „Q"-Männer, der offiziell aus einer Nissenhütte in der Nähe von Poperinghe gekommen war, um die Frage der Bergungsmaterialien auf dem Stützpunkt zu untersuchen, allen Damen – schönen und anderen –, die sie trafen, freundlich zugewinkt. Aber abgesehen von der Bergung war er wie jeder andere Mann. Und mit dieser Ausnahme lehnten sie sich einfach im Wagen zurück und dachten nach, während die grünen Bäume an ihnen vorbeirauschten und kein Krieg herrschte.

So waren sie ans Meer gekommen. Morgen wieder das flache, staubige Land, über dem der Hitzedunst flimmerte, und ab und zu das dumpfe Dröhnen eines explodierenden Knalls oder das grausame Krachen eines Sprengstoffs. Dahinter dieselbe alte Reihe von Ballons, vorn dieselben alten Löcher im Boden … Aber heute – Frieden …

Vane rührte nachdenklich in der blassen strohfarbenen Mischung, die angeblich Tee war, auf dem Tisch vor ihm. Die Bemerkung, die Margaret ihm am Strand gesagt hatte, ging ihm durch den Kopf: „Der neue Himmel und die neue Erde." Ja, aber auf welchen Grundlagen? Und dürften sie das überhaupt? Der Wiederaufbau ist Arbeit für den Politiker – nicht für den Soldaten. . . . Mit Sicherheit nicht. . . . Die Unwissenheit des Soldaten über jedes Thema der Welt, außer über das Kämpfen, ist völlig. Und selbst darüber hinaus ist er nicht ganz der, der er sein könnte: Er braucht ziemlich viel Hilfe von Anwälten, Ärzten und erfolgreichen Lebensmittelhändlern. . . . Tatsächlich ist das Einzige, was er ganz alleine tun darf, das Sterben. . .

Vane lächelte ein wenig bitter und Margaret beugte sich über den Tisch zu ihm. „Du wirst es bald zurückbekommen, Derek – glaub mir, alter Junge."

„Das ist sehr gut möglich. Aber werden es die Leute zu Hause auch? Ich bin verwirrt, Margaret, ich weiß es – nur für den Moment. . . . Aber lass uns nicht über mich reden. Erzähl mir von dir. . . ."

Das Mädchen zuckte leicht mit den Schultern. „Ich weiß nicht, dass es viel zu erzählen gibt. Ich war noch nie in meinem Leben so glücklich wie jetzt …"

„Trotz alledem?" Er zeigte aus dem Fenster auf zwei Soldaten, die mühsam auf Stöcken vorbeihumpelten.

„Ja – trotz alledem. Daran gewöhnt man sich – und man tut etwas. Schließlich, Derek, gewöhnt man sich an den Tod und die Verstümmelung da oben. Es betrifft dich nicht …"

„Nein, nicht in dem Ausmaß wie damals. In gewisser Weise, glaube ich, überhaupt nicht. Aber du – du warst so anders." Er trank nachdenklich seine

Teetasse aus und stellte sie wieder ab, und eine Weile lang sprach keiner von beiden.

„Ich muss bei diesem Vergleich lachen", sagte Margaret plötzlich. „Vor fünf Jahren saßen wir beide bei Rumpolmayer, umgeben von Zuckerkuchen, und waren ganz schlau."

„Das machen sie jetzt in London, mit Ausnahme der Zuckerkuchen."

„Wir hätten keinen Moment lang schweigen sollen, und wir hätten unseren Tag in vollen Zügen genießen sollen … Ich frage mich –"

„Das war unser einziger Standard, nicht wahr?"

„Und jetzt können wir bei einer Tasse schwachen und ekligen Tees sitzen – ohne Milch und ohne zu reden, um Wirkung zu erzielen. … Was wird danach mit dir und mir passieren, Derek? Wir können nie wieder dorthin zurückkehren?"

„Nein – man kann die Uhr nicht zurückstellen – und wir sind um Jahre älter geworden, Margaret. Das Gleiche gilt für Tausende andere – die Jungs dort oben, ihre Leute zu Hause. Aber was ist mit dem Geschäftszug nach Brighton? Und die Bewohner haben diesen Krieg gespürt, außer um ein bisschen mehr daraus zu machen?

„Sie sind nur eine kleine Minderheit."

„Ist das der Fall? Sie sind verdammt mächtig." Er lachte ein wenig bitter. „Und sie sind künstlich – genau wie wir vor dem Krieg."

„Deshalb müssen wir den Wiederaufbau durchführen. Auch wenn es nur der Wiederaufbau des Hauses in unserem eigenen kleinen Kreis ist, mit Einfachheit und Realität als Grundpfeilern … Sehen Sie, wenn Sie genügend kleine Kreise schaffen, die gesund und munter sind Gut, mit der Zeit können die anderen folgen.

„Liebe Dame, Sie sind sehr optimistisch geworden." Vanes Augen lächelten sie an. „Hoffen wir, dass du recht hast." Er hielt inne und sah sie ruhig an. „Margaret. Ich habe dich noch nie gefragt – aber du bist jetzt anders – so anders. Ich übrigens auch. Was hat dich so plötzlich verändert?"

Margaret stand auf und schüttelte den Kopf. „Ich werde es dir vielleicht eines Tages sagen, Derek. Nicht erst jetzt. Ich muss wohl zurück ins Krankenhaus."

„Wirst du morgen rauskommen und Tee mit mir trinken?" Einen Moment lang sah sie ihn unentschlossen an, dann schien sie sich plötzlich entschieden zu haben.

„In Ordnung“, sagte sie mit einem Lächeln. „Ich komme, ich möchte mich mit Ihrer Gelbsucht befassen. Man muss seinem professionellen Ruf gerecht werden.“

KAPITEL II

Ein Krankenhaus ist überall gleich, und General Nummer 13 in Etaples bildete da keine Ausnahme. Auf jeder Seite des großen Zeltes befand sich eine Reihe perfekt gekleideter Betten. Die Bettlaken wurden nach dem Muster zurückgewiesen, das im versiegelten Muster XB451 des Kriegsministeriums so treffend dargestellt ist: „Methode, Bettlaken im Beds Hospital abzulehnen." Bei „Beds Barrack" ist die Methode etwas anders und wird im versiegelten Muster XB452 genauso gut gezeigt. In Momenten intensiver Depression könnte man befürchten, dass die kriegsentscheidenden Eigenschaften von XB451 und 452 von einer unintelligenten Öffentlichkeit nicht ausreichend gewürdigt wurden.

Für Vane war die Zeit der Anspannung beim Eintritt vorbei. Zum sechsten Mal, seit er sein Bataillon verlassen hatte, hatte er in einer vertraulichen Nebenbemerkung einem Lakaien der BAMO mitgeteilt, dass er ein Wee Free Presbyterian Congregationalist sei; und zum sechsten Mal hatte sich der würdige Empfänger dieser Nachricht zurückgezogen, um die versiegelte Liste der Religionen AF31 des Kriegsministeriums zu konsultieren, um herauszufinden, ob er zu so etwas berechtigt sei. In jedem Fall war die Antwort verneinend gewesen, und Vane war als „Andere Konfessionen" eingetragen und mit Argwohn betrachtet worden. Ein beherzter Sergeant war sogar so weit gegangen, zu versuchen, ihn zum Unitarismus zu bekehren; ein anderer zeigte ihm die Liste und forderte ihn auf, seine Wahl zu treffen.

Im Bett neben ihm lag ein junger Gunner-Subaltern, dessen rechtes Bein größtenteils weggeschossen war, und sie unterhielten sich krampfhaft, während sie versuchten, Monate alte Zeitschriften zu lesen.

"Wunderbarer Anblick", bemerkte der Schütze, der in seiner Erzählung für einen Moment durch das ewige Thermometer unterbrochen wurde. "Wir haben mit offenem Visier auf sie geschossen: die Granatsplitter waren auf 0 eingestellt. Es schien, als ob sie Schüsse durch sie geschlagen hätten; aber, Gott sei Dank, sie kamen kurz heran und haben uns das Schießen nicht verdorben."

Vane, der ein Thermometer unter seiner Zunge saugte, nickte mitfühlend.

„Ein bisschen besser, als in einem tollen OP zu sitzen und den anderen Kerlen dabei zuzusehen, wie sie in den Schlamm kacken."

„Wie sind Sie an Ihres gekommen?", fragte er, als die Schwester weiterging.

„Er fiel mir fast vor die Füße, gerade als ich in meinen Unterstand ging. … Pech gehabt, und ein Splitter hat die letzte Whiskyflasche zerbrochen." Bei der Erinnerung an die Tragödie verfiel der Schütze wieder in düsteres Schweigen.

Zwei Betten weiter am Padre spielte er eine Partie Schach mit einem Major aus Devons; und auf der gegenüberliegenden Seite des Zeltes redete und lachte ein anderer Kaplan, grauhaarig und glattrasiert, mit einem Jungen, dessen Gesicht und Kopf mit Bandagen umwickelt waren.

Die Vertreter von RC und C. of E. jagen paarweise, wie diese beiden es immer taten. . . . Sie sind nicht die einzigen beiden, die sich vor dem Krieg gegenseitig in die tiefsten Tiefen der tiefsten Hölle verbannt hätten; aber deren Augen jetzt der Weisheit geöffnet wurden.

Vane war kein Theologe – ebenso wenig wie die Tausenden anderen auf der anderen Seite des Wassers. Vor dem Krieg pflegte er jede religiöse Frage mit der tröstenden Behauptung abzutun, dass man sich ihnen genauso gut anschließen könne, wenn alle seine Freunde in der Hölle seien. Aber im Spiel des Todes haben die Gedanken vieler Menschen Dinge erforscht, die sie zuvor leichtfertig übersehen hatten. Es ist keine Lehre, die sie wollen; Der Glaube und der Glaube an schöne Formeln sind immer unbefriedigender geworden. Sie fangen an, selbstständig zu denken, was für die Kirche ein Gräuel ist. Einst verhinderte sie eine solche Katastrophe durch eine Politik der Terrorisierung ihrer Anhänger; In späteren Jahren hat sie sich für die einfachere Methode entschieden, sie zu langweilen. Und doch wollen sie nur Einfachheit; Sie verstehen das einfache Credo, dem anderen zu helfen und das Spiel mitzuspielen. Aber sie müssen von Zeit zu Zeit daran erinnert werden. Man fragt sich, ob die Kirche groß genug sein wird, um die Chance zu ergreifen, die sich ihr bietet.

Vane nickte dem grauhaarigen Katholiken zu, als er am Fußende seines Bettes stehen blieb.

„Schulter schmerzt?“ Der Priester hielt ein brennendes Streichholz für Vanes Zigarette hin.

„Es pocht ein bisschen, Padre, aber es könnte schlimmer sein.“ Er lächelte und lehnte sich in seinen Kissen zurück. „Ein Arm macht einen so hilflos.“

„Ich glaube, ich würde lieber einen Arm als ein Bein verlieren“, bemerkte der Schütze vom Nachbarbett aus. Eine Weile lang verfolgten sie diesen diskussionswürdigen Punkt, so wie Männer über Politik diskutieren, und übrigens mit weit weniger Hitze. . . . Es war eine interessante Frage, und die Tatsache, dass der Schütze sein Bein verloren *hatte*, änderte überhaupt nichts daran. Ein Zuschauer hätte vergeblich auf eine Klage gelauscht. . . .

„Zeit, dass ihr schlafen geht – ihr beide.“ Margarets Stimme unterbrach das Gespräch und Vane blickte lächelnd auf. Sie schüttelte Pater O'Rourke mahnend den Finger, und mit einem plötzlichen beschleunigten Puls wurde ihm klar, wie bezaubernd sie aussah.

„Schwester, Liebes“, sagte der Schütze, „du bist auf meiner Seite, nicht wahr? Es ist besser, einen Arm als ein Bein zu verlieren, nicht wahr?“

Einen Moment lang tat sie so, als würde sie darüber nachdenken. Dann lächelte sie plötzlich und kam zwischen ihre Betten. „Wenn Sie nicht beide gleichzeitig schlafen gehen, komme ich noch einmal und wasche Sie.“

Mit einem entsetzten Stöhnen versteckte sich der Schütze unter der Bettdecke, und Margaret, immer noch lächelnd, wandte sich an Vane.

„Gute Nacht, Derek“, sagte sie sehr leise. „Manchmal möchte ich mich einfach nur hinsetzen und heulen …“ Und Vane, der ihr ins Gesicht sah, sah, dass ihre Augen ein wenig feucht waren …

Allmählich wurde es im Saal still. Ganz am anderen Ende stöhnte ein Mann schwach, während genau gegenüber ein Junge, der im Dämmerlicht grässlich aussah, mit Augen, die nichts sahen, im Zelt umherstarrte. Stundenlang lag er bewusstlos da und atmete den rasselnden Atem der Vergasten ein; dann hob er plötzlich den Kopf, und seine starren, starren Augen wanderten langsam von Bett zu Bett. Er sah aus wie ein Mann, der im Schlaf wandelt, und Vane wusste, dass er sich ganz in der Nähe der Großen Wasserscheide befand. Er war von einem Granatsplitter in die Brust getroffen worden, und ein Stück seines Mantels, das mit Senfgas getränkt war, war in seine Lunge getrieben worden … Ab und zu ging Margaret geräuschlos in der Mitte zwischen den beiden Bettreihen entlang. Einmal beugte sie sich über Vane, und er schloss die Augen und tat so, als schliefe er. Aber jedes Mal, wenn sie zu dem Jungen gegenüber kam, blieb sie stehen und sah ihn besorgt an. Einmal kam ein Arzt zu ihr, und Vane hörte ihr gemurmeltes Gespräch … .

„Ich kann ihn nicht dazu bringen, seine Medikamente einzunehmen, Doktor. Er scheint nicht in der Lage zu sein, irgendetwas zu tun.“

„Es spielt keine große Rolle, Schwester“, flüsterte er – warum scheint das Flüstern im Krankenzimmer so weit zu reichen wie die Stimme des Sergeant-Majors bei der Parade? „Heute Nacht kommt er nicht durch, und ich fürchte, wir können nichts tun.“

Der Arzt wandte sich ab, und Margaret ging zum Ende des Zeltes und setzte sich an ihren Tisch. Eine Leselampe beleuchtete ihr Gesicht, und Vane beobachtete sie eine Weile. Dann richtete er seinen Blick wieder auf den Jungen gegenüber und ruhte neugierig auf ihm. Er war wieder bewusstlos, und plötzlich kam es Vane seltsam vor, dass er, obwohl er vorn Tod und Verstümmelung in jeder möglichen und unmöglichen Form gesehen hatte – dass er zwar Männer gesehen hatte, die direkt von einer Granate getroffen wurden, und einen Mann, der von einem Panzer zerquetscht wurde –, doch nie dasselbe Gefühl der völligen Sinnlosigkeit des Krieges verspürt hatte wie jetzt angesichts dieses Jungen, der im Bett gegenüber starb. So weit gekommen zu sein und dann den hohen Preis zu zahlen; es war so hart – so erbärmlich; und Vane drehte sich um, um den Anblick auszublenden. Er hatte plötzlich Angst vor dem, was dem sterbenden Jungen immer näher kam; er war wütend über die Unfähigkeit der Wissenschaft, die ihn niedergestreckt hatte, ihn zu retten …

Vane schloss die Augen und versuchte zu schlafen, aber der Schlaf war in dieser Nacht weit entfernt. Immer wenn er sie öffnete, sah er Margaret an ihrem Tisch schreiben; und einmal überkam ihn die unwiderstehliche Versuchung, mit ihr zu sprechen. Er fühlte, dass er sie in seiner Nähe haben wollte, wenn auch nur für einen Moment; er wollte sich an sie lehnen – er wollte wie ein kleines Kind in ihre Arme genommen werden. Wütend schloss er wieder die Augen. Es war lächerlich, absurd, schwach … Aber es gab Zeiten in diesem Krieg, in denen der stärkste Mann in seiner Schwäche wie ein Kind geschluchzt hat …

„Schwester!" Vane erkannte kaum, dass es seine eigene Stimme war, die rief. „Schwester!" Margaret kam ihm durch den Flur entgegen. „Könnten Sie mir etwas zu trinken bringen?"

Einen Augenblick später kam sie mit Limonade zurück. „Ich dachte, du schläfst, Derek", flüsterte sie. „Hast du Fieber?"

Sie legte eine kühle Hand auf seine Stirn und Vane lehnte sich mit einem Seufzer der Erleichterung zurück. „Ich habe Angst, Margaret", sagte er so leise, dass sie ihn kaum hören konnte. „Ich habe einfach Todesangst … vor dem Jungen gegenüber. Bin ich nicht ein verdammter Idiot?"

Ihre einzige Antwort war ein ganz leichter Druck auf seiner Stirn. Dann hob er seine Hand und ergriff ihre, und sie spürte die Berührung seiner Lippen darauf. Einen Moment lang ließ sie sie dort ruhen und zog sie dann sanft zurück, während Vane mit einem müden Seufzer die Augen schloss. . . .

Er schlief vielleicht zwei Stunden, dann war er wieder hellwach – jeder Nerv war angespannt, wie ein Mann, der von einem plötzlichen Geräusch aufgeweckt wurde. Margaret las an ihrem Tisch; der Mann am anderen Ende stöhnte noch immer schwach im Schlaf; der Junge starrte benommen ins Leere – aber da war noch etwas anderes. Er wusste es.

Plötzlich legte Margaret ihr Buch weg und erhob sich halb von ihrem Stuhl, als würde sie zuhören; und im selben Moment wachte der Schütze auf. Dann hörten sie es alle gemeinsam – dieses hohe, bedrohliche Dröhnen, das auf eine unverkennbare Weise ansteigt und abfällt.

„Boche", sagte der Schütze, „Boche, für einen Gerber. Und viele davon."

„Verdammtes Schwein", murmelte Vane. „Können sie nicht einmal ein Krankenhaus in Ruhe lassen?" In der nächsten Minute wurde jede noch vorhandene Hoffnung zerstört. Beide Männer hörten es – das bekannte pfeifende Geräusch der Bombe – das heftige Krachen, als sie platzte; Beide Männer spürten, wie der Boden durch ihre Betten bebte. Das war die Ouvertüre. . . Das Stück sollte gleich beginnen. . . .

Überall um sie herum regnete es Bomben, bis die einzelnen Explosionen zu einem einzigen, anhaltenden Dröhnen verschmolzen. Die Erde bebte und bebte, und zu allem Überfluss gingen plötzlich die Lichter aus. Das Letzte, was Vane sah, war Margaret, die ruhig und ohne zu zögern zum Bett des Jungen ging. Unauslöschlich in sein Gehirn eingebrannt, ein Bild von einem Mädchen mit einem süßen, starren Gesicht und einem gaffenden Jungen, das durch die vertrauten Geräusche um ihn herum in eine Art Erinnerung geweckt wurde. Und dann, in der Dunkelheit, machte er sich auf den Weg zu ihr.

Ganz in seiner Nähe ertönte ein ohrenbetäubender Knall, und ein Splitter durchschlug die Zeltwand. Er konnte den grellen Blitz sehen und zog unwillkürlich den Kopf ein. Dann erreichte er sie stolpernd und rennend. Er spürte, wie sie starr in der Dunkelheit stand, und selbst in diesem Moment überkam ihn plötzlich Freude, als sie ihre Hände ihm entgegenstreckte.

„Leg dich hin", rief er, „leg dich sofort hin …"

„Der Junge", rief sie. „Hilf mir mit ihm, Derek."

Gemeinsam hoben sie ihn hoch, fummelten in der Dunkelheit herum und legten ihn neben seinem Bett auf den Boden. Dann nahm Vane ihren Arm und schrie ihr ins Ohr: „Leg dich hin, ich sage dir, leg dich hin … ganz flach." Gehorsam legte sie sich nieder und er streckte sich neben ihr auf dem Boden aus. Zum Krachen der Bomben gesellten sich nun die Rufe und Flüche der Männer draußen; und einmal bemühte sich Margaret, aufzustehen.

„Die Patienten, Derek. Lass mich gehen."

Mit seinem einen gesunden Arm hielt er sie gewaltsam unten. „Du kannst nichts tun", sagte er grob. Er spürte, wie sie an ihm zitterte, und eine Welle der Wut gegen die Flieger über ihm erfasste ihn. Er war kein Neuling im Bombenkrieg; Es hatte Wochen gegeben, in denen das Bataillon jede Nacht bombardiert worden war. Aber dann war es Teil der Show gewesen – was sie erwartet hatten; hier war es so anders.

Ein Gefühl völliger Ohnmacht erfüllte ihn, gepaart mit einer rasenden Leidenschaft angesichts der Gefahr für das Mädchen neben ihm. Und plötzlich suchten seine Lippen ihre.

„Es ist alles in Ordnung, meine Liebe", sagte er immer wieder, „ganz in Ordnung. Es wird bald vorbei sein." Und so lagen sie da, fast ohne zu wissen, was sie sagten oder taten, und lauschten dem Tornado des Todes um sie herum. . . .

Es ist aktenkundig, dass ein Mann einmal sagte, er fände es ziemlich amüsant, bei einem Überfall dabei zu sein. Dieser Mann war ein Lügner. Er war auch ein Narr. ... Bombardiert zu werden ist giftig, giftiger als beschossen zu werden. Wenn es keine Unterstände gibt, kann man nur eines tun, und das ist, was Vane tat.

Flaches Liegen auf dem Boden minimiert die Gefahr, außer bei einem direkten Schlag; und ein direkter Treffer ist bemerkenswert plötzlich. Und da jeder Bewohner von Nummer 13 sich dieser Tatsache bewusst war, vergingen nach dem Erlöschen des Lichts etwa fünf Sekunden, bevor alle Patienten, die sich bewegen konnten, und die meisten, die sich nicht bewegen konnten, neben ihren Betten auf dem Boden lagen .

Allmählich wurden die Explosionen immer weniger; obwohl die Erde immer noch bebte und pochte wie ein Lebewesen, und schließlich kam es Vane so vor, als sei der Überfall vorbei. Er stützte sich gerade auf den Ellbogen, um nach draußen zu gehen und die Umgebung zu erkunden, als ein unheilvolles Pfeifgeräusch sein Gehirn zu durchdringen schien. Er hatte gerade noch Zeit, sich auf das Mädchen neben ihm zu werfen, sodass er sie teilweise bedeckte, als die letzte Bombe einschlug. Er hörte, wie die Spitze des Festzeltes zerbrach; in seinen Ohren ertönte ein ohrenbetäubendes Brüllen; eine sengende Flamme hüllte ihn ein. Er lag steif und starr da, und der Gedanke durchzuckte ihn, dass dies das Ende sei. Im nächsten Moment wusste er, dass er in Sicherheit war und dass es nur eine weitere gründliche Rasur war, wie er es in der Vergangenheit nicht ungewöhnlich war. Die Bombe war im Zelt explodiert, aber das Schicksal, das die Dinge ordnete, hatte beschlossen, dass sie ihn verfehlen sollte. Das hatte es schon einmal getan, und Vane lachte vor sich hin. . .

„Nahe, Mylady, sehr nah", flüsterte er – „aber nicht ganz nah genug." Mit einer schnellen, wilden Bewegung drehte er Margarets Gesicht zu sich und küsste sie auf die Lippen. Eine Weile klammerte sie sich an ihn, und dann spürte er, wie sie sich in seinen Armen entspannte. Sie war ohnmächtig geworden, und als er das begriff, spürte er, wie etwas auf ihn drückte. Mit seinem gesunden Arm tastete er über seinem Kopf herum und stellte fest, dass es die Zeltplane war.

Zerrend und krabbelnd schleppte und trug er Margaret halb durch den Eingang, der noch intakt war, und legte sie draußen auf das Gras. Männer und Krankenschwestern liefen in der Dunkelheit umher und stolperten über Abspannseile und Zeltheringe. Im Augenblick war jeder zu sehr mit seinen eigenen Angelegenheiten beschäftigt, als dass er sich über eine bloße Ohnmacht Gedanken machen würde, und Vane ließ sie an der Zeltwand liegen. Dann tastete er sich vorsichtig herum, um den Schaden zu untersuchen. Ein großer Krater auf halbem Weg zwischen Nummer 13 und dem nächsten Zelt zeigte, wo das erste nahe gelegene Zelt eingestürzt war, aber er hatte keine Lust, das weiter zu untersuchen. Er stolperte um die Kante und ging weiter. Dann sah er im schwachen Licht des Mondes, was passiert war, als die letzte Bombe explodiert war. Es war nicht schlimmer als viele ähnliche Anblicke, die er gesehen hatte, aber als Vane die Trümmer betrachtete, fluchte er bitter und laut. Und dann hörte er plötzlich auf zu fluchen und holte tief Luft … Was von dem Unteroffizier übrig war, starrte ihn im kalten weißen Licht an. Die Bombe war am Fußende seines Bettes explodiert … Eine fröhliche Seele … Ein bitteres Ende …

Gegenüber war das Bett in zwei Hälften gesprengt worden, der Junge, der die Nacht nicht durchgehalten hätte, lag schäbig auf dem Boden. Gott weiß! Eine gnädige Erlösung. . . . Ein paar Stunden eher – das ist alles. . . . Und für beide – Schicksal.

Überall lagen Fragmente und Trümmer. Ein paar Sekunden lang stand er regungslos da, während sich ab und zu die Plane, die auf dem Boden lag, hob und senkte und jemand ins Freie kroch. Dann spürte er eine Berührung an seinem Arm, und als er sich umdrehte, sah er Margaret. Mit trockenen Augen sah sie mit ihm zu, wie die Verwundeten sich mühsam an dem noch rauchenden Krater vorbeischleppten und der beißende Geruch von Sprengstoff die Luft verpestete.

In weiter Ferne wurde das Dröhnen der Flugzeuge immer leiser. Der Erfolg hatte die kühne Heldentat des Angreifers gekrönt; sie hatten Anspruch auf ihre wohlverdiente Ruhe. Und so standen Vane und Margaret eine Weile da … Erst als er ganz sanft seinen Arm um ihre Taille legte, schüttelte sie ein hartes, trockenes Schluchzen.

„Oh! Die Teufel“, flüsterte sie, „die abscheulichen Teufel.“

KAPITEL III

Am folgenden Nachmittag wandte sich Vane erneut dem Strand von Paris Plage zu. Die Trümmer des Krankenhauses waren weggeräumt worden, und in der Leichenhalle lagen mehrere Reihen nebeneinander. Über allem lag ein Gefühl ruheloser Aufregung und wilder Wut, und Vane wollte allein weg. Er hatte das Gefühl, dass er nachdenken musste.

Denn plötzlich und ganz unerwartet war Margaret Trent zu einem Faktor in seinem Leben geworden. Nach langen Jahren hatten sich ihre Wege wieder berührt, und Vane stellte fest, dass er sich nicht mit der gleichen sorglosen Gleichgültigkeit abwenden konnte wie in der Vergangenheit. Obwohl sie ihn schon immer angezogen hatte, hatte er nie ernsthaft über den letzten Schritt nachgedacht; er hatte eine viel zu gute Zeit als Junggeselle gehabt. Und als sie sich ihm gegenüber so unerklärlicherweise abgekühlt hatte, zuckte er mit den Schultern und suchte woanders nach Ablenkung.

Vor dem Krieg war Derek Vane das gewesen, was man im Allgemeinen als typischen Engländer beschreibt. Das heißt, er betrachtete sein eigenes Land – wenn er überhaupt darüber nachdachte – als das überlegene Land der Welt. Er zwang niemandem seine Meinung auf; es war einfach so. Wenn der andere nicht einverstanden war, war die Beerdigung seine, nicht die von Vane. Er war in vollem Umfang dessen, was die Uneingeweihten als Eitelkeit betrachten; in Angelegenheiten, die mit Literatur, Kunst oder Musik zu tun hatten, war sein Wissen mikroskopisch. Darüber hinaus betrachtete er jeden, der sich intelligent über solche Themen äußerte, mit Argwohn. Andererseits war er in Eton in der Elf gewesen und war ein Scratch-Golfer. Er hatte einen guten Sitz auf dem Pferd und ritt geradeaus; er konnte ein passables Polospiel spielen und war ein guter Schütze. Da er über genügend Geld verfügte, um nicht arbeiten zu müssen, hatte er das, was er in der Stadt tun sollte, nicht sehr ernst genommen. Er hatte sich gelegentlich an einen Schreibtisch gesetzt und Bilder auf Löschpapier gezeichnet; die restliche Zeit hatte er sich amüsiert. Er gehörte tatsächlich zu der Rasse, der Rasse, die es in England schon immer gegeben hat und die es bis ans Ende der Welt geben wird. Man kann ihre Mitglieder in London und auf den Fidschi-Inseln treffen; in den Ländern jenseits der Berge und in Henley; in den Sümpfen, wo die stagnierende Vegetation verrottet und stinkt; in den großen Wüsten, wo die Nachtluft kalt wird. Sie sind immer dieselben und tragen den Stempel der Rasse. Sie schütteln einem die Hand, wie ein Mann sie schüttelt; sie begegnen einem in die Augen, wie ein Mann in die Augen blickt. Gerade jetzt liegt eine Generation von ihnen in der Gegend von Ypern und La Bassée, Neuve Chapelle und Bapaume. Die Gräber sind überwuchert und die Kreuze mit unauslöschlichem Bleistift markiert. Tot – ja; aber nicht die Rasse. Die Rasse stirbt nie …

Es gibt zuverlässige Beweise dafür, dass die Rasse ihre Fehler hat; ihre Erziehung ist mangelhaft. Männer mit großer Bildung und großem Verständnis haben sich heftig zu diesem Thema geäußert; Frauen mit ihrer großen Erfahrung haben die Rasse mit großer Klarheit betrachtet und so geschrieben, wie ihre Augen es gesehen haben; sogar Jungen selbst, die zweifellos Recht haben müssen, da die Frage sie am meisten beschäftigt, haben der aktuellen Literatur ein oder zwei vernichtende Anklagen beigesteuert.

Es kann gut sein, dass Schmetterlinge jagen oder Ratten sezieren für den jungen Percival Johnson geeignetere Beschäftigungen sind als das Üben von Schulkrabbeln an der Mauer des Schulhofs. Es kann gut sein, dass es weitaus besser wäre, die Verehrung der Massen dem Komponisten des siegreichen griechischen Jambus zuzuschreiben als den Cricket-Stiefeln des Kapitäns der Elf. Es kann sein, aber es kann ganz sicher auch nicht sein …

Das System, das Hunderte von Angehörigen der Rasse hervorgebracht hat und dessen Ziel es ist, alle, die es durchlaufen, nach dem Vorbild der Rasse zu formen, sollte nicht leichtfertig abgetan werden. Zweifellos hat es seine Fehler; etwas mehr Spielraum sowohl beim Spielen als auch bei der Arbeit könnte erlaubt sein; Originalität wird mehr gefördert. Aber bevor wir das System fröhlich in Stücke reißen, wollen wir ganz sicher sein, dass das, das wir an seiner Stelle errichten, der Belastung standhalten und das eine große Ergebnis hervorbringen wird, neben dem alles andere wie nichts ist. Denn wenn wir für den Preis der Teamarbeit und des Mannschaftsspiels nur zwei oder drei weitere Jahre Individualismus erkaufen können – in einem Alter, in dem der Wert des Individualismus bestenfalls ein zweifelhafter Segen und im schlimmsten Fall völlig offensichtlich ist Egoismus – wir hätten tatsächlich alles vermasselt. Die Spinner werden begeistert sein; aber das Imperium wird mit den Zähnen knirschen.

Und jetzt, nach fast vier Jahren im Haus der härtesten Charaktere, versuchte Derek Vane, eine Bestandsaufnahme seiner eigenen Bestände vorzunehmen. Und da die materielle Frage des Geldes den Horizont nicht verdunkelte, glaubte er, er könne es unparteiisch angehen. Heutzutage gibt es viele, die jede Aussicht aufgegeben haben und deren Ansichten vom Gespenst der Not heimgesucht werden. Es gibt viel mehr, die früher in Handwerksberufen wie Ingenieurwesen oder Bergbau tätig waren und feststellen, dass sie in ihrem Beruf vier Jahre Spielraum haben, den sie aufholen können – vier Jahre erweiterter Kenntnisse und mechanischer Verbesserungen – was ihnen unbekannt ist, ihren Konkurrenten jedoch nicht , der zurückblieb. Aber solche Aussichten störten ihn nicht. Die Zukunft war, was das Geld betraf, gesichert.

Vane zündete sich nachdenklich eine Zigarette an. Ihm kam es vor, als hätte er vier der besten Jahre seines Lebens damit verschwendet, bis auf kurze Zeiträume auf demselben schmutzigen Stück Land zu sitzen, mit dem einzigen Ziel, völlig Fremde zu töten, bevor sie ihn töteten. Bei diesem lobenswerten Zeitvertreib hatte er zwei sichere und eine zweifelhafte Erfolge erzielt. Den einzigen Mann, den er wirklich abschlachten wollte – einen gewissen Subalternenbruder, der ihn täglich beleidigte – hatte er aufgrund törichter Vorschriften verschonen müssen. . . . Und jetzt war dieser junge Mann als Oberstleutnant auf Zeit zu Hause und hatte die alleinige Kontrolle über ein Vorzimmer in einem der großen Hotels, mit einem Stab von vier Flappern, die jeden zweiten Dienstag von 14.30 bis 16.00 Uhr Papiere zur Unterschrift vorlegten.

Mit einem kurzen Lachen stand er auf und schüttelte sich. In der Ferne lockten einige Sanddünen einladend – Sanddünen, die ihn an die Weite von Westward Ho! und an ein gewisses Meisterschaftstreffen vor langer Zeit dort erinnerten. Langsam schlenderte er auf sie zu, näher ans Meer, wo der Sand feiner war. Und die ganze Zeit diskutierte er mit sich selbst. Vier Jahre vergeudet! Aber waren sie vergeudet gewesen? Was hatte er überhaupt daraus gewonnen? War er nicht doppelt so viel Mann wie vor vier Jahren? Oder war alles vergeblich und nutzlos gewesen? …

Kein Mann, der die Stromschnellen durchquert hat, kann in einer Stunde Selbstanalyse wieder auf die Beine kommen. Es braucht Zeit, und während dieser Zeit kann viel passieren, Gutes oder Schlechtes, je nach der Art des Finders. Die große Unruhe der Welt spüren die Männer in den Schützengräben nicht. Draußen brodelt und brodelt es, und erst wenn ein Mann zum sogenannten Frieden zurückkehrt, erreicht er den Strudel, der am Ende der Stromschnellen liegt. Dann ist, wenn er vom Typ Vane ist, die Zeit der Gefahr. In Frankreich den Sinn für Proportionen zu verlieren, ist gefährlich; ihn in England zu verlieren, kann tödlich sein. Man hat so viel mehr Freiheit.

Während des Krieges hatte Vane während seines Urlaubs in den Strudel hineingeschaut, und die Wirkung, die er auf ihn hatte, war nur vorübergehend gewesen. Der Kontrast war so gewaltig, dass er ihn nicht dauerhaft bewegen konnte. Die Zeit, die er in seinen Fängen verbracht hatte, war zu kurz. Er behielt nur ein flüchtiges Bild fieberhafter Fröhlichkeit im Gedächtnis, das aus der Perspektive verloren schien; von tiefsinnigen Langweilern, die in den Sesseln des Clubs die Fehler des Oberkommandos diskutierten; von allgemeinem Geplapper über Rationen und Fleischmarken. Dann war er abgereist und nach ein paar Stunden wieder in den Schlammlöchern gewesen. Ein guter Urlaub? Oh! Zweifellos, genau wie er hätte sein sollen, wo das Einzige, was nötig war, Kontrast war. Aber selbst dann hatte es ihn manchmal geärgert, zu erkennen, wie völlig sie es nicht verstanden. Er hätte es ihnen nicht verständlich machen wollen – das stimmt. Wenn man ihm die Alternative vorgesetzt hätte; wenn man ihm gesagt hätte, dass es in seiner Macht stünde, diese Leute dazu zu bringen, die Dinge zu sehen, die er gesehen hatte, und die Dinge zu hören, die er gehört hatte, hätte er es nicht getan. Sie waren besser, so wie sie waren – sie ermöglichten den Kontrast und ließen die Menschen vergessen.

Aber Urlaub ist eine Sache, Beständigkeit eine andere. Und im Moment war Vane mit Letzterem konfrontiert. Der Arzt hatte leichthin von drei oder vier Monaten gesprochen und danach aller Wahrscheinlichkeit nach von einer Phase leichten Dienstes, und für Vane kam das wie eine Dauerhaftigkeit vor. Es ist eine Sache, sich aus freien Stücken zwei Wochen lang in den Gewässern von Lethe unter Drogen zu setzen; es ist etwas ganz anderes, sich von anderen für immer unter Drogen setzen zu lassen. Und vage hatte er das Gefühl, dass entweder er oder sie untergehen müssten. Zwei völlig unvereinbare Menschen können beim Abendessen nicht lange nebeneinander sitzen, ohne dass ein Gang kalt wird. Es sei denn, einer von ihnen ist zufällig dumm. . . .

Aber waren sie völlig unvereinbar? Das schien der springende Punkt zu sein. Für die Soldaten ist Zusammenhalt, Selbstlosigkeit und Grinsen bei schwarzem Himmel die neue Philosophie. Man zögert, sie als neu zu bezeichnen. Sie hat einmal existiert, wird uns zu verstehen gegeben – oder jedenfalls wurde sie in vergangenen Tagen gepredigt und praktiziert. Seitdem ist sie aus der Mode gekommen. . . .

Und was ist mit *den anderen*, die das Feuer in der Heimat am Brennen gehalten haben? Einen Moment lang hielt Vane inne und starrte vor sich hin; dann lachte er laut. Wie gesagt, er war verwirrt – also kann man ihm vielleicht vergeben.

Auf der anderen Seite der Dünen fand er plötzlich Margaret. Sie hatte ihm den Rücken zugewandt, als er über die Dünen kam, und im Sand waren seine Schritte geräuschlos. Und so setzte sie ihre Beschäftigung fort und warf Steine auf eine Flasche, die ein paar Meter entfernt stand, ohne zu wissen, dass sie ein Publikum hatte. Es ist schon im besten Fall eine faule Beschäftigung, und ihre Ausführung bildete keine Ausnahme von der Regel. Minutenlang saß sie ganz still da und starrte aufs Meer hinaus; und dann, als ob sie plötzlich ihre Nachlässigkeit erkannte, setzte sie ihr Bombardement wütend fort.

Eine Weile betrachtete Vane sie nachdenklich. War sie die Antwort? Sofort mit ihr irgendwohin zu gehen – weg von der Menge und dem Kampf des Lebens: immer bei ihr zu sein, zuzusehen, wie sie von der Ehefrau zur Mutter heranwuchs, sie mit seinen Kindern zu sehen, zu spüren, dass sie ihm gehörte und niemand anderem. Gott! Aber an den Frieden zu denken, den das mit sich brachte …

Er beobachtete die weichen Haarsträhnen, die sich unter der Krempe ihres Hutes kräuselten; das Spiel ihres Körpers, als sie die Steine aufhob und warf. Um ihn herum wiegte sich das grobe Gras leicht in der Brise und das Rauschen des Meeres drang schwach über die Dünen. Vor ihm erstreckte sich der Sand, golden in der warmen Sonne, die Oberfläche hin und wieder unterbrochen von dunkelbraunen Holzbohlen. Keine Menschenseele war zu sehen, und abgesehen von ein paar Möwen, die herumkreisten, schienen sie die einzigen Lebewesen zu sein … Mit einem plötzlichen Lächeln bückte er sich, hob einen Stein auf – mehrere, um genau zu sein, und feuerte eine Salve ab. Es gab ein klirrendes Geräusch und die Flasche fiel. Dann wartete er, bis sie sich umsah. Einen Augenblick lang herrschte Stille, und dann drehte sie sich lächelnd zu ihm um … Und in diesem Moment schien es ihm, als hätte er die Antwort gefunden, nach der er gesucht hatte. Es war bestimmt nur ein Traum, und jeden Augenblick würde er aufwachen und das furchtbare Gesicht des Kellners sehen, der die ausgehobenen Stufen herunterkam. Es ist unmöglich, über Sanddünen zu stolpern und Margarets in Frankreich zu finden. So etwas passiert einfach nicht. Man stolpert einfach über das Kopfsteinpflaster und sieht die Frau, die um die Ecke den Estaminet betreibt, den Boden wischen. Und ihre Lippen öffnen sich nicht im Anflug eines Lächelns – zum Glück; ihre Augen sind nicht groß und blau. Es war alles ein Traum! Die letzte Nacht war alles ein Traum. Nur eines dieser Bilder, die er manchmal im Kerzenlicht gesehen hatte, wenn es im Luftzug flackerte, während draußen der große Knall losbrach …

„Derek, das war nicht fair." Mit Mühe riss er sich zusammen und betrachtete sie ernst. Dann kletterte er neben ihr das sandige Ufer hinunter.

„Stört es dich, mich zu kneifen?" bemerkte er und streckte seine Hand aus. „Schwer – sehr schwer … Ich möchte sichergehen, dass ich nicht träume."

„Warum solltest du sein?" Ihre Stimme zitterte leicht. „Und warum hast du deine Augen geschlossen?"

„Zwicken Sie mich bitte sofort." Vanes Hand war immer noch ausgestreckt und sie kniff sanft daran. „Mach weiter, härter … Ah! Das ist besser. Jetzt versprich mir, dass du nicht verschwindest, wenn ich meine Augen öffne."

„Ich verspreche es", antwortete sie feierlich, kämpfte jedoch darum, ihre Hand von seinen beiden zu lösen, wo er sie gefangen hatte. . . .

„Oh! mein Schatz, mein Schatz", flüsterte er. „Es ist einfach zu wunderbar, um wahr zu sein. Der Frieden und die Herrlichkeit und Sie … Ich werde gleich aufwachen, Mylady, und mich dabei ertappen, wie ich um die Außenpostenlinie herumkrieche."

Er lachte sanft und triumphierend und zog sie zu sich. Erst als er den Arm um sie legte, hielt er inne. . . . Und dann war es der Blick in ihren Augen und ihre beiden Hände, die sich gegen seine Brust drückten, die ihn aufhielten. „Was ist los, Margaret, Mylady? Wollen Sie mich nicht küssen?“

„Nein, Derek – noch nicht. Vielleicht einmal, bevor wir gehen. . . . Bitte nimm deinen Arm weg.“

Einen Moment zögerte er. „Auch nach letzter Nacht.“

Sie nickte. „Hauptsächlich wegen letzter Nacht.“

Vane hob leicht die Augenbrauen und tat, was ihm geheißen wurde. „Ich wusste, dass es irgendwo einen Haken gab“, murmelte er klagend. „Du willst doch nicht, dass ich gehe und dich allein lasse, oder?“

Sie schüttelte den Kopf und lächelte. Dann klopfte sie auf den Boden neben sich.
„Komm und setz dich. Ich möchte mit dir reden. Nein – nicht zu nah.“

„Vertraust du mir nicht?“, fragte er halb mürrisch und nahm einen Platz ein, der etwas weiter von der Versuchung entfernt war.

„Mein lieber Derek, es würde mehr als nur einen europäischen Krieg erfordern, um bei einigen Leoparden, die ich kenne, die Flecken zu verändern.“

Vane musste unwillkürlich lachen. „Verdammt, Margaret, gestern Abend war bei Ihnen ein deutlicher Vorkriegsgeschmack.“

Sie schloss die Augen und ballte die Hände zu Fäusten. „Oh! Tu das nicht, Derek, bitte nicht. Solange ich lebe, werde ich das nie vergessen. Es war zu schrecklich.“ Sie wandte sich schaudernd von ihm ab.

„Liebling, es tut mir leid.“ Er beugte sich vor und nahm ihre Hand. „Ich wusste nicht genau, was das für dich bedeuten muss. Weißt du, es war der arme Junge, der im Bett mir gegenüber im Sterben lag, der mich nervös gemacht hat … Angst … Gott weiß, was! Die Zerstörung des Überfalls selbst ließ mich im Vergleich dazu fast kalt. … Ich nehme an, bei dir war es umgekehrt. … Es ist nur eine Frage der Gewöhnung – lass uns jedenfalls nicht darüber reden.“

Eine Weile saßen sie schweigend da, dann sprach Vane wieder. „Sie wissen doch,   dass ich morgen überquere, oder?“

„Ja.“ Margaret nickte. „Ich dachte nicht, dass du lange bleiben würdest.“

„Tut es dir leid, dass ich gehe?“

„Natürlich bin ich das", antwortete sie schlicht. „Das weißt du... Aber ich denke, vielleicht ist es auch gut so."

"Genausogut!" wiederholte Vane. "Warum?"

„Weil ... oh! wegen vieler Dinge. Zum einen würdest du meine Arbeit stören."

„Wie schrecklich", sagte Vane mit gespielter Ernsthaftigkeit. „Du würdest die Medikamente und all das mischen, nehme ich an." Dann drehte er sich impulsiv zu ihr um. „Margaret, meine Liebe, was macht das schon? Deine Arbeit wird nicht ewig weitergehen. Und nach dem Krieg, was dann?"

„Genau das ist es", sagte sie langsam. "Was dann?"

„Nun, als vorläufiger Vorschlag – warum heiraten Sie mich nicht?"

Sie lachte – ein leises, plätscherndes Lachen.

„Erinnerst du dich, was du gestern im Teeladen zu mir gesagt hast: Ich hätte seit sechs Monaten kein Mädchen mehr gesehen?"

„Was in aller Welt hat das damit zu tun?", sagte Vane stirnrunzelnd. „Ich bin kein Kind und kein unerfahrener Junge. Glauben Sie, dass ich in meinem Alter nicht weiß, was ich will? Nun, mein liebes Mädchen ..." Ihre Augen trafen seine und die Worte erstarben auf seinen Lippen.

„Das tue ich nicht, Liebling, das tue ich nicht. Du beleidigst unsere Intelligenz." Mit einem leichten Lachen beugte sie sich vor und legte ihre Hand auf seine. „Du weißt ganz genau, was ich meine."

Vane grunzte unverbindlich. Er wusste zweifellos, was sie meinte, aber in diesem Moment war es ärgerlich, dass sie es auch wusste.

„Hör zu, Derek. Ich möchte dir die Dinge so darlegen, wie ich sie sehe." Mit den Ellbogen auf den Knien und dem Kinn in den Handflächen starrte sie über die Fläche der zerklüfteten, grasbewachsenen Hügel.

„Wir kennen uns zu gut, um nicht ganz ehrlich zu sein. Wie viel von der letzten Nacht war bloß – wie soll ich sagen – nervöse Anspannung? Angenommen, ein anderes Mädchen wäre an meiner Stelle gewesen?"

Ungestüm setzte er zum Sprechen an, doch erneut erstarben ihm die Worte auf den Lippen, als er den halb zärtlichen, halb humorvollen Blick in ihren Augen sah.

„Liebes", fuhr sie nach einem Moment fort. „Ich will dich nicht verletzen. Ich weiß, dass du denkst, dass du heute in mich verliebt bist, aber wirst du das morgen tun? Du siehst, Derek, dieser Krieg hat den Dingen einen anderen Wert gegeben. . . . Ob es einem gefällt oder nicht, es hat unsere

Fähigkeit zum Vergnügen nicht zerstört, aber es hat die Dinge, an denen wir Freude haben, verändert. Meine Vorstellung von einer guten Zeit wird, wenn sie vorbei ist, nie mehr dieselbe sein es war davor."

Vane nickte nachdenklich. „Ich bin mir nicht sicher, Liebling, ob das ein Grund zur Sorge ist."

„Natürlich ist es das nicht – das weiß ich. Aber verstehst du denn nicht, Derek, wohin uns das führt? Man kann es sich nicht leisten, mit Dingen herumzuspielen, wenn sie erst einmal ernst geworden sind ... Und einen Mann zu küssen." , als ich dich letzte Nacht geküsst habe, scheint mir viel mehr zu bedeuten als früher. Deshalb möchte ich sichergehen. Sie zögerte, dann drehte sie sich scheinbar zu einem Entschluss um und sah ihn an. „Ich fände es jetzt einfacher, mit einem Mann zusammenzuleben, den ich wirklich liebe – wenn das die einzige Möglichkeit wäre –, als auf einem Tanz von zwei oder drei geküsst zu werden, die mir egal sind. Verstehst du?"

„Meine Liebe, ich verstehe das vollkommen", antwortete Vane. „Das eine ist groß – das andere kleinlich. Und wenn wir ein Zeitalter großer Dinge durchleben, wachsen wir selbst."

„Ich habe dir das als eine Art Beispiel dafür gegeben, was ich fühle, Derek", fuhr Margaret nach einer Weile fort. „Ich glaube nicht, dass darin etwas Neues ist, aber ich möchte so sehr, dass du verstehst, was ich sagen werde. Du hast mich gebeten, dich zu heiraten – um den größten Schritt zu tun, den eine Frau tun kann. Das sage ich dir." Ehrlich gesagt möchte ich „Ja" sagen. Ich glaube, ich habe die ganze Zeit über mit anderen Männern geflirtet.

Er sah sie schnell an. "Sag es mir, Ich will es wissen."

„Ich habe von dem Mädchen erfahren, das du behalten hast."

Vane zuckte leicht zusammen. „Guter Gott! Aber wie?"

„Spielt das eine Rolle, alter Mann?" Margaret drehte sich lächelnd zu ihm um. „Eine zufällige Bemerkung von Billy Travers, falls Sie es wissen wollen. Und dann habe ich ein paar Fragen gestellt und zwei und zwei zusammengezählt. Es schien mir eine absichtliche Kränkung. Es kam mir so schmutzig vor. Sehen Sie, ich habe es nicht verstanden – Dann."

„Und jetzt? Verstehst du es jetzt?" Er beugte sich eifrig zu ihr.

„Hätte ich dir sagen sollen, was ich gesagt habe, wenn ich es nicht getan hätte?" Sie streckte ihm ihre Hand entgegen, und mit einer schnellen Bewegung legte er sie an seine Lippen. „Ich bin gewachsen, weißt du ... bin dem wahren Wert der Dinge ein wenig näher gekommen. Ich habe das Stadium des wahllosen Küssens hinter mir gelassen, wie ich dir sagte ... Und ich glaube, ich weiß jetzt besser als früher, was Männer sind ... Man erfindet sie heute nicht mehr aus Büchern. All das hat einen gelehrt, die Versuchungen eines Mannes zu verstehen – ihm zu verzeihen, wenn er versagt." Dann, ein wenig belanglos – „Sie erscheinen so kleinlich, nicht wahr – jetzt?"

Vane ließ die Hand, die er hielt, sanft los, und sein Gesicht, als er sie ansah, war unergründlich. In seinem Kopf war Lears Frage aufgetaucht: „Und was steckt hinter diesem *Gedanken* ?" Dann verbannte er sie gereizt. . . . Gott segne sie! Sie war ganz Herz: natürlich war sie das.

„Wollen Sie mir sagen, wo genau Sie angekommen sind?", fragte er leise.

„Mit der Gewissheit, dass vor dir und mir Arbeit liegt. Ich weiß nicht, was diese Arbeit sein wird – aber, Derek, wir müssen es herausfinden. Vielleicht werden wir es gemeinsam tun. Vielleicht besteht meine Arbeit einfach darin, bei dir zu sein. Und vielleicht ist es nicht so, dass du mich nicht willst. Ach ja, Liebling", sagte er und machte eine schnelle, ungeduldige Bewegung. „Die Möglichkeit besteht immer. Ich möchte, dass du es herausfindest, Derek, und ich möchte, dass du sichergehst, dass du mich wirklich willst – dass es nicht nur sechs Monate in Flandern sind. Außerdem", fügte sie nach einer Pause hinzu, „möchte ich mir meiner selbst ganz sicher sein." Eine Weile starrte Vane schweigend aufs Meer hinaus.

„Angenommen", sagte er langsam, „die vor mir liegende Arbeit geht wieder zurück nach Flandern, was wahrscheinlich auch der Fall sein wird. Und angenommen, ich habe das nächste Mal nicht so viel Glück. Was dann?"

Sie drehte sich um und sah ihn an. „Warum, mein Lieber, wird das Schicksal dann doch für uns entschieden haben, nicht wahr?"

„Eine absolut unbefriedigende Entscheidung", grummelte Vane. „Margaret, ich möchte dich nicht beunruhigen; ich möchte mich dir nicht aufdrängen … aber würdest du mir nicht so etwas versprechen?"

Sie schüttelte den Kopf. „Ich werde dir überhaupt kein Versprechen geben, Derek. Du musst dich selbst finden, und ich muss mich selbst finden; und wenn wir beide das getan haben, werden wir wissen, wie wir zueinander stehen. Bis dahin." . Naja, lass es einfach mal sein, alter Mann.

Vane betrachtete sie neugierig. „Wenn letzte Nacht und dieser Nachmittag vor dem Krieg passiert wären, wie hätten Sie sich dann wohl entschieden?"

„Ist das wichtig?", antwortete sie sanft. „Die Zeit vor dem Krieg ist einfach eine andere." Eine Weile schwieg sie, dann holte sie tief Luft. „Fühlst du es nicht so wie ich?", flüsterte sie. „Die Größe, das Wunderbare. Unter all dem Schrecken, unter all der Niedertracht – die Pracht von allem. Der Ruhm menschlicher Ausdauer … Die Leute wunderten sich, ob ich das aushalten konnte – ich mit meinem Idealismus. Aber mir scheint, dass aus der schmutzigen Brutalität ein Ideal geboren wurde, das beinahe das Größte ist, das die Welt je gesehen hat. Oh! Derek, wir müssen einfach versuchen, es am Leben zu erhalten."

„Es ist der Teufel", sagte Vane skurril. „Joe! meine liebe Dame, schreit nicht das Blau des Himmels und des Meeres und das Gold des Sandes geradezu danach, die Kulisse für ein Liebesparadies zu sein? Sind wir hier nicht allein, nur versteckt vor der Welt, während die Sogar Möwen selbst schreien: „Küss sie, küss sie?" Und dann befiehlt die Feenprinzessin, anstatt die Feenprinzessin des verwundeten Kriegers zu sein, zurückzugehen und Arbeit zu suchen. Es ist grausam, ich hatte auf zärtliche Liebe und Mitleid gehofft, und siehe da, ich habe ein Arbeitsbüro gefunden.

Margaret lachte. „Du Schatz! Aber du verstehst?" Sie kniete neben ihm im Sand und ihr Gesicht war sehr zart.

„Ich verstehe", antwortete Vane ernst. „Aber, oh! Meine Dame, ich hoffe, Sie bauen keine Märchenschlösser auf, was nach dem Krieg passieren wird. Ich fürchte, mein Glaube an meinen Brudermann ist eine sehr, sehr kleine Flamme."

„Ein Grund mehr, warum wir es brennen lassen sollten", rief sie heftig. „Derek, wir können diese ganze abscheuliche Verstümmelung und den Tod hinterher nicht umsonst gehen lassen."

„Du lieber Optimist", Vane lächelte in ihr eifriges, leuchtendes Gesicht, das seinem eigenen so nah war. „Glauben Sie, dass wir und andere wie wir in dieser Angelegenheit ein Mitspracherecht haben werden?"

Sie schlug ihre Hände zusammen. „Derek, ich hasse dich, wenn du so redest. Du hast das Zeug dazu, Großes zu leisten – das spüre ich. Du darfst nicht so abdriften wie vor dem Krieg. Du musst kämpfen, und andere mögen es." Sie müssen für alles kämpfen, was das Leben in unserem glorreichen, wunderbaren England lebenswert macht.

„Könnte das Personal seine Einsatzbefehle bitte etwas deutlicher formulieren?", murmelte Vane. „Mit wem soll ich Ihrer Meinung nach einen tödlichen Kampf führen?" Er sah das leichte Stirnrunzeln auf ihrem Gesicht und beugte sich rasch vor. „Meine Liebe, verstehen Sie mich nicht falsch. Ich möchte nicht leichtfertig und zynisch sein. Aber ich bin nur ein einfacher, gewöhnlicher Mann – und ich bin ziemlich müde. Wenn diese Show vorbei ist, möchte ich Frieden und Ruhe und Trost. Und ich bin der Meinung, dass es an den verdammten Idioten liegt, die uns hereingelassen haben, das Chaos zur Abwechslung selbst zu beseitigen."

„Aber das wirst du später nicht mehr, alter Junge", sagte das Mädchen, „nicht, nachdem du dich wiedergefunden hast. Du wirst aufstehen und etwas tun müssen; es wird dich ersticken, still zu sitzen und nichts zu tun." Sie blickte nachdenklich aufs Meer hinaus, und dann, als er schwieg, fuhr sie langsam fort: „Ich schätze, wir haben alle vor diesem Krieg still gesessen, sind den Weg des geringsten Widerstands gegangen. Wir müssen einen neuen Weg einschlagen, Derek, einen neuen Pfad finden, der der Show zugute kommt. Und bevor wir den Pfad finden können, müssen wir uns selbst finden."

Sie drehte sich zu ihm um und eine lange Minute lang sahen sie einander in die Augen, während die Möwen über ihnen kreisten und schrien. Dann beugte sie sich langsam nach vorne und küsste ihn auf den Mund. . . . „Geh und finde dich selbst, mein Lieber", flüsterte sie. „Geh und mach es wieder gut. Und wenn du mich dann noch willst, komme ich zu dir."

* * * * *

Bei der Berührung ihrer Lippen schloss Vane die Augen. Es schien nur ein paar Sekunden zu dauern, bis er sie wieder öffnete, aber Margaret war verschwunden. Und dann saß er eine Weile da und warf träge Steine auf die umgestürzte Flasche. Nur einmal lachte er, ein kurzes, hartes Lachen ohne jeglichen Humor, bevor er sich umdrehte, um ihr zu folgen. Doch als er die Spitze der Sanddüne erreichte, war Margaret in der Ferne fast außer Sicht.

Am nächsten Tag reiste er im *Guildford Castle nach England* .

KAPITEL IV

Derek Vane blieb nicht lange im Krankenhaus. Sobald die Verbände für seine Schulter ganz einfach waren, nahm ihn die Maschine in Form von zwei Ärzten aus Millbank, die den Vorstand bildeten, erneut in ihre Fänge und brachte ihn in ein Genesungsheim. Nicht einer der trostlosen, routinemäßigen Orte, die in der Vergangenheit mit Genesung in Verbindung gebracht wurden, sondern ein großes Landhaus, das sein Besitzer dem Kriegsministerium freundlicherweise zur Verfügung gestellt hat.

„Rumfold Hall für dich, Vane", sagte der ältere der beiden Ärzte. „Ein bezauberndes Haus; Lady Patterdale – eine bezaubernde Frau."

„Rumfold Hall!" wiederholte Vane. „Mein Gott! Ich kenne es gut. Während des alten *Regimes wurde dort oft getanzt*."

„Das alte Regime?" Der Arzt sah verwirrt aus.

„Ja. Früher gehörte es dem Earl of Forres. Er konnte es sich nicht leisten, es und seine anderen Häuser instand zu halten, also verkaufte er es an Sir John Patterdale ... Sir John verdiente sein Geld mit Eisenwaren. . . Sicher kennen Sie Patterdales Patentschild.

Die Kammer war der Ansicht, dass dies nicht der Fall sei, und ging zum nächsten Fall über. Es schien sogar, dass es einer solchen Leichtfertigkeit ein gewisses Maß an Misstrauen entgegenbrachte; aber andererseits sind medizinische Gremien Dinge von einiger Feierlichkeit. . . .

Und so fuhr Vane im Laufe von zwei oder drei Tagen mit einem Krankenwagen zu den historischen Toren von Rumfold Hall. Das im Herzen von Surrey gelegene Haus war von einem weitläufigen Grundstück umgeben. Die Aussicht von dort aus war großartig, sie erstreckte sich kilometerweit nach Süden und endete in den violetten Hügeln. Und während Vane im Wagen darauf wartete, dass die Tore geöffnet wurden, verspürte er jenen undefinierbaren Schauer des Stolzes, der jeden Mann überkommt er blickt auf einen herrlichen Abschnitt seines eigenen Landes. Er bemerkte, dass sich der Hüttenwirt seit seinem letzten Besuch dort verändert hatte, und nicht, wie ihm auffiel, zum Besseren. Wie gut erinnerte er sich an den alten John mit seiner süßen alten Frau und ihrem perfekt gepflegten Gartenstück und der makellosen kleinen Küche. . . . Er hatte zwei Söhne gehabt, beide bei den Grenadieren, prächtige, stämmige Kerle – und Vane fragte sich, was aus ihnen geworden war. . . .

Irgendwie konnte er sich nicht ganz vorstellen, dass der alte John seinen Hut nicht berührte, als der Krankenwagen hereinkam; wohingegen sein Nachfolger die Bewohner lediglich neugierig ansah und sich dann zurück in die Hütte schlenderte. . . . Natürlich ist das Berühren eines Hutes ein Relikt des Feudalismus und als solches zu abscheulich, als dass man es in diesem Zeitalter der Demokratie in Betracht ziehen könnte; aber dennoch kostet es – wie ein Lächeln – wenig und bereitet viel Freude.

Aus dem Zustand des Geländes ließ sich nicht schließen, dass der jetzige Eigentümer vom Arbeitskräftemangel besonders betroffen gewesen wäre. Die Blumenbeete waren ein Farbenrausch; Das Gras war kurz und schön gepflegt. Und als der Krankenwagen um eine Ecke der Auffahrt bog und sich das Haus vor ihm öffnete, sah Vane, dass auf dem Rasen Tennis in vollem Gange war.

„Sagen Sie mal – was für ein Kerl ist dieser Kerl?" fragte plötzlich ein Neuseeländer ihm gegenüber. „Es scheint mir ein Haus zu sein."

Vane sah ihn einen Moment nachdenklich an, bevor er antwortete, und das Auto wurde bereits langsamer, bevor er schließlich sprach. „Er ist ein Ersatz für die alte Ordnung der Dinge. Und laut der Bezeichnungen aller Ersatzstoffe sind sie das Nonplusultra in Sachen moderner Effizienz."

In diesem Moment hielt der Wagen an, und als sie ausstiegen, stand Lady Patterdale auf der Treppe und begrüßte sie.

Es sei gleich gesagt, dass Lady Patterdale ein echter Schatz war. Angesichts der bezaubernden Güte ihres Herzens verlor man ihre unglaubliche Vulgarität aus den Augen. Und Vulgarität ist schließlich nur ein Vergleich. In der Abgeschiedenheit des kleinen Ladens in Birmingham, in dem Sir John den Grundstein für sein Vermögen gelegt hatte, konnten Aspiraten unbeachtet fallen. Was damals wie immer zählte, war, ob das Herz am rechten Fleck war. Bei Lady Patterdale war es so …

Und weil sie so *lieb* war, war es umso erbärmlicher, sie in einer solchen Umgebung zu sehen. Man spürte, und man spürte, dass sie im Grunde ihres Herzens spürte, dass sie in der Küche viel glücklicher gewesen wäre. Nur dass ihr in der Küche ihre verlorenen Aspirate wahrscheinlich auf einem Tablett zurückgegeben worden wären, während sie im Wohnzimmer in den Teppich gemahlen worden wären. . . . Die Ausbreitung der Bildung hat die Küche zu einem sehr gefährlichen Ort gemacht.

Lady Patterdale war von kleiner Statur und kräftig; sie war eindeutig der Typ Frau, den man, wenn er sich nach den Regeln des gesunden Menschenverstands kleidete, als „gemütliche alte Dame" bezeichnen würde. Man konnte sie sich in einem Baumwollkleid vorstellen, die Ärmel über die Ellbogen hochgekrempelt, ein Paar mollige Unterarme zeigend und ein Nudelholz schwingend vor einem glühend heißen Feuer. Mit Mehl bedeckt – ihr Gesicht sehr rot – wäre sie in ihrem Element gewesen. . . . So aber hatten die Modevorschriften das Ganze verdorben.

Der Name ihrer Schneiderin ist unerheblich. Ursprünglich hieß sie aller Wahrscheinlichkeit nach Smith & Co., inzwischen war sie zu Smythe et Cie geworden und in allen exklusiven Zeitungen inserierte. Leider beließen sie es bei Lady Patterdale nicht bei der Werbung. Sie machten ihre schrecklichen Drohungen wahr und kleideten sie ein. Das Ergebnis war unglaublich. Sie sah aus wie eine platzende Melone. Die Zuschauer schauderten manchmal, wenn sie daran dachten, wie viel Vertrauen die Vorsehung und Lady Patterdale in ein paar armselige Haken und Ösen setzten. Die Belastung erschien so furchtbar – die Folgen einer Katastrophe so entsetzlich.

Als Vane aus dem Krankenwagen stieg, kam Lady Patterdale, auf beiden Seiten von einer Krankenschwester gestützt, auf ihn zu. Ihr fröhliches altes Gesicht war von einem Lächeln umhüllt; sie strahlte Herzlichkeit und Freundlichkeit aus.

„Willkommen, ihr beiden", rief sie. „Willkommen in Rumfold."

Die Schwester zu ihrer Linken zuckte zusammen, als hätte sie eine Schlange gestochen, und Vane kam zu dem Schluss, dass er sie nicht mochte. Dann wandte er sich der freundlichen alten Frau zu und lächelte.

„Danke, Lady Patterdale", sagte er und nahm ihre ausgestreckte Hand. „Ich bin mir sicher, dass es das Beste sein wird."

„Sie kommen gerade zum richtigen Zeitpunkt zum Mittagessen", fuhr sie fort, als sie sich umdrehte, um den Neuseeländer zu begrüßen. „Und danach wirst du dich im Haus zurechtfinden."

Das Mittagessen war die einzige Mahlzeit, bei der sich alle Rekonvaleszenten trafen, da sich einige von ihnen in der Regel bereits vor dem Abendessen zurückgezogen hatten. Es wurde im alten Bankettsaal serviert, der, als Vane sich daran erinnerte, zum Tanzen genutzt worden war. Die Beamten hatten es für sich, das Pflegepersonal ernährte sich woanders. . . .

Der Kontrast wurde Vane deutlich, als er sich an den langen Tisch setzte. Als er das letzte Mal im Raum war, hatten er und drei oder vier Gleichgesinnte einen Obstsalat in ein großes Blasinstrument geschüttet, kurz bevor die Band den letzten Galopp spielte. . . .

„Bier, Sir, oder Apfelwein?" Er drehte sich halb um, um zu antworten, als plötzlich die Stimme fortfuhr: „Warum, aber sicher, Sir, es ist Mr. Vane?"

Er schaute auf und sah denselben Butler, der früher in der Halle gewesen war.

„Warum, Robert", sagte er erfreut, „bist du immer noch hier? Herrgott! Aber ich freue mich, dich zu sehen. Ich dachte, Sir John hätte das gesamte Personal sauber gemacht."

Der Butler nickte traurig. „Alle außer mir, Sir – ich und Mrs. Hickson. Sie war die Haushälterin, wenn Sie sich erinnern. Und sie konnte es nicht ertragen – das heißt, sie musste nach einem Jahr gehen."

"Ah!" Vanes Ton war unverbindlich. „Und was ist aus dem alten John geworden – in der Lodge?"

„Er ist gegangen, Sir. Sir John fand ihn zu langsam." Robert schenkte ein Glas Bier ein. „Er ist im Dorf, Sir. Einer seiner Söhne wurde in Noove Chappel getötet."

„Das tut mir leid. Ich muss ihn besuchen."

„Er wäre stolz, Sir, wenn Sie so freundlich wären. Ich selbst gehe oft dorthin, um ein bisschen über die alten Zeiten zu plaudern." Mit einem Seufzer ging der alte Butler weiter und Vane widmete sich wieder seinem Mittagessen. . . .

„Sie scheinen unseren archaischen Freund zu kennen", bemerkte der neben ihm sitzende Offizier. „Er ist ein liebes altes Ding. . . ."

„Er gehört zu einer aussterbenden Rasse", sagte Vane knapp. „Ich würde dem   alten Robert alles anvertrauen, was ich besitze ..."

"Das ist so?" gab den anderen zurück. „Ist er schon lange hier?"

„Soweit ich weiß, seit fünfundzwanzig Jahren, und ich glaube, länger. Es brach ihm fast das Herz, als er hörte, dass Lord Forres das Anwesen verkaufen würde." Vane setzte sein Mittagessen schweigend fort, und plötzlich hörte er eine Bemerkung von der anderen Seite des Tisches.

„Ich sage, der alte Backenbart hat mir nicht den richtigen Schluck Bier gegeben." Es war ein Jugendlicher, der sprach, und die Bemerkung war für den alten Butler zwei Orte weiter deutlich hörbar. Einen Moment lang zitterte sein Gesicht, dann wandte er sich wieder dem Sprecher zu.

„Ich bitte um Verzeihung, Sir", bemerkte er leise. „Lass mich dein Glas füllen."

„Danke, alter Junge. Das sieht schon ein bisschen besser aus." Vane wandte sich mit einem amüsierten Lächeln an seinen Nachbarn.

„Wahrlich, die alte Ordnung ändert sich", bemerkte der andere nachdenklich. „Und man fragt sich, ob sie sich zum Besseren ändert."

„Leider ist man bei allen Überlegungen dieser Art hoffnungslos durch seinen persönlichen Standpunkt beeinflusst", erwiderte Vane.

„Meinen Sie?" Er zerbröselte das Brot neben sich. „Glauben Sie nicht, dass man eine kleine Episode wie diese unvoreingenommen betrachten kann? Ist es nicht nur im Kleinen, was im ganzen Land vor sich geht? ... Der Zusammenprall des neuen Geistes mit dem Jahrhunderte alten."

„Und Sie betrachten diese Jugend tatsächlich als Vertreter des neuen Geistes?"

„Niemand kann ein einzelner Mann sein. Aber ich betrachte ihn als typisch für eine bestimmte Phase dieses Geistes. Höchstwahrscheinlich ein großartiger Zugführer – es gibt Tausende wie ihn, die mit diesem Krieg ins Leben gerufen wurden. Die Zukunft des Landes ist sehr groß." weitgehend in ihren Händen. Was werden sie daraus machen?"

Dieselbe Frage – derselbe unaufhörliche Refrain. Manchmal ausgesprochen, meistens nicht. ENGLAND im Schmelztiegel – was würde geschehen? Unbewusst ruhten Vanes Augen auf der Gestalt des alten Butlers, der am Ende des Raumes stand. Die Einfachheit des alten Mannes, der mit dem Zusammenbruch des Systems konfrontiert war, in das er und sein Vater und der Vater seines Vaters hineingeboren worden waren, hatte etwas Edles an sich. In seinen Augen schien immer ein verwirrter Ausdruck zu liegen: der Blick eines Hundes, der sich von seinem geliebten Herrchen trennt, in einer neuen Umgebung zwischen fremden Gesichtern. Und offiziell war der Zusammenbruch jedenfalls ausschließlich zu seinem und seinesgleichen Vorteil ... darin lag der Humor.

Vane lachte kurz und schob seinen Stuhl zurück. „Ist irgendetwas wichtig außer dem eigenen Komfort? Ich persönlich denke, Sklaverei wäre eine bewundernswerte Neuerung."

Sir John Patterdale war alles, was seine Frau nicht war. Der beispiellose Erfolg seines Patentschildes hatte es ihm ermöglicht, das nötige Geld zu bezahlen, um seine Ritterwürde zu erlangen und zum Kreismagnaten aufzusteigen. Einmal hatte er sogar daran gedacht, als alter und verkrusteter Tory für das Parlament zu kandidieren; Doch bisher hatte der Krieg die Verwirklichung einer solch reizvollen Idylle verhindert. Stattdessen saß er auf der Bank und sprach Gerechtigkeit.

Vom Aussehen her war er das genaue Ebenbild seiner Frau – klein und dick; und seine Lieblingshaltung war, mit weit gespreizten Beinen und den Daumen in den Armlöchern seiner Weste zu stehen. Man weiß, dass starke Männer in Tränen ausbrachen, wenn sie ihn zum ersten Mal als Jagdknappen sahen; aber diese Rolle versuchte er beharrlich auszufüllen, mit Hilfe einer gelben Jagdweste und karierter Strümpfe. Und wenn es heißt, dass er die Bediensteten ausnahmslos einschüchterte, wenn möglich in Anwesenheit Dritter, ist das Bild von Sir John ziemlich vollständig. Kurz gesagt, er war ein großer Schuft ohne eine einzige gute Eigenschaft. Halt – das ist falsch. Er hatte noch immer die Liebe seiner Frau, die ihm vielleicht – nein, sicherlich – als Rechtschaffenheit angerechnet werden kann …

Für sie war er nie der eitle, stolzierende kleine Kerl, der sich abwechselnd lächerlich und beleidigend machte. Sie kam nie über das Bild von ihm hinaus, als er als schlichter John Patterdale, nachdem er die Fensterläden hochgezogen und die Tür des Ladens verschlossen hatte, zum Abendessen in ihr kleines Wohnzimmer dahinter kam. Zuerst küsste er sie, dann zog er seinen besten Mantel aus und zog den alten, ausgefransten Mantel an, der immer griffbereit hinter der Tür hing. Und nach dem Abendessen standen sie ganz dicht beieinander und träumten wunderbare Träume über die Zukunft. Allerlei Schönes tanzte in den Flammen; Aber das Schönste von allem war die Realität ihres John, mit seinem Arm um ihre Taille und seiner Wange, die ihre berührte.

Manchmal, wenn ihr jetzt die wahre Wahrheit klarer vor Augen stand als sonst – denn sie war trotz all ihrer Herzensgüte eine kluge alte Frau –, manchmal, wenn sie das höhnische Grinsen der Leute sah, die sein Salz aßen und seinen Champagner tranken, kehrten ihre Gedanken zurück eine bittere Erinnerung an die frühen Tage in Birmingham. Was hatten sie als Gegenleistung für ihre Liebe und Träume am Küchenfeuer bekommen – welche Früchte aus dem Toten Meer hatten sie gepflückt? Wenn nur etwas passieren könnte; Wenn er nur sein ganzes Geld verlieren könnte, wie bereitwillig, wie freudig würde sie mit ihm in die Nische zurückkehren, in die sie beide passten. Vielleicht sind sie sogar wieder glücklich. . . .

Er hatte sie in jenen Tagen gebraucht: Er hatte sich tröstend an sie gewandt, wenn das Geschäft schlecht lief, und sie auf einen Ausflug mitgenommen – nur sie beide allein –, als die Dinge besser aussahen und es einen guten Tag gegeben hatte. Die Aufregung, ihren besten Hut auszuwählen – den mit den Obststräußen darin. . . . Solange sie lebte, würde sie nie den Morgen vergessen, als sie es anprobierte, als er den Laden verließ und von der Schlafzimmertür aus jubelte und dadurch einen potenziellen Kunden verlor.

Aber jetzt ging es ihm nur noch darum, dass sie zu den besten Leuten gehen und keine Kosten scheuen sollte.

„Wir können es uns leisten, meine Liebe“, pflegte er zu bemerken, „und ich möchte, dass du mit den Besten von ihnen mithältst. Du musst dich an meine Position in der Grafschaft erinnern.“

Sogar wenn er mit ihr allein war, hielt er den Schein aufrecht, und sie stand loyal hinter ihm. War er nicht immer noch ihr Mann? Und wenn er glücklich war, was war dann noch wichtig? Und sie würde sich selbst eine dumme alte Frau nennen …

Aber nur einmal kam er zu ihr zurück, und sie schloss die Erinnerung an diese Nacht in ihrer Geheimschublade ein – der Schublade, in der sich unter anderem eine kleine Traube künstlicher Weintrauben befand, die einst den Hut geschmückt hatten …

Es hatte ein großes Abendessen gegeben, bei dem keine Kosten gescheut wurden, und die meisten Leute aus der Grafschaft waren dazu eingeladen. Ein ziemlich hoher Prozentsatz war gekommen, und nach dem Abendessen, kurz bevor die Gäste gingen, hatte der Besitzer eines Nachbarhauses versehentlich seine Gedanken in Worte gefasst, ohne zu wissen, dass sein Gastgeber in Hörweite war.

„Mir wird richtig schlecht, wenn ich diesen unmöglichen kleinen Schurken in Rumfold herumstolzieren sehe."

„Unmöglicher kleiner Schuft." Es traf den kleinen Mann wie ein Schlag zwischen die Augen, und in dieser Nacht tröstete eine Frau im Bett ihren Mann, in deren Herzen Liebe überschäumte.

„Er war nicht gemeint gewesen. . . . Natürlich nicht. . . . Warum das Abendessen ein großer Erfolg gewesen war. . . . Lady Sarah Wellerby hatte es ihr selbst erzählt. . . . Hatte sie im Gegenzug eingeladen. . . . Und hatte vorgeschlagen, dass sie einen Tanz geben sollten, zu dem sie und ihre sechs unverheirateten Töchter gerne kommen würden."

Aber sie erzählte ihm nicht, dass sie gehört hatte, wie Lady Sarah gegenüber der Frau von Admiral Blake gesagt hatte: „Die grausame kleine Köchin sollte besser erzogen werden, meinte sie. Man weiß nie, meine Liebe. Der Ballsaal ist wunderbar und Männer werden kommen." irgendwo für ein gutes Abendessen. Nein, das erzählte sie ihm nicht und erwähnte auch nicht das Elend, das sie während des Abendessens erlitten hatte. Sie sagte nicht, wie sehr sie sich vor den Bediensteten fürchtete – allen außer dem alten Robert, der sie manchmal mit seinen freundlichen, müden Augen ansah, als würde er verstehen. Sie nutzte nicht einmal die Gelegenheit, den Wunsch zu äußern, der ihr am Herzen lag; alles aufzugeben und sofort zu gehen. Sie brachte ihn einfach wieder zu Selbstvertrauen zurück, und am Morgen war Sir John wieder Sir John – so unerträglich wie eh und je. Und nur eine müde alte Frau wusste genau, wie müde sie sich fühlte. . ..

Eine von Sir Johns größten Schwächen bestand darin, dass seine Frau und das Personal fotografiert wurden. Manchmal erschien er selbst in der Gruppe, aber im Großen und Ganzen bevorzugte er spontane Schnappschüsse von sich selbst, wie er sich mit verwundeten Beamten auf dem Gelände unterhielt. Für diese gestellten Fotos kleidete sich Lady Patterdale in ein hellgraues Kostüm mit großen roten Kreuzen darüber: Und als Vane nach dem Mittagessen in den Garten schlenderte, traf er sie in dieser Verkleidung im Flur.

„Wir haben eine kleine Gruppe mitgenommen, Captain Vane", sagte sie, als sie an ihm vorbeikam. „Du musst kommen und dabei sein."

„Na ja, Lady Patterdale. Ich werde mich nur zu sehr freuen. Ist das der Grund für die Kriegsbemalung?"

Sie lachte – ein fröhliches, ungekünsteltes Lachen. „Mein Mann mag es immer, wenn ich das trage, wenn wir entführt werden. Meiner Meinung nach sieht es in einem Krankenhaus besser aus."

Als Vane mit ihr durch die Tür trat, erhaschte er einen flüchtigen Blick auf die Beamten, die schnell in alle Richtungen verschwanden. Vor ihnen stand eine große Kamera, und einige Bedienstete ordneten unter Anleitung des Fotografen Stühle. Offensichtlich waren die Symptome wohlbekannt, und Vane erkannte, dass er hereingelegt worden war.

Dies war eine der Gelegenheiten, bei denen Sir John nicht erschien, und so dauerte die Tat nicht ganz so lange wie gewöhnlich. Für das Personal war es nur eine Frage der Übung, und sie ordneten sich sofort. Und da sie das waren, was wirklich zählte, und das halbe Dutzend Patienten nur als Ausgleich erschienen, war die Gruppe in kürzester Zeit zur großen Erleichterung aller erledigt worden ... Vane, der auf dem Boden gesessen hatte, die Beine unter sich angezogen, um die Aufmerksamkeit nicht zu verlieren, und still einen akuten Krampfanfall erlitt, stand auf und streckte sich. Auf dem Rasen hatte das Tennisspiel wieder begonnen; sie konnte verschiedene Beamte sehen, die in Korbstühlen über den Platz verteilt waren. Er wandte sich ab, um einen Spaziergang zu machen – vielleicht sogar, um den alten John im Dorf aufzusuchen, als direkt hinter seiner Schulter ein melodisches Lachen ertönte.

„Entzückend", sagte eine tiefe, silbrige Stimme, „ganz entzückend."

Vane drehte sich gerade rechtzeitig um, um den Aufblitzen eines spöttischen Lächelns zu erhaschen – ein Paar träger grauer Augen –, und dann, bevor er antworten oder sich auch nur entscheiden konnte, ob er derjenige war, der angesprochen wurde, ging das Mädchen, das gesprochen hatte, an ihm vorbei und grüßte Lady Patterdale ...

Er wartete gerade lange genug, um die Worte der ehrenwerten Frau zu hören: „Meine liebe Joan, wie geht es Ihnen?", und wandte sich dann mit einem leicht belustigten Lächeln auf den Lippen der kühlen, schattigen Auffahrt zu. Margarets Bemerkung in den Sanddünen bei Etaples über Leoparden und ihre Flecken fiel ihm wieder ein; und das erfahrene Schlachtross wittert die Schlacht von Weitem ...

KAPITEL V

Im Schatten eines großen Rhododendronstrauchs hatte Vane die Ehre, Sir John zum ersten Mal zu treffen. Der Busch erstrahlte in scharlachroten und violetten Farben, die sich deutlich vom Grün des Grases und dem dunkleren Grün der umliegenden Sträucher abhoben. Durch die Bäume konnte man flüchtige Blicke auf die fernen Hügel erhaschen, und als Vane unerwartet in dieses plötzliche Stück Märchenland stolperte, stockte ihm der Atem angesichts der Pracht. Dann erinnerte er sich mit drastischer Plötzlichkeit an die halb vergessene Hymne der Kindheit, deren letzte Zeile so etwas wie die Aussage lautet: „Nur der Mensch ist gemein."

Sir John war in voller Beherrschung und hatte ein unwilliges Publikum aus einem gelangweilten Kavalleristen. Es war eines seiner am meisten geschätzten Gefühle, dass nichts die Genesung so sehr förderte wie ein kleines, fröhliches Gespräch über Themen von allgemeinem Interesse – nur um sie aufzumuntern und ihnen das Gefühl zu geben, zu Hause zu sein. . . .

Als Vane eintraf, sprach er gerade flüssig über das Problem der Bildung. Der Punkt ist eigentlich nebensächlich, da Sir John alle Probleme mit gleicher flüssig diskutierte und es nur selten notwendig war, zu antworten. Er hatte eine gewisse kluge, geschäftsmäßige Effizienz, und in den meisten seiner Reden steckte eine Menge von dem, was man, in Ermangelung eines besseren Wortes, als gesunden Menschenverstand bezeichnen könnte. Aber er war so selbstsicher und selbstherrlich, dass er sein Publikum im Allgemeinen auf Gedanken über Gifte, die keine Spuren hinterlassen, oder sogar Schusswaffen trieb. Besonders, wenn er über Strategie dozierte. In diesem Thema hielt er sich für einen Experten, und regelmäßig leerte er zweimal pro Woche das Raucherzimmer in Rumfold, indem er – mit Hilfe kleiner Flaggen – zeigte, was er getan hätte, wenn er 1916 die Schlacht an der Somme geleitet hätte. Er wurde nur einmal zum Schweigen gebracht, und zwar von einem pessimistischen und düsteren Pionier.

"Außergewöhnlich", murmelte er. "Ich gratuliere Ihnen, Sir John. Der Plan, den Sie skizziert haben, ist bis ins kleinste Detail genau der, den der Oberbefehlshaber mit mir besprochen hat, als wir das bezaubernde kleine Dorf Gueudecourt überblickten. 'Johnson', sagte er, 'das werden wir tun', und er wandte sich an den Stabschef und befahl ihm, sich das zu notieren." Der Pionier hielt einen Moment inne, um seine Pfeife wieder anzuzünden. Dann wandte er sich eindrucksvoll an Sir John. "Es gab keinen Stabschef. Der Stabschef war weg: Nur ein paar Blasen, die aus dem Schlamm aufstiegen, zeigten noch sein Schicksal. Und dann begann der Oberbefehlshaber selbst vor meinen Augen zu sinken. Für mein fiebriges Gehirn schien es in einer Minute vorbei zu sein. Seine letzten Worte, als er zum dritten Mal unterging, waren 'Johnson, machen Sie weiter.' ... Natürlich blieb es aus den Zeitungen verschwiegen, aber wäre da nicht ein Panzer gewesen, der vorbeifuhr, um Whisky für die Offiziersmesse zu holen, und der aufgrund seines Drucks auf den benachbarten Boden sie alle einen nach dem anderen wieder herausgedrückt hätte – Sie wissen schon, so wie man Orangenkerne aus den Fingern drückt –, dann hätte die Sache ernst werden können."

„Ich habe ein Gerücht darüber gehört", sagte die leise Stimme eines Maschinengewehrschützen hinter einer Zeitung.

„Natürlich", fuhr der Pionier fort, „musste der Plan aufgegeben werden. Das gesamte Hauptquartier saß tagelang in meinem Unterstand mit den Füßen in heißem Wasser und Senf ... Ein höchst heimeliges Schauspiel – besonders gegen Ende, als sie, um sich die Zeit zu vertreiben, anfingen, im Chor zu niesen ..."

Stille breitete sich im Raucherzimmer aus, eine Stille, die schließlich durch das Öffnen und Schließen der Tür unterbrochen wurde. Sir John hatte sich für die Nacht zurückgezogen. . . .

In dem Moment, als Vane am Eingang zu seinem kleinen Märchenland innehielt,
war Sir John in vollem Gange.

„Welchen Sinn hat es, diese Leute zu erziehen? Ihnen den Kopf mit einer Menge nutzlosem Unsinn vollzustopfen und setze dich auf ein kahles Feld und suche nach Würmern. Er unterbrach seine Rede, als er Vane erblickte.

„Ah! ha!" er weinte. „Sicherlich ein Neuankömmling. Willkommen, Sir, in meinem kleinen Zuhause."

Vane unterdrückte mit großer Anstrengung seinen Drang, ihn zu treten, und schüttelte die ihm dargebotene Hand. und ungefähr zehn Minuten lang ertrug er schweigend einen Strom von Großreden. Am Ende der ersten Bemerkung des kleinen Mannes hatte Vane eine flüchtige Vision, wie der Kavallerist eilig um zwei Büsche herumschlich und dann, nachdem er wie ein Hirsch über die freie Fläche gerannt war, auf der gegenüberliegenden Seite in einem dichten Unterholz landete. Und Vane lächelte, das sei zu seiner ewigen Ehre gesagt, nicht einmal. . . .

Nach einer Weile erschöpfte sich die Flut mehr oder weniger, und Vane nutzte die Gelegenheit einer Atempause, um nach dem alten John zu fragen.

„Wie ich sehe, haben Sie einen neuen Hüttenwirt, Sir John. Robert erzählt mir, dass der alte Mann, der hier unter Lord Forres war, im Dorf ist."

„Ja. Musste ihn loswerden. Zu langsam. Ich mag Effizienz, mein Junge, Effizienz. . . . Das ist mein Motto." Sir John führte selbstzufrieden drei

Schritte seines berühmten Stolzes aus. „Kannten Sie den Hearl?" Obwohl er in dieser Angelegenheit recht vernünftig war, neigte er in Momenten der Aufregung dazu, seine Frau mit dem schwer fassbaren Brief auszugleichen. . . .

Vane antwortete, dass er es tat – ziemlich gut.

„Ein charmanter Mann, Sir ... typisch für alles, was in unserem alten englischen Adel das Beste ist. Ich bin stolz, Sir, einen solchen Vorgänger gehabt zu haben. Ich zähle den Hearl, Sir, zu meinen engsten Freunden ... "

Vane erinnerte sich noch an die anschauliche Beschreibung der Transaktion zum Zeitpunkt des Verkaufs, die ihm Blervie, der älteste Sohn des Grafen, eines Tages beim Mittagessen gegeben hatte, und wahrte diskretes Schweigen.

„Ein schrecklich aussehender kleiner Mann, alter Junge", hatte dieser Würdige bemerkt. „Ganz rund und hüpft auf seinem Stuhl. Der Gouverneur sah ihn einmal und musste den Raum verlassen. ‚Ich kann es nicht ertragen', sagte er draußen zu mir, ‚der Dammmann hüpft ständig auf und ab und ruft.' Entweder geht es ihm nicht gut, oder seine Hose geht aus."" Lord Blervie hatte sich noch etwas Whisky gegönnt und seufzte. „Ich hatte eine schreckliche Zeit", fuhr er nach einer Weile fort. „Der Gouverneur saß in einem Raum, und Patterdale hüpfte im anderen herum, und der alte Podmore rannte hin und her, mit Papieren und anderen Dingen. Und wenn wir den kleinen Mistkerl nicht mit Gewalt zurückgehalten hätten, würde er eine Rede halten." der alte Mann, als alles in Ordnung war.

Schließlich ließ Sir John Vane allein und ließ sich mit einem Seufzer der Erleichterung auf den Stuhl sinken, den der Kavallerist gerade erst verlassen hatte. In der Hand hielt er ein paar Zeitschriften, doch fast unbeachtet rutschten sie ihm aus den Fingern und fielen auf das Gras. Er fühlte sich überaus träge und selig. Das leise Aufschlagen von Tennisbällen und die Stimmen der Spieler, die den Spielstand verkündeten, drangen schwach durch die stille Luft, und Vane schloss halb die Augen. Dann unterbrach ihn das plötzliche Rascheln eines Rocks neben ihm aus seinen Gedanken, und er blickte in das Gesicht des Mädchens, das Lady Patterdale als Joan begrüßt hatte.

„Das ist doch mein gelangweilter Freund vom Foto!" Sie stand einen Moment da und betrachtete ihn kritisch, etwa so, wie ein potenzieller Käufer ein Pferd betrachtet. „Und sind sie alle weggelaufen und haben dich alleine spielen lassen?" Sie zog einen weiteren Stuhl heran und setzte sich ihm gegenüber.

„Ja. Sogar Sir John hat mich im Stich gelassen." Während er sprach, fragte er sich, wie alt sie wohl war. Er schätzte, dass sie ungefähr zweiundzwanzig war und etwa zehn Jahre mehr Erfahrung hatte.

„Für diese Erleichterung bin ich Ihnen wohl sehr dankbar?"

„Man sollte nicht wie ein Geschenkgeber in den Strümpfen aussehen", erwiderte Vane leichthin. „Ich finde es sehr charmant von ihm und seiner Frau, uns hier zu haben."

„Tatsächlich? Es ist hoffnungslos unmodern, keine Kriegsarbeit irgendeiner Art zu verrichten, und das passt ihnen geradezu ins Konzept. … Die Königin hat Rumfold neulich besucht und Lady Patterdale zu ihren großartigen Vorbereitungen gratuliert." In ihren Augen lag ein spöttisches Glitzern, ansonsten war ihr Gesicht vollkommen ernst.

„Das sagst du nicht." Vane starrte sie erstaunt an. „Und hast du dich für diesen Anlass als Krankenschwester verkleidet?"

„Nein, ich habe hinter einem Stachelbeerbusch zugesehen. Wissen Sie, ich bin ein sehr beschäftigter Mensch und meine Arbeit kann nicht einmal für einen königlichen Besuch unterbrochen werden."

„Wäre es indiskret", murmelte Vane, „zu fragen, was Ihre Arbeit ist?"

„Kein bisschen." Das Mädchen sah ihn ernst an. „Ich unterhalte die armen verwundeten Offiziere."

„Und finden Sie das sehr schwer?", fragte Vane mit gebührender Ernsthaftigkeit.

"Furchtbar. Sie sehen, sie wollen entweder mit mir schlafen oder mir ihre Liebe zu einem anderen anvertrauen. Meine größte Schwierigkeit, wenn ich von Busch zu Busch wandere, besteht darin, mich daran zu erinnern, zu welcher Klasse der vorübergehende Bewohner gehört. Ich meine, es ist eine schreckliche Sache, einem Mann Ihre eigene unsterbliche Hingabe zu versichern, wenn Sie am Tag zuvor noch Mitleid mit ihm hatten, weil Jane nicht geschrieben hatte. Es lässt einen unentschlossen erscheinen."

„Warum führen Sie nicht ein kleines Etikettensystem ein?", fragte Vane. „Blau für diejenigen, die Sie leidenschaftlich verehren – Rot für diejenigen, die jemand anderen lieben. Menschen mit großem Herzen tragen vielleicht mehrere."

„Das finde ich ganz wunderbar." Sie lehnte sich in ihrem Stuhl zurück und betrachtete Vane bewundernd. „Und ich sehe, dass Sie nur ein Captain sind … Wie wahr es ist, dass die besten Köpfe der Armee die unteren Positionen besetzen. Übrigens – ich muss mir Ihren Namen notieren." Sie holte ein kleines Notizbuch aus ihrer Tasche und öffnete es. „Meine Pflichten sind so anstrengend, dass ich gezwungen war, Listen und dergleichen zu machen."

„Vane", antwortete er, „Christian – Derek."

Sie trug beides in ihr Buch ein und klappte es dann mit einem Knall zu. „Jetzt bin ich bereit anzufangen. Wirst du mich unterhalten oder werde ich dich unterhalten?"

„Letzteres ist Ihnen sehr gründlich gelungen", versicherte ihr Vane.

„Nein – habe ich wirklich? Ich muss heute in guter Form sein. Man kann es wirklich nie sagen, wissen Sie. Eine Eröffnung, die bei manchen Leuten ein Schrei ist, fällt bei anderen so flach wie ein Grabenwasser." Sie sah ihn einen oder zwei Augenblicke nachdenklich an und tippte mit einem goldenen Stift auf ihre kleinen weißen Zähne.

Plötzlich beugte sich Vane nach vorne. „Darf ich nach deinem Alter fragen, Joan?"

Ihre Augenbrauen hoben sich leicht. „Johanna!" Sie sagte.

„Es gefällt mir nicht, das Unbekannte anzusprechen", bemerkte Vane, „und ich habe gehört, wie Lady Patterdale Sie Joan nannte. Aber wenn es Ihnen lieber ist – darf ich Sie nach Ihrem Alter fragen, MissSnooks?"

Sie lachte fröhlich. „Ich glaube, ich bevorzuge Joan, danke; obwohl ich das normalerweise erst nach der vierten oder fünften Vorstellung erlaube. Wissen Sie, wenn man zu schnell vorankommt, ist es so schwierig, die Zeit am Ende zu füllen, wenn die Genesung lange dauert."

„Ich fühle mich geehrt", bemerkte Vane. „Aber Sie haben meine Frage nicht beantwortet."

„Ich sehe wirklich keinen Grund, warum ich das tun sollte. Es steht nicht in den Regeln – zumindest nicht in meinen Regeln. … Außerdem wurde mir immer gesagt, dass es unhöflich ist, persönliche Fragen zu stellen."

„Ich freue mich, dass etwas, das Ihnen auf den Knien Ihrer Mutter beigebracht wurde, eine bleibende Wirkung auf Ihren Geist hatte", entgegnete Vane. „Allerdings werden wir zum jetzigen Zeitpunkt nicht darauf drängen. … Ich würde es hassen, Sie in Verlegenheit zu bringen." Er sah sie eine Weile schweigend an, als versuche er, eine unausgesprochene Frage, die ihm durch den Kopf ging, zu seiner eigenen Zufriedenheit zu beantworten.

„Ich denke", sagte sie, „dass ich besser meine offiziellen Aufgaben wieder aufnehmen sollte. Was halten Sie von Rumfold Hall?"

„Es wäre schwierig, mir in der mir zur Verfügung stehenden Zeit eine zufriedenstellende Antwort auf diese Frage zu geben, meine liebe junge Dame." Vane zündete sich eine Zigarette an. "Ich möchte Sie nur darauf hinweisen, dass es einen Bankettsaal gibt, in dem Bloody Mary angeblich einen Kapaun verzehrt und die Verbrennung von zwei weiteren Protestanten angeordnet hat – und dass der besagte Bankettsaal in den letzten Jahren von der breiten Masse für Übungen wie den Foxtrott und den One Step genutzt wurde. Lassen Sie mich außerdem Ihre Aufmerksamkeit auf das alte elisabethanische Dachfenster lenken, aus dem der berühmte Sir Walter Raleigh angeblich seinen Mantel zum Trocknen aufgehängt hat, nachdem die Dame darauf getreten war. Auf der Treppe ist dieselbe Stelle zu sehen, an der allabendlich der Hundekorb des alten Mopses der achtzehnten Gräfin von Forres stand, zur großen Verlegenheit jener schlecht erzogenen und gewalttätigen Gäste, die die Stunden des Schlafs in eine Zeit widerlicher Ausschweifungen mit Sodawassersiphons und Mehl verwandelten. Tatsächlich wird allgemein angenommen, dass das Ende des oben erwähnten alten Mopses dadurch beschleunigt wurde, dass der aufgeregte Lord Frederick de Vere Thomson ihn fälschlicherweise für einen Fußschemel, am Kopfende seiner noch schreckhafteren Gattin – der berühmten Tootie Rootles von der Gaiety. Dieser geheiligte Ort wurde abgesperrt und wird vom jetzigen Besitzer mit gebührendem Stolz jedem Unglücklichen gezeigt, den er dazu bringen kann, ihm zuzuhören. Zum Schluss möchte ich Ihre Aufmerksamkeit lenken …"

„Um Himmels willen, hör auf", unterbrach sie schwach. „Die Antwort wird aufgrund ihrer Länge als falsch beurteilt."

„Bekomme ich nicht den Flügel?" er forderte an.

„Nicht einmal die Tüte Nüsse", sagte sie bestimmt. „Ich möchte eine Zigarette.
Das sind doch keine Gasper, oder?"

„Das sind sie nicht", sagte er und hielt ihm seinen Koffer hin. „Ich bin schon bereit für die zweite Frage."

Sie sah ihn nachdenklich durch eine Rauchwolke an. „Irgendwie glaube ich nicht, dass ich in gewohnter Weise vorgehen werde", bemerkte sie schließlich. „Ihr Standard scheint höher zu sein."

„Höher als wessen?" fragte Vane.

„Als die meisten anderen." Ihr Lächeln war ein wenig rätselhaft. „Hier ist ein Kavallerist und ein oder zwei andere – aber … nun ja! Sie wissen, was ich meine."

„Ich weiß genau, was du meinst", bemerkte er ruhig. „Und, Joan, es ist alles falsch."

„Es ist sowieso alles natürlich. Ihre Art ist nicht unsere Art; ihre Gedanken sind nicht unsere Gedanken. … Ich kann nichts dafür, ob ich ein giftiger Snob bin oder nicht; das ist, was ich fühle. Nehmen Sie Sir John. Der Mann ist eine Beleidigung für das Auge. Er ist ein völliger Außenseiter. Mit welchem Recht hat er, in Rumfold zu sein?"

„Das Recht, ein Patentschild erfunden zu haben. Und wenn man es von einem unvoreingenommenen Standpunkt aus betrachtet, scheint es ein fast ebenso guter Anspruch zu sein wie der des Nachkommen eines wirklich erfolgreichen Banditenhäuptlings."

„Sind Sie Sozialist?", fragte sie plötzlich.

„Gott weiß, was ich bin", antwortete er zynisch. „Ich versuche es herauszufinden. Über dem Wasser ist etwas passiert, das den Blickwinkel verändert. Das ist hier nicht passiert. Und im Moment fühle ich mich eher wie ein Fremder in einem fremden Land." Er starrte nachdenklich auf eine Drossel, die sich mit einem großen, dicken Wurm beschäftigte. Dann fuhr er fort: „Du hast von Außenseitern gesprochen. Herr! Mein liebes Mädchen, glaube nicht, dass ich nicht weiß, was du meinst. Ich hatte ein unvergleichliches Exemplar in meiner Gesellschaft – eines der ersten und reinsten Wasser – gemessen an unserem Er war süchtig danach, seine Nägel beim Essen zu putzen – es breitete sich einfach über dem Himmel aus düster; und am Boden des Grabens lag dieser Offizier, genau dort, wo ein Boyau auftrat. Sein Gesicht war weißer als die Kreide um ihn herum, aber ab und zu grinste er schwach mit seinem Mantel bedeckt: Denn wie Sie sehen, hatte ihm ein fliegendes Schwein den größten Teil seines Magens weggenommen."

Das Mädchen biss sich auf die Lippe, doch ihr Blick blieb an Vanes Gesicht hängen.

„Er starb, noch immer im nassen, kalkhaltigen Schlamm liegend, noch immer grinsend und den Krankenträgern dankend, die ihn getragen hatten." Er hielt einen Moment inne – seine Gedanken waren zurück im Land jenseits des Wassers. „Es gibt Tausende wie ihn", fuhr er nachdenklich fort, „und dort drüben, sehen Sie, ist nicht viel wichtig. Ein Mann, ob Herzog oder Müllmann, wird in der Regimentsfamilie nach seinen Verdiensten beurteilt. Jeder ist gleichermaßen glücklich oder gleichermaßen unglücklich – denn jeder hat dasselbe Ziel."

„Und hier", warf das Mädchen ein, „hat jeder ein anderes Ziel. Wie könnte es auch anders sein? Wenn ein Mann versucht, den Ball durch das falsche Tor zu schießen – und es ihm gelingt –, dann kommt das Problem."

„Ganz richtig", stimmte Vane zu. „Ich persönlich versuche herauszufinden, was mein eigenes Ziel ist."

"Was war es vor dem Krieg?"

„Sodawassersiphons und Mehl; Jagen, Cricket und Liebe machen."

„Und Sie meinen nicht, dass das immer noch den Anforderungen entspricht?"

„Der Herr weiß es!", lachte Vane. „Wenn die Zeit gekommen ist, werde ich es wahrscheinlich auch wissen."

„Und wie wollen Sie das herausfinden?", beharrte
das Mädchen.

Wieder lachte Vane. „Indem ich einfach nichts tue", antwortete er. „Ich werde – soweit es mir meine anstrengenden militärischen Pflichten erlauben – weitermachen. … Ich glaube, jeder macht weiter. … Es ist die Phase, nicht wahr? Und während des Prozesses, soweit er fortschreitet, bevor ich nach Frankreich zurückkehren muss, werde ich vielleicht eine Vorstellung davon bekommen, ob ich wirklich ein ausgesprochener Pazifist oder ein Last-Ditcher bin."

Eine Weile sah sie ihn schweigend neugierig an. „Sie sind etwas anders als die meisten meiner Patienten", verkündete sie schließlich.

Er verbeugte sich ironisch. „Ich vertraue darauf, dass ich trotz allem in Ihren Augen Gnade finde. Es ist jedenfalls etwas, nicht als GS bezeichnet zu werden, wie wir in der Armee sagen."

„Ehrlich gesagt, verachten Sie mich ein wenig?"

Vane betrachtete sie leidenschaftslos. „Offen und ehrlich, das tue ich. Und doch … ich weiß es nicht. Sehen Sie nicht, Lady, dass ich Ihr Leben durch meine Brille betrachte; Sie sehen es durch Ihre eigene. Soweit ich weiß, könnten Sie Recht haben und ich könnte Unrecht haben. Tatsächlich", fuhr er nach einer kurzen Pause fort, „ist es mehr als wahrscheinlich, dass es so ist. Sie haben in den letzten vier Jahren jedenfalls nicht die Voraussetzungen für eine Irrenanstalt erfüllt."

Sie stand von ihrem Stuhl auf und gemeinsam schlenderten sie zum Rasen. Das Tennis war noch in vollem Gange und eine Zeit lang schauten sie schweigend dem Spiel zu.

„Denken diese Männer wie Sie?", fragte sie ihn plötzlich. „Fragen sie alle nach dem Warum und Weshalb – oder reicht es ihnen, einfach nicht dabei zu sein?"

"Fürs Erste reicht es uns allen", antwortete er ernst. "Und dann zieht und zerrt es und wir kehren wieder zurück. ... Es hat jeden ein bisschen nachdenklicher gemacht; es hat jeden dazu gebracht, nach dem Warum und Wofür zu fragen, beharrlich oder beiläufig, je nach der Art des Tieres. Aber die Hölle wird kommen, wenn wir nicht - als Ganzes - die gleiche Antwort finden. ..."

Sie drehte gedankenverloren ihren Sonnenschirm, und in diesem Moment richtete sich der Kavallerist auf. „Ich dachte, Sie hätten uns verlassen, Miss Devereux." Er warf Vane einen Blick zu und grinste. „Ich appelliere an Sie", rief er, „als Infanterist, öffentlich zu erklären, ob Sie jemals eine meisterhaftere Aktion der Aufklärung gesehen haben als die, bei der der alte Mann Sie ins Visier genommen hat. Himmel! Das hätten Sie sehen sollen. Purple Face erwischte ihn am Rhododendronbusch, wo er sich eine Viertelstunde lang an mir vergriffen hatte; und nach einer Minute lag ich im Petersilienbeet."

Sie lachten alle, und ein paar Minuten lang plauderten die beiden Männer mit ihr; dann verschwand Vane im Haus, um Briefe zu schreiben. Es war ein langsamer und mühsamer Prozess, und in der Regel schrieb er so wenig wie möglich. Aber einen musste er loswerden, auch wenn ihm davor graute. Ein Versprechen an einen toten Freund ist heilig …

Endlich war das Gekritzel fertig, und als er von seinem Schreibtisch aufblickte, sah er Joan Devereux durch die Halle gehen. Er stand auf und eilte ihr nach. „Würden Sie das für mich adressieren?" Er hielt den Umschlag hin. „Ich habe es geschafft, das Papier darin zu beschädigen, aber ich möchte den Postboten nicht zu sehr belasten."

Lächelnd nahm sie ihm den Brief ab und griff nach einem Stift. „Also", sagte sie nach einem Moment, „ich warte."

Sie blickte zu ihm auf, als er neben ihr am Tisch stand, und ein schelmischer Schimmer erschien in ihren Augen, als sie seine trafen. Er starrte sie mit nachdenklichem Gesichtsausdruck an, und jedenfalls schien er es im Moment als eine angenehme Beschäftigung zu empfinden.

„Und was denkt der Wahrheitssucher jetzt wohl?", bemerkte sie leichtfertig. „Mich ein zweites Mal zu verurteilen, gerade als ich versuche, sowohl nützlich als auch dekorativ zu sein?"

"Ich dachte. . . ." Er begann langsam und schien dann seine Meinung zu ändern. „Ich glaube nicht, dass es genau darauf ankommt, was ich gedacht habe", fuhr er fort, „außer dass es dich betrifft. Indirekt vielleicht – möglicherweise sogar direkt … dich und einen anderen …"

„Du gehörst also zur zweiten meiner beiden Klassen, oder?" sagte das Mädchen.

„Irgendwie dachte ich, du wärst im Ersten …"

„Die Klasse, die du liebst?" fragte Vane trocken.

Mit einem kurzen Stirnrunzeln wandte sie sich noch einmal dem Tisch zu. „Angenommen, Sie geben mir die Adresse."

„Ich bitte um Verzeihung", sagte Vane leise. „Die Bemerkung war vulgär und völlig unangebracht. Nach vier Jahren in der Armee sollte man in der Lage sein, zwischen offiziellen und inoffiziellen Gesprächen zu unterscheiden."

„Darf ich fragen, was in aller Welt Sie meinen?", sagte das Mädchen kalt.

„Ich nehme an, dass Ihre einleitenden Bemerkungen im Garten eher offizielles Geschwätz waren – das Sie in Ihrer beruflichen Funktion verwendet haben. … Außerhalb des Dienstes sind Sie sozusagen ein ganz normaler Mensch. … Vielleicht sogar anständig bis zur Dummheit." Er starrte gedankenverloren aus dem Fenster. „In den Staaten, wissen Sie, gehen sie noch weiter. … Ich glaube, dort kann man eine professionelle weibliche Gegenbeklagte engagieren – eine Frau von unerschütterlicher Tugend und abstoßendem Aussehen –, die dem Mann in kompromittierenden Situationen lange genug Gesellschaft leistet, damit die Frau ihren Fall beweisen kann."

Das Mädchen sprang auf und stellte sich ihm mit funkelnden Augen entgegen, doch Vane fuhr verträumt fort: „Ich habe von einer Frau gehört, die die Frau des abweichenden Ministers war und es tat, um die Wohltätigkeitsarbeit ihres Mannes zu unterstützen …"

„Ich denke", sagte sie mit leiser, wütender Stimme, „dass du der abscheulichste Mann bist, den ich je getroffen habe."

Vane sah sie überrascht an. „Aber ich dachte, wir würden uns so gut verstehen. Ich wollte Sie nur bitten, eines Tages in der Stadt mit mir zu Mittag zu essen – natürlich in Ihrer offiziellen Funktion …"

„Wenn du der letzte Mann auf der Welt wärst und ich am Verhungern wäre, würde ich auf keinen Fall mit dir zu Mittag essen." Ihre Brust hob und senkte sich stürmisch.

„Jedenfalls ist es wichtig zu wissen, wo wir stehen", sagte Vane freundlich.

„Wenn ich gemerkt hätte, dass Sie nur ein Schurke sind – und ein Außenseiter der schlimmsten Art –, glauben Sie, dass ich geredet hätte – hätte es zugelassen …" Die Worte erstarben in ihrer Kehle und ihre Schultern zitterten. Sie wandte sich ab und biss wütend mit den Zähnen auf ihr Taschentuch. „Geh weg – oh! geh weg; ich hasse dich."

Aber Vane ging nicht weg; Er stand lediglich da und sah sie mit einem schwachen, halb fragenden Lächeln auf den Lippen an.

„Joan“, sagte er nach einem Moment, „ich glaube, ich habe Ihr allgemeines Programm vermasselt. Alle früheren Darbietungen werden nach dieser hier eher ein Antiklimax sein. Aber vielleicht werden Sie meine abscheulichen Bemerkungen später, wenn sie Ihnen nicht mehr so frisch im Gedächtnis sind, nicht als eine solche Beleidigung empfinden wie jetzt. Obwohl ich ein schrecklicher Außenseiter bin – obwohl es unverzeihlich schäbig ist, Ihre Kriegsarbeit zu kritisieren – besonders, da ich sie so sehr geschätzt habe – werden Sie versuchen, sich daran zu erinnern, dass es viel einfacher und angenehmer gewesen wäre, das Andere zu tun?“

Langsam richtete sich ihr Blick auf sein Gesicht, und er sah, dass sie gefährlich glänzten. „Was sonst noch?“, fragte sie.

„Ich habe mit dem Spiel weitergemacht, dem Spiel, das Sie und ich so gut kennen.
Jagen, Cricket und Liebe machen … Steht das nicht im ‚Who’s Who‘ – es sei denn, diese interessante Publikation ist vorübergehend vergriffen?“

„Mir fällt auf“, bemerkte das Mädchen bedrohlich, „dass Sie zu Ihrer Schurkerei noch eine sehr erhabene Eitelkeit hinzufügen.“

Vane grinste. „Mutter hat mir immer gesagt, ich leide unter geschwollenen Köpfen …“ Er deutete auf den noch unadressierten Umschlag, der zwischen ihnen auf dem Schreibtisch lag. „Nach dieser kleinen Abschweifung – macht es Ihnen etwas aus?“

Sie nahm den Stift und setzte sich wieder hin. „Mir fällt auf, dass sich Ihr Tonfall ändert, wenn Sie wollen, dass ich Ihnen helfe.“

Vane antwortete nicht. „Die Adresse ist Mrs. Vernon, Culman Terrace 14, Balham“, bemerkte er ruhig.

„Ich hoffe, sie leistet Kriegsarbeit, die Ihnen gefällt“, höhnte das Mädchen. Sie reichte ihm den Umschlag, und als sie das Feuer in seinen Augen sah, hielt sie kurz den Atem an.

„Soweit ich weiß“, antwortete er grimmig, „versucht Mrs. Vernon, sich und ihre drei Kinder mit der hohen Summe von einhundertfünfzig Pfund im Jahr zu ernähren. Ihr Mann starb in meinen Armen, während wir einige Gebiete, die wir gewonnen hatten, wieder einnahmen.“ Er nahm ihr den Umschlag aus der Hand. „Danke; es tut mir leid, dass ich Sie belästigen musste.“

Er ging zur Tür, und als er sie erreichte, blieb er stehen und blickte zurück. Joan Devereux stand reglos da und starrte aus dem Fenster. Vane warf seinen Brief in die Kiste im Flur und ging die Treppe zu seinem Zimmer hinauf.

KAPITEL VI

Wie sich herausstellte, hatte Vane keine Einwände gegen seine Reise nach London. Er musste lediglich seinen Namen in ein Buch eintragen und bekam dann einen Gutschein für die halbe Fahrt. Niemand fragte ihn auch nur nach seiner Religion, was auf Nachlässigkeit hindeutete.

Mit einem alles andere als angenehmen Gefühl bestieg Vane eines Morgens, vier Tage nachdem er Mrs. Vernon geschrieben hatte, den Erste-Klasse-Waggon. Sie würde sich freuen, ihn zu sehen, hatte sie als Antwort geschrieben, und sie war ihm dankbar, dass er sich die Mühe machte, zu kommen. Donnerstagnachmittag würde am besten passen; an den anderen Tagen war sie unterwegs, und sonntags musste sie auf die Kinder aufpassen …

Vane öffnete die Zeitschrift auf den Knien und starrte gedankenverloren auf die Bilder. In der hinteren Ecke des Wagens führten zwei weitsichtig aussehende Herren ein angeregtes Gespräch, das für einen Moment durch seinen Auftritt unterbrochen wurde. Tatsächlich schienen sie sein Eindringen eher als eine persönliche Beleidigung zu betrachten. Ihr allgemeines Erscheinungsbild war nicht anziehend, und Vane blieb in der Tür stehen und starrte sie beide nacheinander aus dem Gesicht an. Er wurde reichlich belohnt, als er hörte, wie er sich selbst als unverschämten jungen Welpen bezeichnete.

An diesem Morgen war er in seiner finstersten und kämpferischsten Stimmung. Im Allgemeinen war er der friedlichste Mensch, aber manchmal kam in ihm eine Anspannung wieder hoch, die er von einem entfernten Vorfahren geerbt hatte, der, wenn ihm das Gesicht eines Mannes nicht gefiel, es mit einem Knüppel kräftig schlug. Ein paar Monate vor dem Krieg hatte es auf der Promenade des Empire-Theaters einen berühmten Anlass gegeben, als ein Mann, der vor ihm stand, vergessen hatte, während der Aufführung von „The King" seinen Hut abzunehmen. Es war ein Opernhut, und Vane nahm ihn für ihn ab und verschloss ihn. Der Besitzer drehte sich gerade rechtzeitig um, um zu sehen, wie er gegen den Vorhang prallte, von wo er mit einem dumpfen Knall ins Orchester fiel … Völlig unentschuldbar, aber der darauf folgende Kampf war alles, was sich ein Mann nur wünschen konnte. Die beiden waren schließlich mit einem großen Wurf auf dem Leicester Square auf einem Haufen gelandet – mit dem hutlosen Herrn darunter. Und Vane, der schnell zu Fuß war, hatte schließlich das große Vergnügen, aus der Ferne zuzusehen, wie sein illoyaler Gegner außer Atem von einem sehr großen Polizisten in die Vine Street eskortiert wurde. . . .

Manchmal fragte er sich, ob andere Menschen jemals so empfunden hatten; wenn sie jemals von dem unwiderstehlichen Wunsch überwältigt würden, beleidigend zu sein. Es fiel ihm auf, dass der Krieg dieses Versagen nicht behoben hatte; wenn überhaupt, hatte es es stärker gemacht. Und der Anblick dieser beiden fetten, öligen Exemplare, die selbstgefällig über Geschäfte diskutierten, während eine Frau in einem schäbigen Haus in Balham auf die letzte Nachricht von ihrem Verstorbenen wartete, ließ ihn mit den Zähnen knirschen.

Natürlich war alles völlig falsch. Kein wohlerzogener und anständiger Engländer hatte das Recht, sich über das Gesicht eines anderen Mannes so sehr zu ärgern, dass er am liebsten mit einem Stock darauf eingeschlagen hätte. Aber Vane begann zu zweifeln, ob er gut erzogen worden war; er war sich ziemlich sicher, dass er nicht anständig war. Er war lediglich viel natürlicher als je zuvor; er hatte aufgehört, sich über die kleinen Dinge Sorgen zu machen.

Und die beiden anderen Insassen des Wagens waren ganz bestimmt sehr klein. Zumindest kamen sie ihm so vor. Soviel er wusste oder sich darum kümmerte, konnten sie beide auch für eine Regierungsbehörde zuständig sein; das änderte nichts an ihrer Kleinheit.

Bruchstücke ihres Gesprächs drangen ihm über das Rattern der Räder zu, und er wurde immer wütender. Der hohe Preis für Whisky war ein Grund für die Klagen – einer von ihnen behauptete, der Whisky ginge offenbar vollständig nach Frankreich, was zu Engpässen in der Heimat führte. Dann die militärische Lage … Unmöglich, grotesk … Jemand sollte gehängt werden, weil er so etwas zugelassen hat. Nach vier Jahren gezwungen zu werden, zurückzukehren – unentschuldbar. Was gebraucht wurde, war jemand mit Geschäftssinn, der die Armee leitete … In der Zwischenzeit wurde ihr Geld verschwendet, verprasst und verspielt …

Während er zuhörte, wurde Vane in seiner Ecke wild; seine mentale Sprache wurde unglaublich grell. Er hatte das Gefühl, dass er bereitwillig ein oder zwei Tausend dafür gegeben hätte, sie beide in jenem Teil der Außenpostenlinie unterzubringen, wo er einen Monat zuvor im Morgengrauen auf dem Bauch herumgekrochen war, um seine Kompanie zu sehen. Ihre Augen waren grau im Gesicht und vom Schlamm grau überzogen, sie hatten klar, fest und fröhlich gewirkt, auch wenn ihr Kinn von zweitägigem Wachstum bedeckt war. Und ihr Lohn betrug etwa einen Schilling pro Tag. . . .

Gerade als der Zug langsamer wurde, um nach Victoria einzufahren, hatte er das Gefühl, dass er sich nicht länger zurückhalten konnte. Nachdem der größere und dickere der beiden eine ausführliche Ansprache über den beispiellosen Reichtum einiger Soldatenfrauen in der Nachbarschaft – und wohlgemerkt auch unverheirateter Frauen – beendet hatte, stand er auf, um seinen Depeschenkoffer abzuholen.

„Es ist schade, meine Herren, dass Sie sich die Mühe machen, auf dem Land zu bleiben“, bemerkte Vane beiläufig. „Sie müssen schrecklich leiden.“

Zwei Herren meinten eisig, sie würden gern wissen, was er meine.

„Warum kehren Sie nicht in Ihr eigenes Land zurück?“, fuhr er noch beiläufiger fort. „Zweifellos wird das ägyptische Expeditionskorps es bald für Sie gesäubert und geschmückt haben.“

Der Zug hielt an und Vane stieg aus. Seine beiden letzten Reisegefährten begleiteten ihn bis zur Schranke, und aus ihren Bemerkungen schloss er, dass sie der Meinung waren, er hätte sie beleidigt. Doch erst als er am Tor ankam, hielt er inne und sprach. Er sprach eine ganze Weile, und während der Schlussrede kam es unvermeidlicherweise zu einer Unterbrechung des Verkehrs.

„Ich habe auf dem Weg nach oben Ihrem Duologe zugehört“, sagte Vane mit klarer Stimme, und wenn ich dachte, dass es im Land viele wie Sie gäbe, würde ich trinken gehen. So wie es ist, bin ich hoffnungsvoll Ich habe dir gesagt, dass Jerusalem bald leer sein wird.

Und die Tatsache, dass zwei in der Nähe stehende Soldaten auf Urlaub aus Frankreich in Gelächter ausbrachen, reinigte die Luft nicht. . . .

„Jimmy“, sagte Vane eine halbe Stunde später und warf sich auf einen Stuhl in seinem Club neben einem alten Kumpel im Raucherzimmer, „ich war einfach ein gründlicher Tempo-Bowler; ein herrlicher und wunderbarer Kerl. Und, Jimmy.“ ! Ich fühle mich dadurch viel besser.“

Jimmy betrachtete ihn schläfrig aus der Tiefe seines Stuhls. Dann wanderten seine Augen zur Uhr und er setzte sich mühsam auf. „Großartig, mein lieber alter Kreisel“, bemerkte er. „Und da es jetzt eine Minute nach zwölf ist, lasst uns einen Platz haben, um deinen Abfall von der Tugend zu feiern.“

Nach dem Mittagessen rückte die bevorstehende Tortur in Balham immer deutlicher an seinen Horizont. In einem vergeblichen Versuch, die böse Stunde hinauszuzögern, beschloss er, zuerst seine Zimmer in der Half Moon Street aufzusuchen. Er hatte sie während des Krieges anbehalten und nur während seiner Urlaubszeiten geöffnet. Die Schlüssel befanden sich im sicheren Besitz von Mrs. Green, die sich gemeinsam mit ihrem Mann um ihn und die anderen Bewohner des Hauses kümmerte. Wie immer freute sich die ehrenwerte alte Dame, ihn zu sehen. . . .

„Ich habe sie gerade vor zwei Tagen gereinigt, Mr. Vane, Sir“, bemerkte sie. Neumodische Armeeränge bedeuteten ihr nichts: Mr. Vane, den er gegründet hatte – Mr. Vane würde er bis zum Ende des Kapitels bleiben.

„Und, Binks, Mrs. Green?" Aber sie brauchte diese Frage nicht zu beantworten. Plötzlich huschten die Füße, und ein rauhaariger Foxterrier sprang vor Ekstase über ihn hinweg.

„Mein Sohn, mein Sohn", sagte Vane und hob den Hund hoch. „Freust du dich, deinen Meister wiederzusehen? Ein Leckerbissen, du kleiner Schlingel, denn es ist ein besonderer Anlass. Und übrigens, pass auf meinen Arm auf, junger Mitmensch."

Er setzte Binks ab und drehte sich lächelnd zu Mrs. Green um. „War er brav, Mrs. Green?"

"So gut wie gut, Sir", antwortete sie. "Ich bin sicher, er ist ein lieber kleiner Hund. In der ersten Woche nach Ihrem Besuch hat er – genau wie die anderen Male – kaum etwas angerührt. Er lag einfach vor Ihrer Tür und winselte und winselte, was das Herz begehrte ..."

Die mütterliche alte Frau bückte sich, um dem Hund den Kopf zu streicheln, und Binks leckte ihr einmal die Finger, um zu zeigen, dass er dankbar war für das, was sie getan hatte. Aber – und das war ein großes Aber – sie war nur eine Notlösung. Jetzt – und mit einem weiteren Huschen seiner Füße – sprang er wieder einmal um die einzige Person herum, die wirklich zählte. Eine Reihe kurzer, abgehackter Freudenschreie, die zu groß waren, um kontrolliert zu werden; ein Stummelschwanz, der so schnell wedelte, dass das Auge ihm kaum folgen konnte; ein Hund ...

„Ich glaube, Mrs. Green", sagte Vane ruhig, „dass eine ganze Reihe Leute in England in letzter Zeit darüber nachgedacht haben, ob es nicht besser wäre, die Hunde zu töten ..."

„Töten Sie die Hunde, Sir!" Der Ton von Mrs. Green war voller schriller Verwunderung. „Binks töten? Ich würde gerne sehen, wie es jemand versucht." . . . Vane hatte eine kurze Vision seiner treuen alten Vermieterin, die mit einem Schürhaken und einem Tranchiermesser bewaffnet war, aber er lächelte nicht.

„Das würde ich auch tun, Mrs. Green. . . . Das würde ich auch..." Und mit einem kurzen Lachen nahm er ihr den Schlüssel ab und ging nach oben.

Das Zimmer, in das er zuerst ging, war so, wie man es in der Wohnung eines jungen Junggesellen erwartet hätte. Im Rahmen des Spiegels über dem Kamin steckten Dutzende alter Einladungen. Auf dem Kaminsims standen einige schwere silberne Fotorahmen, in der Ecke gaben eine Tasche mit Golfschlägern und zwei oder drei Paar Boxhandschuhe einen Hinweis auf den Geschmack ihres Besitzers. Das Zimmer war makellos sauber, und da die Sonne fröhlich durch das Fenster schien, schien es unmöglich zu glauben, dass es sechs Monate lang leer gestanden hatte. Ein paar gute Drucke –

hauptsächlich sportliche – schmückten die Wände; und die Bücher in dem schweren drehbaren Bücherregal aus Eichenholz, das neben einem der großen Ledersessel stand, waren von der Art, die allgemein als leicht beschrieben wird. . . .

Eine Zeitlang stand Vane am Kaminsims und starrte nachdenklich aus dem Fenster, während Binks, außer sich vor Freude, jede Ecke erkundete, an die er sich gut erinnerte, und mit kräftigem Pusten die alten, gewohnten Risse im Boden hinunterpustete. Plötzlich rannte er mit wildem Gehasche seiner größten Freude nach, der, die niemals müde wurde. Er hatte gesehen, wie Vane sie in die Ecke warf, und jetzt trottete er gemächlich auf seinen wunderbaren Meister zu, der so wunderbarerweise mit seinem Feind im Maul zurückgekehrt war. Er legte sich zu Vanes Füßen nieder; offensichtlich sollte das Spiel gerade beginnen.

Der Feind war ein Gummihund, der durch ein Loch in seinem Bauch ein trauriges Pfeifgeräusch von sich gab. Eigentlich war er für die ganz Kleinen beim Baden gedacht – damit sie der Krankenschwester einen Wasserstrahl ins Auge spritzen konnten; aber er bereitete Binks große Sorgen. Je fester er biss, desto lauter pfiff er. Es schien unmöglich, das verdammte Ding zu töten …

Eine Zeit lang biss er nach Herzenslust in die pfeifende Gräueltat hinein; Dann blickte er, immer noch zwischen seinen Vorderpfoten, in Vanes Gesicht. Sicherlich hatte sein Meister die Spielregeln nicht vergessen. Wirklich – es war ein wenig steil, wenn es so war. Aber Vane betrachtete, soweit Binks es sehen konnte, eines der Fotos auf dem Kaminsims mit einem leichten Lächeln im Gesicht. Ein oder zwei traurige Pfiffe führten zu keinem erkennbaren Ergebnis. Also entschied Binks, dass es Zeit für verzweifelte Maßnahmen war. Er stand auf; und mit zur Seite geneigtem Kopf betrachtete er seinen verhassten Gegner, der auf dem Teppich lag. Dann bellte er kurz und scharf – nur zur Erinnerung. . . .

Es war völlig ausreichend und Vane entschuldigte sich großzügig. „Bitte um Verzeihung, alter Mann", bemerkte er. „Im Moment dachte ich an Trivialitäten." Er bewegte seinen Fuß in der Nähe des Gummihundes hin und her, und Binks wartete mit gespitzten Ohren und leicht gedrehtem Kopf, während er der Fußbewegung seines Herrn folgte. Kurz darauf wusste er, dass sein erblicher Feind auf die eine oder andere Seite des Raumes fliegen würde. Die große Frage war: Welche? Es prallte gegen die Wand und prallte auf den Boden, wo es erfasst und mit markerschütterndem Knurren zurückgetragen wurde, damit sich der Vorgang wiederholte. . . Man kann sagen, dass das Spiel nicht durch ein dummes Zeitlimit bestimmt war. . . .

Plötzlich machte das schwingende Bein eine Finte nach links und Binks rannte in diese Richtung. Verflucht – er wurde schon wieder gestochen. Sein

Gegner flog nach rechts und ließ sich bequem auf dem Boden nieder, bevor Binks auf der Bildfläche erschien. Sein Schwanz war jedoch immer noch oben, als er ihn zurückbrachte, und er biss ihn besonders wütend, nur um zu zeigen, dass er wegen dieser vorläufigen Niederlage keine Aufregung dulden würde. . . . Vane lachte. „Du lustiger alter Mann", sagte er. Er blieb stehen, hob das Spielzeug auf und legte es auf den Kaminsims. „Damit ist das Spiel für heute beendet, Binks, denn ich muss raus. Möchtest du auch mitkommen?" Die braunen Augen blickten ihn bewundernd an. Binks konnte nicht verstehen, warum das erste Spiel nach so langer Zeit so kurz sein sollte; aber – er kann in solchen Angelegenheiten nicht begründen, warum. Außerdem redete sein Meister und Binks ließ sich gerne nach seiner Meinung fragen.

Vanes Blick wanderte wieder zu dem Foto, das er studiert hatte. Es war eines von Margaret – aufgenommen vor Jahren. . . . Und als er es betrachtete, schien ein Paar grauer Augen mit dem Funkeln eines spöttischen Lächelns darin das Foto ein wenig verschwommen zu machen.

„Komm schon, alter Mann. Wir fahren nach Balham. Und ich brauche deine Unterstützung."

Culman Terrace war kein beeindruckendes Spektakel. Eine lange, gerade Straße verlief zwischen zwei Reihen kleiner und trostloser Häuser. Jedes Haus war genau gleich, mit seinem winzigen kleinen Gartenstück zwischen der Haustür und dem Tor. Auf einigen Grundstücken gab es Hinweise darauf, dass der Besitzer gern im Garten arbeitete; hier rollten sich ein paar süße Erbsen liebevoll um die Stäbchen, die für sie hineingesteckt wurden – dort zeigten einige Tulpen Anzeichen nächtlicher Aufmerksamkeit. Aber in den meisten Fällen war das Grundstück schlicht und trist wie das Haus – ein totes Ding; ein Ding ohne Seele. Individualität, Lachen – ja, das Leben selbst – schienen in dieser endlosen Straße mit ihren endlosen Häuserreihen unterdrückt zu sein.

Als Vane langsam hinaufging und nach Nr. 14 suchte, schien die Sonne. Im Moment schien es in eine Art Leben gekleidet zu sein; fast so, als würde es aus einem langen Schlaf aufwachen und vor sich hin murmeln, dass Liebe und die Herrlichkeit der Liebe heute weit verbreitet seien. . . . Und dann verschwand die Sonne hinter einer Wolke und alles war wieder grau und tot.

Vane stellte es sich an feuchten, dunklen Morgen im Winter vor – an Abenden, an denen die Tage kürzer wurden und die Gaslampen durch die Dunkelheit leuchteten. Er sah, wie sich die Türen öffneten und jede einen schwarz gekleideten, blassen Mann ausspuckte, der durch das Tor ging und dann mit schnellen, nervösen Schritten auf den Bahnhof zuging. Um 8.30 Uhr war ihr Zug; obwohl in einigen sehr seltenen Fällen die 9,3 früh genug war. . . . Aber in der Regel wohnte die 9,3-köpfige Menschenmenge nicht in

Culman Terrace. Nur ein paar wenige, die jung und eifrig dorthin gekommen waren und dort gestorben waren. Zwar haben sie die 9,3 erwischt, aber sie waren tot. Und die hübschen lachenden Mädchen, die sie geheiratet hatten, als die Lampe mit dem göttlichen Feuer der Hoffnung brannte, hatten sie sterben sehen... hoffnungslos, hilflos.... Die Liebe hält den meisten Dingen stand; Aber die triste Monotonie des erfolgreichen Scheiterns – des Zweihundert-Pfund-Jahres-Manns, der den Schein wahren muss – stellt es sehr auf die Probe....

Einige von ihnen wurden zu Widerlingen und nörgelten; andere wurden zu dick und kümmerten sich nicht darum; aber die meisten versanken einfach still und unmerklich in der Trostlosigkeit und Engstirnigkeit ihrer Umgebung. In seltenen Abständen blitzte etwas von der großen, wimmelnden Welt draußen an ihrem Horizont auf; sie gingen vielleicht zu einem Trödelmarkt und sahen den König vorbeifahren – oder sie gingen ins Kino und lebten eine Zeit lang im Land der Fantasie ... Aber die Windungen von Culman Terrace hatten sie gepackt, und die Aufregung war nur von kurzer Dauer – der Rückfall umso vollständiger. Und, lieber Himmel, mit welch hohen Idealen waren sie alle gestartet ... Als Vane langsam die Straße entlangging, wurde ihm klar, dass hier, zu beiden Seiten von ihm, die große Tragödie lag – viel größer als im schäbigsten Elendsviertel. Denn im Elendsviertel hatten sie nie etwas Besseres gekannt oder sich etwas Besseres vorgestellt ...

Während er ging, wurden seltsame Vorhänge zur Seite gezogen, und er hatte das Gefühl, dass die Leute ihn anstarrten. Er stellte sich vor, wie sie von ihren Stühlen aufstanden und ihn neugierig anstarrten, sich fragten, wohin er ging – was er tat – wer er war. . . . Es war die Aufregung des Nachmittags – ein verwundeter Offizier ging am Haus vorbei.

Ein vertrautes singendes Geräusch hinter ihm ließ ihn sich umschauen und pfeifen. Lange Erfahrung ließ keinen Zweifel darüber, was geschah, und als er Binks auf Zehenspitzen um ein Tor kreisen sah, auf das eine Katze wütend spuckte, rief er einmal laut „Binks" und ging wieder weiter. Es war die größte Belastung, der sich Binks jemals stellen musste, aber nach einem Moment der Unentschlossenheit gehorchte er wie immer. Katzen waren seine Leidenschaft; Aber seit er den Siegesperser der Frau des Colonels zur Parade mitgenommen und zu Vanes Füßen deponiert hatte, war er in dieser Angelegenheit diskret. Die wütende Verfolgungsjagd der betreffenden Dame auf den Exerzierplatz, bewaffnet mit einem Regenschirm in der einen und einem Schürhaken in der anderen Hand, hatte nicht gerade zur Stabilität in den Reihen beigetragen. Tatsächlich hatte es bei allen Beteiligten – insbesondere bei Binks – so etwas wie Besorgnis und Verzweiflung gegeben. . . .

„Herrgott, alter Mann", murmelte sein Herr, „da sind wir." Vane bog am Tor von Nr. 14 ein und klingelte. Er hatte ein unangenehmes, flaues Gefühl im Magen und trocknete nervös seine linke Hand an seinem Taschentuch ab.

„Ich bete zu Gott, dass sie nicht weint", sagte er inbrünstig zu sich selbst, und in diesem Moment öffnete sich die Tür. Eine blasse, ernst blickende Frau in Schwarz stand ihm gegenüber, und nach ein oder zwei Augenblicken lächelte sie ganz leicht und streckte ihre Hand aus. Vane nahm sie unbeholfen.

„Es ist nett von Ihnen, dass Sie sich die Mühe machen, herzukommen, Captain Vane", sagte sie mit einer außergewöhnlich süßen Stimme. „Wollen Sie nicht hereinkommen?"

Er folgte ihr in das kleine Wohnzimmer und setzte sich. Es war makellos sauber und es war mehr als das: es war gemütlich. . . . Es war das Zimmer einer Frau, die schöne Dinge liebte und mit perfektem Geschmack jeden einzelnen Gegenstand verbannt hatte, der den anspruchsvollen Geist stören könnte. Vane fiel auf, dass es sich wahrscheinlich um einen einzigartigen Raum in Culman Terrace handelte; Er war sich sicher, dass der Rest des Hauses in Ordnung war. . . .

„Was für ein bezauberndes Zimmer", sagte er unwillkürlich, und erst als sie ihn mit leicht hochgezogener Augenbraue ansah, wurde ihm klar, dass sie die Bemerkung vielleicht als unverschämt ansah. Warum sollte der Raum nicht charmant sein? . . .

Aber Mrs. Vernon linderte seine Verlegenheit schnell. „Es war schon immer eine Leidenschaft von mir – mein Haus", sagte sie ruhig. „Und jetzt – mehr denn je … Es ist sogar eine Pflicht, wenn auch eine angenehme – Was auch immer draußen vor sich gehen mag, was auch immer für ein Elend einen beunruhigt – es ist etwas, einen echten Zufluchtsort zu haben, zu dem man kommen kann. Ich möchte, dass die Kinder das fühlen – so sehr. Ich möchte, dass sie die schönen Dinge im Leben lieben", fuhr sie leidenschaftlich fort, „auch wenn sie in dieser Umgebung leben." Sie starrte einen Moment aus dem Fenster und drehte sich dann mit einer plötzlichen schnellen Bewegung zu Vane um. „Aber verzeihen Sie mir. Ich weiß nicht, warum ich Ihnen meine Ideen aufdrängen sollte. Wollen Sie mir von Philip erzählen?"

Es war der Moment, den er gefürchtet hatte, und doch fiel es ihm, da er nun gekommen war, leichter als erwartet. Diese ruhige, standhafte Frau hatte etwas an sich, das ihm sagte, dass sie keine Szene machen würde. Und so erzählte er ihr sanft und ruhig, den Blick auf den leeren Kamin gerichtet, die Geschichte. Es gibt Tausende ähnlicher Geschichten, die man heute auf der Welt erzählen könnte, aber das Pathos jeder einzelnen wird dadurch nicht gemindert. Es war die Geschichte des gewöhnlichen Mannes, der starb, damit andere leben konnten. Er starb nicht im Rampenlicht; er starb einfach und wurde begraben, und sein Name erschien zu gegebener Zeit auf der Verlustliste ...

Nicht, dass Vane es so ausgedrückt hätte. Er malte sein Bild mit einem Hauch von Glamour; Er sprach von einem Angriff, von Vernon, der seine Männer anfeuerte, von Erfolg. In den friedlichen Salon brachte er die Atmosphäre des Ruhms – vielleicht unabsichtlich griff er dabei auf die populäre Vorstellung vom Krieg zurück. Und die Frau, die stumm und ohne Tränen an jedem Wort festhielt, war begeistert von ihrem Stolz. Ihr Mann, der an der Spitze der anderen rennt, stürmt und im Moment des Sieges stirbt. . . . Es würde ihren beiden Jungen etwas sagen, wenn sie an der Reihe wären, sich dem Kampf ums Leben zu stellen; etwas, das sie zu dem Erfolg bringen würde, den ihr Mann sonst gewonnen hätte. . . .

Vanes Stimme verstummte. Er hatte seine Geschichte beendet, er hatte sein Bild gemalt. Er hatte keinen Verdacht geäußert, dass ein verirrtes Stück Granate Vernon in Stücke gerissen hatte, lange nachdem der Tumult und das Geschrei aufgehört hatten. Schließlich war er tot. . . es waren die Lebenden, die zählten. Kein Mensch hätte mehr tun können. Sicherlich hatte er die Notlüge verdient, die seinen Tod lebendiger und großartiger darstellte. . . .

„Er ist in meinen Armen gestorben", fuhr Vane nach einer kleinen Pause fort, „und seine letzten Worte drehten sich um dich." Er erzählte ihr die wenigen einfachen Sätze und wiederholte ihr die Worte, die ein Mann sagen würde, wenn das Rennen gelaufen ist und das Band erreicht ist. Gott weiß, dass sie alltäglich genug sind – diese kurzen, unzusammenhängenden Phrasen; Aber Gott weiß auch, dass es die kleinen Dinge sind, die zählen, wenn das Herz bricht. . . .

Und dann, nachdem er es ihr einmal erzählt hatte, musste er es ihr notgedrungen noch einmal sagen – nur das Ende... Mit Tränen in den Augen hörte sie zu, und obwohl jedes Wort ihr erneut einen Stich ins Herz versetzte, genoss sie – ganz wie eine Frau – ihren Schmerz.

„„Gott segne dich, Nell', und dann starb er", sagte sie leise zu sich selbst und wiederholte Vanes letzten Satz. „Ach! Aber du hast es geschafft, mein Mann. Ich wusste immer, dass du es eines Tages schaffen würdest ..."

Dem Mann, der in den Kamin starrte, kam es so vor, als sei er heiligem Boden sehr nahe; und plötzlich stand er auf und ging zum Fenster. Mit ein wenig trüben Augen sah er den wunderschön gepflegten kleinen Garten – eine Masse aus Farben; er sah das Namensschild „Sea View" am Tor, das tapfer in der Sonne glitzerte. Etwas von der hoffnungslosen Tragik dieses „Eines Tages" packte ihn an der Kehle. . . . „Gut gemacht" – lieber Gott! und er dachte an seine beiden Reisegefährten am Morgen. . . .

Etwa fünf Minuten lang stand er schweigend da und wandte sich dann wieder dem Zimmer zu. Es war ihm völlig klar geworden, dass Philip Vernon tatsächlich alles wiedergutgemacht hatte; dass die wahre Tragödie seine Rückkehr zu „Sea View" gewesen wäre. Durch seinen Tod hatte er sich gerechtfertigt; in seinem Leben wäre er gescheitert. . . . Denn er wurde mit der Marke Culman Terrace gebrandmarkt, und es besteht kein Grund, mehr zu sagen. Er war erleichtert, als er sah, dass Mrs. Vernon wieder ganz gefasst war. Er hatte den ersten Teil seiner Mission erfüllt und nun musste der zweite Teil in Angriff genommen werden. Und etwas warnte ihn, dass er sehr vorsichtig vorgehen müsse; Jeder Verdacht gegenüber dem Wort Nächstenliebe wäre fatal für den Erfolg. . . .

„Über Ihren ältesten Jungen, Mrs. Vernon", begann er; „Ihr Mann hat oft mit mir über ihn gesprochen. Mal sehen — wie alt ist er?"

„Jack ist fünfzehn, Captain Vane", sagte sie leise.

„Fünfzehn! Besser geht es nicht. Jetzt habe ich mich gefragt, Frau Vernon, ob es Ihnen in ein oder zwei Jahren etwas ausmachen würde, ihn zu mir kommen zu lassen. Ich bin in einem sehr großen Unternehmen in der Stadt und mein Chef ist immer auf der Suche nach klugen Jungs — aber heutzutage würde man ihn natürlich nur nach seinen Leistungen beurteilen wirklich gute Chancen, das Beste aus seinen Talenten herauszuholen. Er sah sie schnell an und stellte fest, dass sie ihn ernst beobachtete. „Es gehört zum Privileg der Bruderschaft der Schützengräben, Mrs. Vernon, ein solches Angebot machen zu dürfen …" Er fand es jetzt einfacher. „Für den Sohn Ihres Mannes etwas zu tun, wäre mir ein wahres Vergnügen. Allerdings brauche ich kaum zu sagen, dass ich ihm nichts anderes bieten konnte, als ihm die Chance zu geben. Es wäre an ihm, es wiedergutzumachen."

Eine Weile schwieg Mrs. Vernon, und er warf ihr einen schnellen Blick zu. Hatte er es gut ausgedrückt? Hatte er jeden Verdacht von Bevormundung aus seinem Angebot verbannt?

„Vielen Dank, Captain Vane", sagte sie schließlich, „für Ihr Angebot. Ich hoffe, Sie halten mich nicht für undankbar, wenn ich ablehne. Vor vier Jahren hätte ich es wohl dankbar angenommen, aber jetzt …" Sie schüttelte den Kopf. „Viele der Täuschungen sind verschwunden; wir sehen klarer — einige von uns … Und ich sage Ihnen, dass ich Jack nicht freiwillig zu einem Leben wie dem seines Vaters verdammen würde — selbst wenn ich mittellos wäre. Warten Sie — lassen Sie mich ausreden" — als Vane zu sprechen begann — „Natürlich hätte er mit Ihnen bessere Chancen als sein Vater vor ihm — aber das Stadtleben würde ihn umbringen — so wie es Tausende andere umgebracht hat … Ich frage mich, ob Sie sich die schreckliche Tragödie des armen Angestellten vorstellen können. Er kann nicht für höhere Löhne streiken wie der britische Arbeiter. Er macht einfach immer weiter und leidet still ... In Jacks Fall wäre es dasselbe ... Was – vierhundert im Jahr?" Sie lachte ein wenig verächtlich. „Das ist nicht viel, um eine Familie zu ernähren, Captain Vane... 400 Pfund im Jahr und Acacia Avenue – zwei Straßen weiter ... Acacia Avenue führt nicht bis Culman Terrace, wissen Sie ..." Wieder lachte sie. „Nein, Jack ist Gott sei Dank nicht für diese Art von Leben geschaffen. Er sehnt sich auf seine jungenhafte Art nach den großen Weiten, nach den Ländern, wo Großes zu tun ist ... Und ich habe ihn ermutigt. Es wird niemand da sein, der höhnisch spottet, wenn seine Kleider ausfransen und er keine neuen kaufen kann – wegen der Kinderstiefel. Dort oben gibt es keinen Schein zu wahren. Und ich würde es tausendmal vorziehen, wenn Jack in einer solchen Umgebung stehen – oder fallen – würde, als dass er langsam ... hier versinkt."

Sie hielt einen Moment inne, stand dann auf und sah ihn an. „Ich und Leute wie ich müssen uns für unsere Jungs der Auswanderung zuwenden, Captain Vane. Für uns selbst – das spielt keine große Rolle; wir haben unsere Zeit hinter uns, und ich möchte nicht, dass Sie denken, die Sonne hätte nie auf uns geschienen, denn das tat sie ... Manchmal sogar ganz wunderbar ..." Sie seufzte kurz. "Nur jetzt ... sind die Dinge anders ... Und bis jetzt hat Culman Terrace Auswanderung nicht wirklich als das Richtige angesehen. Sie ist nicht gerade respektabel ... Nur aristokratische Taugenichtse und ganz und gar unmöglich gewöhnliche Leute wandern aus. Es ist ein Eingeständnis des Scheiterns ... Und so haben wir die Reihen der erbärmlichsten Klasse des Landes weiter anschwellen lassen - der Gentleman und seine Familie mit dem kleinen festen Einkommen. Der Arbeiter betrachtet ihn mit Argwohn, weil er einen schwarzen Mantel trägt - oder mit Verachtung, weil er nicht streikt; die Regierung ignoriert ihn völlig, weil sie weiß, dass er zu sehr ein Sklave der Konvention ist, um etwas anderes zu tun, als nach den sogenannten Gentleman-Vorgaben abzustimmen. Was glauben Sie, wäre das Ergebnis, wenn sich die enorme Masse der Sklaven der Mittelklasse in diesem Land eines Tages zusammenschließen und sich weigern würde, von jeder anderen Klasse ausgenommen zu werden? Wir werden von den Leuten an der Spitze zu ihrem eigenen Vorteil ausgenommen; und dann wir haben wieder einmal Geld für den Vorteil des lieben Arbeiters ausgegeben..." Sie lachte ein wenig. "Verzeihen Sie, dass ich so viel rede; aber nicht für Jack, danke."

Vane verbeugte sich. „Mrs. Vernon, ich glaube, Sie haben vollkommen recht – und ich wünsche Ihnen und ihm viel Glück." Er schüttelte ihr ernst die Hand und wenige Augenblicke später ging er zurück zum Bahnhof, Binks trottete gemächlich hinter ihm her. Höchstwahrscheinlich würde er Mrs. Vernon nie wiedersehen; der Krieg und seine Folgen hatten ihre Wege eine Zeit lang zusammengeführt, und jetzt trennten sie sich wieder. Aber diese kurze Zeit hatte gereicht, um ihn beschämt und stolz zu machen. Er schämte sich für seinen Zynismus und seine Reizbarkeit; er war stolz auf die Frau, die mit ihrem klaren und unerschütterlichen Glauben der Zukunft ohne zu wanken entgegensehen konnte. Ihr Mannsjob war ihr anvertraut worden; sie würde ihn nie enttäuschen, bis die Zeit gekommen war, sich ihm anzuschließen … Und bis dahin hätte sie sich ihre Belohnung verdient – Ruhe … Sie wird jeden Augenblick davon verdienen … Der Herr der wahren Werte wird es ihr sicherlich nicht missgönnen …

Und obwohl er ihr nichts von seinen Gedanken gesagt hatte – Männer sind, wenn sie tief bewegt sind, so hoffnungslos unfähig, sich auszudrücken – wünschte er sich irgendwie, mit dem Zug zu fahren, den er genommen hatte. Zögernd und grob hätte er etwas sagen können, das ihr geholfen hätte. Wenn ein Mann nur die Fähigkeit hätte, sein Mitgefühl ohne Worte auszudrücken. Er hätte sich keine Sorgen machen müssen, wenn er es gewusst hätte … und Binks, der interessiert aus dem Fenster schaute, konnte es ihm nicht sagen. Jedenfalls war es nichts, worüber man ein großes Lied oder einen Tanz machen sollte – eine kalte, nasse Nase in eine Hand zu stecken, die von einem Stuhl herabhing, und sie dort ruhen zu lassen – nur für eine Weile … Aber es war nicht das erste Mal und es wird nicht das letzte Mal sein, dass der Friede, der alles Verstehen übersteigt, durch die Berührung eines Hundes in das menschliche Herz gebracht wurde … Binks hatte seine Teilnahme an der Reise gerechtfertigt …

KAPITEL VII

Die folgenden Tage vergingen recht angenehm. Allmählich verschwand die Gelbsucht und Vane wurde wieder normal. Der Krieg schien sehr weit weg von Rumfold; obwohl gelegentlich ein Neuankömmling ein bisschen vertraulichen Klatsch über Crucifix Alley oder Hell Fire Corner oder einen der kleinen Orte mitbrachte, die auf keiner Karte verzeichnet sind und die dem tatsächlichen Kämpfer so viel mehr bedeuten als alle großen Städte zusammen. Pfeifen wurden hervorgeholt und Männer versammelten sich im Raucherzimmer – während in der Vorstellung die grünen Fackeln wieder zischend aufgingen, als Silhouetten gegen den Samt der Nacht. Aber größtenteils spielte der Krieg keine Rolle mehr; Tennis und Golf und ab und zu ein Besuch in London füllten die Tage.

Vanes Arm hinderte ihn daran, irgendein Spiel zu spielen, aber die Umgebung eignete sich wunderbar zum Wandern, und an den meisten Nachmittagen schlenderte er zu einem Spaziergang an den Toren der Lodge vorbei. Manchmal begleitete ihn einer der anderen Offiziere; aber häufiger ging er allein. Und auf diesen langen, einsamen Spaziergängen befolgte er Margarets Aufforderung, die ihm in Paris Plage gegeben worden war: „Geh und finde es heraus …“

Wie viele andere, die fast unbewusst zum ersten Mal zu denken begannen, fiel es ihm erheblich schwer zu wissen, wo er mit der Suche beginnen sollte. Vane war kein Dummkopf, aber früher hatte er eine bestimmte Ordnung der Dinge als die einzig mögliche Ordnung akzeptiert – so wie England das einzig mögliche Land gewesen war. Aber jetzt schien es ihm, dass eine Änderung der Ordnung erforderlich sein würde, wenn England das einzig mögliche Land bleiben sollte. Früher war jede Gefahr für ihre Vormachtstellung von außen gekommen – jetzt lag das Problem im Inneren.

Jeden Tag las er neben den Kriegsnachrichten von Streiks und Streikgerüchten, und als er sich nach dem Grund dafür fragte, war er entsetzt über seine eigene Unwissenheit. Irgendwo stimmte etwas nicht; etwas, das behoben werden müsste. Und das Problem war, dass es nicht gerade einfach zu sein schien, das wieder in Ordnung zu bringen. Er hatte das Gefühl, dass die oberflächlichen Phrasen über einen Schulterschluss zwischen Kapital und Arbeit, über bessere Beziehungen zwischen Arbeitgebern und Arbeitnehmern und über ein Schulter-an-Kopf-Studium nicht den Kern der Sache trafen. Es war, als würde man einem hungrigen Löwen ein halbes Penny-Brötchen anbieten. Man konnte sich immer darauf verlassen, dass sie auf einer politischen Plattform für Beifall sorgten, sofern das richtige Publikum anwesend war; aber es schien zweifelhaft, ob selbst ein so weitreichendes Ergebnis völlig ausreichte.

Manchmal brachte ihn seine natürliche Trägheit dazu, innerlich zu lachen. „Was soll das denn in aller Welt?", murmelte er und warf Kieselsteine in den Teich unter ihm. „Was sein muss – muss sein." Es war einer seiner Lieblingsplätze – dieser Teich; mitten in einem Wald, mit einem kleinen Wasserfall, der über einige runde Steine plätscherte und melodisch in den Teich ein paar Meter darunter fiel. Die Nachmittagssonne schien durch die Zweige einiger großer Buchen, und das dichte Unterholz um ihn herum schirmte ihn vor den Blicken zufälliger Passanten ab, die den Weg hinter ihm entlanggingen. . . . „Du kannst nichts tun", fuhr die spöttische Stimme fort. „Warum also die Sorge?"

Aber die geistige Gelbsucht ging vorüber – und der natürliche Glaube des Menschen an sich selbst kehrte zurück. Ho war der Meinung, dass der Gasexperte Recht gehabt hatte, auch wenn er gestorben war. Und so wurde Vane zum Leser von Büchern, die früher nicht zu seinem täglichen Programm gehörten. Er tastete sich nach Wissen und suchte bewusst jede Hilfe auf dem Weg dorthin. Er probierte zunächst einige von HG Wells aus. . . . Zuvor hatte er „Die ersten Männer im Mond" gelesen, weil man ihm gesagt hatte, es sei aufregend; und „Ann Veronica", weil er gehört hatte, dass es unmoralisch sei. Jetzt probierte er einige der anderen aus.

Er war so verlobt, als Joan Devereux ihn eines Nachmittags an seinem Lieblingsplatz fand. Sie war versehentlich auf sein Versteck gestoßen und ihr erster Instinkt war, sich so schnell zurückzuziehen, wie sie gekommen war. Seit ihrer ersten Begegnung beschränkten sich ihre Gespräche bei den seltenen Gelegenheiten, bei denen sie sich in Rumfold Hall getroffen hatten, auf die alltäglichsten Bemerkungen, und zwar immer in Anwesenheit einer anderen Person. Sie hatte jegliche Möglichkeit eines *Tête-à-Tête* vermieden; und die nötige geistige Anstrengung hatte sie natürlich dazu gebracht, umso mehr an ihn zu denken. Als sie gerade stehen blieb und sich darauf vorbereitete, durch das Unterholz zurückzuweichen, blickte Vane mit seinem langsamen, trägen Lächeln zu ihr auf.

„Entdeckt!" bemerkte er, als er aufstand und sie grüßte. „Joan, du bist gerade noch rechtzeitig gekommen."

„Mir wäre es lieber, wenn du mich nicht Joan nennen würdest", antwortete sie kalt. „Und nach deiner abscheulichen Unhöflichkeit, als wir das letzte Mal allein waren, möchte ich überhaupt nicht mit dir reden."

„Ich schätze, ich war ziemlich unhöflich", antwortete Vane nachdenklich. „Obwohl es Sie tröstet, zu wissen, dass ich ein paar Tage später zu zwei Männern, die mit dem Zug nach oben fuhren, noch viel unhöflicher war …"

„Es interessiert mich nicht im Geringsten", erwiderte sie, „zu wem Sie unhöflich sind oder wie Sie Ihre Freizeit verbringen. Die Gewohnheiten eines unhöflichen Rüpels sind doch nicht von großer Bedeutung, oder?" Sie drehte ihm den Rücken zu und teilte das Unterholz mit den Händen, bereit zum Gehen.

„Geh nicht." Seine Stimme dicht hinter ihr ließ sie innehalten. „Ich brauche dich – offiziell."

Sie blickte sich zu ihm um, und wider Willen begannen ihre Lippenwinkel zu zucken. „Du bist wirklich der unmöglichste Mensch", bemerkte sie. „Wozu brauchst du mich?"

Er trat zu seinem gewohnten Platz zurück und zeigte auf eine kleine moosbewachsene Bank neben ihm. „Komm, setz dich da hin und lass uns nachdenken …"

Nach kurzem Zögern tat sie, was er sagte.

„Es ist ein ziemlich verzwicktes Problem, nicht wahr?" Er fuhr nach einem Moment fort. „Vielleicht möchte ich, dass du mit mir flirtest, um meinen Selbstmord im Teich aus Langeweile abzuwenden …"

„Vielleicht möchten Sie", erwiderte sie.

„Aber es steht im offiziellen Programm?"

„Sie stehen nicht auf der offiziellen Liste", erinnerte sie sich.

„Immer schlimmer", murmelte er. „Ich fange an zu verzweifeln. Aber ich werde Sie nicht so sehr auf die Probe stellen. Ich werde Ihnen einfach eine klare, ehrliche Frage stellen. Und ich verlasse mich darauf, dass Sie mir wahrheitsgemäß antworten. … Glauben Sie, ich wäre ein attraktiveres Wesen; glauben Sie, ich wäre besser in der Lage, mit diesen großen Problemen fertig zu werden, die – äh – uns von allen Seiten umgeben, wenn ich Ratten – oder sogar Mäuse – sezieren könnte?", fügte er nach einer Pause nachdenklich hinzu.

Das Mädchen sah ihn erstaunt an. „Willst du etwa witzig sein?", fragte sie schließlich.

„Gott bewahre!", sagte er inbrünstig. „Ich war in meinem ganzen Leben noch nie so ernst. Aber in diesem Buch" – er zeigte auf eines, das zwischen ihnen lag – „seziert jeder, der Rang und Namen hat, Nagetiere."

Sie nahm das Buch in die Hand und betrachtete den Titel. „Aber das ist das Buch, über das alle reden", sagte sie.

„Ich bin absolut modisch", entgegnete Vane.

„Und seziert man darin Ratten?"

„Verstehen Sie mich nicht falsch und sehen Sie die Situation nicht allzu düster“, sagte Vane beruhigend. „Sie machen außerdem noch andere Dinge … Brillante Dinge, über die alle auf brillante Weise geschrieben wurden; kluge Dinge, alle auf äußerst clevere Weise erzählt. Aber wann immer es eine Art Lücke gibt, die gefüllt werden muss, ein *Mauvais Quart d'heure* nach dem Mittagessen, der Held.“ Und selbst wenn er es nicht tut, ist das ein wesentlicher Bestandteil all ihrer Bildung.

Sie sah ihn neugierig an. „Ich bin nicht besonders dumm“, sagte sie nach einer Weile, „aber ich muss zugeben, dass du mich lieber besiegen würdest.“

"Joan", antwortete Vane ernst und protestierte diesmal nicht gegen die Verwendung ihres Namens. "Ich gebe mir selbst eher die Schuld. Früher habe ich nie nachgedacht – aber wenn, dann habe ich klar gedacht. Jetzt kreisen meine Gedanken im Kreis. Ich renne ihnen hinterher, denke, ich bin endlich weg – und finde mich dann wieder dort wieder, wo ich angefangen habe. Deshalb habe ich das SOS-Signal gesendet und versuche, Hilfe zu bekommen." Er legte seine Hand auf das Buch neben sich.

„Lesen Sie all die hochgestochenen Romane?“, fragte sie.

„Die meisten“, antwortete er. „Erstens sind sie alle so erstaunlich gut geschrieben, dass es schon allein deshalb ein Vergnügen ist, sie zu lesen; und zweitens – ich hoffe … hoffe immer noch …“ Er nahm sein Zigarettenetui heraus und bot es ihr an. „Ich glaube, ich liege falsch – nicht sie –, dass es mein Mangel an Bildung ist, der mich ärgert. Ich vermute, es sind diese verdammten Ratten …“

Joan lachte und zündete sich eine Zigarette an. „Sie sind alle so furchtbar schlau, Joan“, fuhr Vane fort und blies eine Rauchwolke aus. „Es kommt mir so vor, als würden sie die Welt der Männer und Frauen um sie herum im reinen, kalten Licht der Vernunft diskutieren. … Das Gehirn regiert sie, und sie lassen das Gehirn ihre Schöpfungen regieren. Statt des Magens – der Magen regiert wirklich die Welt, wissen Sie.“ Eine Weile saßen sie schweigend da und beobachteten eine Libelle, die wie ein Lichtstreifen über den Teich unter ihnen huschte.

„Ich würde mir an deiner Stelle keine Sorgen machen“, sagte das Mädchen nach einer Weile. „Wenn man selbst glücklich ist und versucht, auch andere glücklich zu machen, wird das die Dinge doch ein wenig voranbringen, nicht wahr? Mir scheint, dass alles, was die Leute schreiben oder sagen, so weitergeht wie bisher. Außerdem ist es so unverschämt. Du willst nicht umgebaut werden; und niemand sonst will das. Warum also die Sorge?“

„Aber, mein liebes Mädchen“, sagte Vane schwach, „meinen Sie nicht, man sollte …“

„Nein, das tue ich nicht", unterbrach sie. „Hören Sie mir eine Weile zu, mein Freund, und Sie können es nehmen oder lassen, ganz wie Sie wollen. Es kommt mir vor, dass Sie viel zu sehr mit anderen Menschen beschäftigt sind und ihnen nicht genügend Aufmerksamkeit schenken." Du musst dein eigenes Leben führen – nicht das des Mannes von nebenan. Und du wirst am meisten Gutes tun, wenn du dieses Leben so lebst, wie du es wirklich tun willst Es ist sinnlos, so zu tun, als wäre man ein Heuchler „Wir können in Klassen eingeteilt und betreut werden wie so viele Maschinen, und ich nehme an, Sie würden sagen, dass ich einer von der äußerst egoistischen Sorte war. Tatsächlich haben Sie das gesagt", sagte sie trotzig.

„Also gut – wir belassen es dabei", fuhr sie fort, bevor er etwas sagen konnte. „Aber ich bin glücklich – und ich bin aufrichtig. Ich mache manchmal die schrecklichsten Dinge – weil ich sie gerne mache. Ich würde es verabscheuen, Krankenschwester zu sein, und die WAAC-Uniform lässt mich furchterregend aussehen. Das ist mir vielleicht nicht bewusst Die Schrecken über dem Wasser tun es auch nicht und es ist schrecklich, zu tanzen und die ganze Zeit über vor Neid und Bosheit zu klappern.

„Wir scheinen", bemerkte Vane und nutzte eine vorübergehende Flaute in der Flut, „zu einer eher persönlichen Diskussion gekommen zu sein."

„Natürlich haben wir das", nahm sie ihn auf. „Ist es nicht ich – ich – ich überall? Nur sind viele Leute nicht ehrlich genug, um es zuzugeben. Es steht immer an erster Stelle, von den Leuten ganz oben bis hinunter zu den armen Kerlen in der Stadt Alle wunderbaren Reformpläne dienen in erster Linie dem Ruhm des Intriganten, wobei die glücklichen Empfänger unter den Mitläufern sind. Sie hielt einen Moment inne und plötzlich erschien ein zärtlicher Ausdruck in ihren Augen. „Natürlich gibt es Ausnahmen. Ich kenne einen Jungen – er ist ein Cousin von mir – mit schwacher Lunge. Er wurde dreimal als völlig untauglich für die Armee abgelehnt. Seit vier Jahren lebt er in einem Slum vor Whitechapel und den Menschen dort Ich liebe ihn. Er trinkt ein Schweinekotelett oder so etwas. . Ich könnte das nicht mehr tun.

„Das frage ich mich", sagte Vane langsam. . . . „Das frage ich mich."

„Nein, das tust du nicht", rief sie. „Das wundert dich nicht. Du weißt, dass ich recht habe. Wenn du so ein Leben lieben würdest, würdest du es einfach tun. Und du würdest Erfolg haben. Die Leute, die scheitern, sind die Leute, die Dinge aus Pflichtgefühl tun."

„Was für eine äußerst gefährliche Doktrin", lächelte Vane.

„Vielleicht ist es das", antwortete sie. „Vielleicht tappe ich auch auf meine Art; vielleicht", und sie lachte ein wenig entschuldigend, „habe ich meine Religion an mein Leben angepasst. Auf jeden Fall ist es besser, als das Leben anderer Menschen an die eigene Religion anzupassen. Aber es." „Mir scheint, dass Gott", sie zögerte, als ob ihr die Worte fehlten, „dass Gott – und die Umgebung – einen zu dem macht, was man ist." sind falsch, es verlangt nach Ärger, seinen eigenen Weg zu gehen. Sie drehte sich um und sah ihn mit einem leichten Lächeln an.

„Im Gegenteil", antwortete Vane, „Sie haben mich außerordentlich interessiert. Aber Sie sind der einen entscheidenden Frage ausgewichen – zumindest für mich. Was ist der ausgetretene Pfad? Nur kann ich ihn im Moment nicht finden?"

„Du wirst es nicht einfacher finden, wenn du zu intensiv danach suchst", sagte sie nachdenklich. „Da bin ich mir sicher. . . . Es wird Ihnen blitzschnell einfallen, wenn Sie es am wenigsten erwarten, und Sie werden es so klar wie das Tageslicht sehen."

Eine Weile saßen sie schweigend da und waren beide mit ihren eigenen Gedanken   beschäftigt.
Dann lachte das Mädchen musikalisch.

„Wenn ich an mich denke", gurgelte sie, „dass ich so etwas aushalte … So etwas habe ich, soweit ich mich erinnern kann, noch nie zuvor getan." Dann wurde sie plötzlich ernst. Die großen grauen Augen blickten fest, fast neugierig, in das Gesicht des Mannes neben ihr. „Ich frage mich warum", flüsterte sie fast leise. „Du warst äußerst unhöflich zu mir, und doch … und doch rede ich hier mit dir, wie ich noch nie in meinem Leben mit irgendeinem anderen Mann gesprochen habe."

Vane starrte einige Augenblicke lang auf den Pool, bevor er antwortete. Ihm wurde unangenehm bewusst, dass graue Augen mit einer bestimmten Art von Kinn attraktiv waren – sehr attraktiv. Aber sein Ton war leicht, als er sprach.

„Ein Streit ist immer eine solide Grundlage." Er sah lächelnd zu ihr auf, aber in ihren Augen lag immer noch dieser halb spekulative Ausdruck. . . .

„Ich frage mich, was Sie von mir gedacht hätten", fuhr sie nach einem Moment fort, „wenn Sie mich vor dem Krieg getroffen hätten …"

„Na, dass Kinder von fünfzehn Jahren um zehn im Bett sein sollten", spottete er.

„Ja, aber angenommen, ich wäre das, was ich jetzt bin, und du wärst das, was du damals warst – und du wärst nicht erfüllt von all diesen Vorstellungen über Pflichten, Zukunft und Dinge …"

„Ich gehe davon aus, dass Sie der Sammlung einen weiteren Skalp hinzugefügt hätten", sagte Vane trocken.

Sie lachten beide, dann beugte sie sich leicht zu ihm. „Werden Sie mir verzeihen, was ich über die Frau gesagt habe, die Sie sehen wollten?"

„Warum – sicher", antwortete Vane. „Ich schätze, du schuldest mir etwas."

Joan lachte. „Wir werden die erste Lektion auswaschen. Bis auf die eine Sache, die du gesagt hast, natürlich. Ich meine – die andere … Ich würde es einfach hassen, zu vergessen, dass eine Hochzeit bevorsteht, und alles zu tun, was das ist." Es würde mir unangenehm sein, in die Kirche gebeten zu werden.

„Du kleiner Teufel, Joan", sagte Vane leise, „du kleiner Teufel."

Sie lachte leicht und sprang auf. „Ich muss gehen", sagte sie. „Mindestens drei Kolonialherren warten auf meine Dienste." Sie stand da und blickte auf ihn herab. . . . „Wirst du mit mir zurückgehen oder dein Studium der Nagetiere wieder aufnehmen?"

Vane steckte das Buch in seine Tasche. „Ich fürchte", bemerkte er, „dass ich nicht in der Lage sein werde, dem Thema meine ungeteilte Aufmerksamkeit zu widmen, die für meine Ausbildung so wichtig ist. Außerdem – vielleicht haben Sie ein paar Minuten übrig, nachdem Sie sich mit den Kolonialisten beschäftigt haben …" Er teilte die Zweige für sie.

„Mein lieber Mann", erwiderte sie, „Sie haben bereits weit mehr bekommen, als Ihnen offiziell zusteht …" Sie kletterte auf den Pfad und Vane folgte ihr. „Und vergessen Sie nicht, dass Ihnen gerade erst vergeben wurde …"

„Deshalb ist es für mich umso wichtiger, ständig Beweise für diese Tatsache zu haben", erwiderte Vane.

„Mir fällt auf", sie sah ihn plötzlich an, „dass Sie es nicht ganz so ernst meinen, wie Sie vorgeben. Sie haben ohnehin alle Voraussetzungen für einen ziemlich leichtfertigen Menschen in sich."

„Ich beuge mich Ihrem überlegenen Urteil", sagte Vane ernst. „Aber ich wurde von jemandem, dem man gehorchen muss, beauftragt, mich selbst zu finden. Und in den Pausen zwischen den Phasen kalter Askese, in denen ich mich mit Intellektuellen befasse, und anderen Phasen, in denen ich mich aus erster Hand mit Themen von nationaler Bedeutung auseinandersetze, habe ich das Gefühl, dass ich Entspannung brauche …"

„Und Sie meinen, Sie möchten, dass ich die Rolle des komischen Auflockerers übernehme", sagte sie süß. „Tausend Dank für das charmante Kompliment."

„So ausgedrückt klingt das nicht sehr schmeichelhaft, das muss ich zugeben“, räumte Vane grinsend ein. „Und doch nehmen die Freuden des Lebens einen sehr wichtigen Platz ein. Ich möchte mich auch in ihnen wiederfinden …“

„Ich bin froh, dass ich wieder einigermaßen bei Verstand bin“, sagte sie, als sie in das Pförtnertor einbogen. „Denken Sie, dass es sicher ist, sich einem so verkommenen Menschen wie mir anzuvertrauen? Was würde Sie, der man gehorchen muss, sagen?“

Sie sah ihn spöttisch an, und unwillkürlich runzelte Vane leicht die Stirn. Im Moment war er ausgesprochen unwillig, an Margaret erinnert zu werden. Und er war ein viel zu alter Hase, um nicht zu merken, dass er direkt auf Gewässer zusteuerte, die zwar durch eine reizvolle Landschaft flossen, aber eine ganze Reihe versteckter Felsen enthielten.

Sie sah das plötzliche Stirnrunzeln und lachte sehr sanft. „Armer junger Mann“, murmelte sie, „armer, ernster junger Mann. Wagen Sie es, das zu riskieren?“

Dann lachte auch Vane. Sie waren auf dem Rasen angekommen, und ihre drei Kolonialpatienten kamen näher. „So ausgedrückt“, sagte er, „fühle ich es als meine Pflicht an, diese Freuden über einen längeren Zeitraum zu genießen.“

„Herrlich“, rief sie und ihre Augen tanzten fröhlich. „Kommen Sie morgen zum Mittagessen vorbei. Sie können zuerst Vater und Tante Jane haben. Tante Jane wird Ihnen gefallen, sie ist taub wie ein Pfosten und sehr blutrünstig – und dann können Sie danach mit dem Kurs beginnen. Ein Uhr, und Es ist etwa eine halbe Stunde zu Fuß.

Mit einem Nicken drehte sie sich um und verließ ihn. Und wenn ihre Freunde, die Joan Devereux gut kannten, den Blick in ihren Augen gesehen hätten, als sie sich ihren drei Kanadiern zuwandte, hätten sie vermutet, dass Ärger im Anmarsch war. Sie hätten außerdem eine zweite Vermutung gewagt, welche Form dieser wahrscheinlich annehmen würde. Und beide Vermutungen wären richtig gewesen. Ein junger Mann, bemerkte Joan bei sich, dem ein Sturz nur noch besser gehen würde; ein junger Mann, der viel zu selbstsicher schien. Joan Devereux war durchaus in der Lage, solche Fälle gebührend zu behandeln, und sie war eine junge Frau mit viel Erfahrung.

KAPITEL VIII

Am nächsten Morgen erhielt Vane einen zweiten Brief von Margaret. Er hatte ihr schon einmal geschrieben – einen Brief, in dem er keine Anspielung auf ihr letztes Treffen gemacht hatte – und sie hatte geantwortet. Es kamen immer noch Fälle herein und sie war sehr beschäftigt. Wenn sie einen Moment für sich hatte, war sie normalerweise so müde, dass sie sich hinlegte und schlief. Es war der Brief eines Mädchens, das von seiner Arbeit besessen war und alles Äußere ausblendete.

Natürlich bewunderte er sie dafür – bewunderte sie zutiefst. Es war so charakteristisch für sie, und sie hatte einen so wunderbaren Charakter. Aber – irgendwie … hatte er sich etwas Niederträchtigeres gewünscht. Und so war es auch mit diesem zweiten. Er las es einmal beim Frühstück durch, und dann nahm er es mit nachdenklichem Blick mit zu einem Stuhl auf der großen Veranda, die sich entlang der gesamten Vorderseite von Rumfold Hall erstreckte. Das Vordach darüber war speziell zum Wohle der Patienten errichtet worden, und Vane zog einen der Liegestühle von der Steinbalustrade zurück, so dass sein Gesicht vor der Sonne geschützt war. Es war einer seiner Lieblingsplätze, und jetzt, mit Margarets Brief neben sich ausgebreitet und seiner Pfeife zwischen den Knien, begann er, die Pfeife zu füllen. Er wurde ziemlich schnell bei der Operation, aber lange nachdem sie gut gebrannt hatte, starrte er noch immer auf die neblige Linie der fernen Hügel. Weit, da draußen, dahinter war das Ding namens Krieg in vollem Gange – das Spiel war auf seinem Höhepunkt. Und der Brief neben ihm hatte ihn im Geiste zurückgebracht … Nach einer Weile nahm er ihn wieder auf und begann, die feste, klare Handschrift noch einmal zu lesen …

Nr. 24, STATIONÄRES KRANKENHAUS.

MONTAG.

Derek, mein Lieber, ich bin bewegt, wie Sie an Nr. 13 sehen. Ich bin jetzt bei den Männern, und obwohl ich es anfangs hasste, dorthin zu gehen, glaube ich, dass es mir jetzt fast lieber ist. Bei den Offizieren muss es immer ein wenig Zwang geben – zumindest konnte ich dieses Gefühl nie loswerden. Vielleicht würde es mit mehr Erfahrung verschwinden, *je ne sais pas* … aber bei den Männern ist es nie da. Sie sind nur Kinder, Derek, nur liebe, hilflose Kinder; und so wunderbar dankbar für jede Kleinigkeit, die man tut. Nie ein Wimmern; nie die geringste Ungeduld … sie sind einfach wunderbar. Von den Offizieren erwartet man das; aber irgendwie überrascht es einen fast, wenn man es bei den Männern sieht. Da ist einer von ihnen, ein achtzehnjähriger Junge, dem beide Beine oberhalb des Knies weggesprengt wurden. Er liegt einfach schweigend da und versucht zu verstehen. Er macht sich nie Sorgen oder ärgert sich – aber in seinen Augen liegt ein Ausdruck –

manchmal ein verwirrter, fragender Ausdruck – der so deutlich fragt, als ob er sprechen würde: „Warum ist mir das passiert ? “ Er kommt aus einem kleinen Fischerdorf in Devonshire, erzählt er mir, und bis zum Krieg war er nie von dort weggekommen! Können Sie sich die erbärmliche, chaotische Hilflosigkeit in seinem Kopf vorstellen? Oh! Kommt Ihnen das alles nicht zu gefühllos brutal vor? ... Es ist nicht einmal so, als ob es irgendeinen Spaß daran gäbe; es ist alles so durch und durch hässlich und bestialisch ... Man fühlt sich so hilflos, so verwirrt, und der Ausdruck in manchen ihrer Augen lässt einen vor Entsetzen schreien ...

Aber, alter Mann, der Zweck dieses Briefes besteht nicht darin, Ihnen meine Vorstellungen vom Krieg aufzuzwingen. Es ist gewissermaßen eine Fortsetzung und Weiterentwicklung unseres Gesprächs am Strand von Paris Plage. Ich habe in letzter Zeit viel über dieses Gespräch nachgedacht, und da ich nun fast endgültig entschieden habe, was ich selbst nach dem Krieg zu tun gedenke, halte ich es für nur fair, es Ihnen mitzuteilen. Ich sagte Ihnen damals, dass meine Aufgabe möglicherweise nur darin besteht, Ihnen bei der Erfüllung Ihres eigenen Schicksals zu helfen, und nichts, was ich seitdem beschlossen habe, ändert daran in irgendeiner Weise. Wenn du mich nach dem Krieg immer noch willst – wenn wir feststellen, dass keiner von uns einen Fehler gemacht hat – kann ich dir immer noch helfen, Derek, hoffe ich. Aber meine Liebe, es wird keine ganz passive Hilfe sein, wenn Sie verstehen, was ich meine. Ich muss wach sein und mich aktiv um etwas kümmern; Es würde nicht ausreichen, nur das Echo eines jeden Mannes zu sein – seine Ergänzung – so sehr ich ihn auch liebte. Ich bin dazu gekommen, wissen Sie.

Und so habe ich beschlossen – nicht ganz sicher, wie ich sagte, aber fast schon –, für Medizin zu lesen. Ich bin vielleicht ein bisschen alt, obwohl ich erst vierundzwanzig bin: Aber diese Jahre in Frankreich waren jedenfalls nicht verschwendet. Die Geldfrage stellt sich glücklicherweise nicht, und die Arbeit reizt mich ungemein. Irgendwie habe ich das Gefühl, dass ich dabei helfen könnte, einen kleinen Teil der abscheulichen Zerstörung und Verstümmelung wiedergutzumachen, unter der wir jetzt leiden.

Und das ist genug über mich selbst. Ich möchte Ihnen etwas vorschlagen. Du wirst vielleicht lachen, alter Junge – aber ich meine es ernst. Ich erinnere mich, dass du mir einmal erzählt hast, dass du, als du oben an der Universität warst, ein bisschen gekritzelt hast. Ich habe nicht viel darauf geachtet; Damals hat man nie darauf geachtet. Aber jetzt sind mir deine Worte ein- oder zweimal in den Sinn gekommen, nachts, wenn ich Traumbilder in meiner Leselampe gesehen habe und die Station geschlafen hat. Haben Sie gedacht, dass dies möglicherweise die Richtung ist, in die Sie sich entwickeln könnten? Meinst du nicht, dass es einen Versuch wert ist, Derek? Und dann wird vielleicht – das ist mein wildester Traum, das Toben eines fiebrigen Gehirns

– der Tag kommen, an dem Sie und ich zusammenstehen und erkennen können, dass jeder von uns auf seine Weise etwas Gutes getan hat – etwas getan hat, um zu helfen – *die anderen* . Oh! Derek – es ist einen Versuch wert, alter Mann – auf jeden Fall ist es einen Versuch wert. Wir müssen einfach etwas tun, das sich lohnt, bevor wir am Ende angelangt sind – und sei es nur, um ein wenig von der schrecklichen Masse an Wertlosigkeit auszugleichen, die sich heute anhäuft. . . .

Machen Sie sich nicht die Mühe, darauf zu antworten, denn ich weiß, dass Ihnen das Schreiben schwerfällt. Ich hoffe, bald Urlaub zu bekommen: Dann können wir uns unterhalten. Wie geht es dem Arm? *A toi, mon cheri* .

Margarete.

PS.—Es gibt einen ziemlich netten Mann, der ziemlich nah bei Rumfold wohnt, der alte Sir James Devereux. Sein Haus ist Blandford—ein prächtiges altes Haus; fast, wenn nicht ganz so schön wie Rumfold, und das Grundstück ist größer. Seine Frau starb, als der Sohn geboren wurde, und ich glaube, es gibt eine Tochter, aber sie war auf einem Mädchenpensionat, als ich sie kannte. Gehen Sie hinüber und besuchen Sie ihn; wie ich gehört habe, herrscht dort ein deutlicher Geldmangel—zumindest nicht genug, um das Haus am Laufen zu halten.

P.P.S.—Er ist nicht wirklich alt—nur etwa fünfzig. Sag mal, du kennst Daddy; sie haben früher zusammen geschossen.

Mit etwas wie einem Seufzer legte Vane das letzte Blatt hin, zündete ein Streichholz an und zündete seine Pfeife erneut an. Dann ruhten seine Augen wieder auf den nebligen, purpurnen Hügeln. Margaret eine erfolgreiche Ärztin, selbst literarische Erzieherin des öffentlichen Geschmacks … Es war so völlig anders als jedes Bild, das er zuvor bei den seltenen Gelegenheiten betrachtet hatte, bei denen er überhaupt an die Ehe oder die Zukunft gedacht hatte, dass es ihm den Atem raubte. Es stimmte vollkommen, dass er in den vergangenen Jahren, als er an der Universität war, eine gewisse Menge gekritzelt hatte: aber nicht ernsthaft … Ein oder zwei Aufsätze, von denen man ihm gesagt hatte, dass sie ein ausgeprägtes Talent zeigten: eine Kurzgeschichte von möglichem Wert, aber fragwürdiger Moral, die sofort von einer nicht allzu anspruchsvollen Zeitschrift angenommen und nie bezahlt worden war – das war alles, was er an Gekritzel geschrieben hatte. Und doch – Margaret könnte Recht haben … Man weiß es nie, bis man es versucht: und Vane grinste in sich hinein, als ihm diese uralte Platitüde durch den Kopf ging … Dann wanderten seine Gedanken zur anderen Seite des Bildes. Margaret, die in ihrer besten professionellen Art lange Schlangen des Pöbels mit Ermahnungen und Pillen überhäufte. Er war überzeugt, dass sie diesen Teil der Gemeinde jedem weniger übelriechenden vorziehen würde … Und sie würde wahrscheinlich nie etwas verlangen, und wenn doch, müsste er an der Tür stehen und es einsammeln, wahrscheinlich in Penny-Briefmarken. Vanes Schultern zitterten ein wenig, als sich dieses einnehmende Bild vor ihm abspielte … Was war mit dem kleinen Jagdhäuschen unweit von Melton, wo er sich in der Vergangenheit immer mit seiner Frau den Winter verbracht hatte? Vorausgesetzt, die mythische Sie hatte etwas Geld! Es würde einen Stall für sechs Pferde geben, was, wenn man vorsichtig war, fünf Tage alle zwei Wochen für sie beide bedeutete. Außerdem eine Garage und einen ziemlich netten Squashplatz. Dann einen Monat in der Schweiz, und gegen Ende Januar zurückkommen, um die Saison zu beenden. Natürlich ein kleines Haus in der Stadt – ein bisschen Cricket auf dem Land: und dann ein bisschen Schießen … Man muss im Winter auch nicht immer in die Schweiz fahren; Kairo ist sehr angenehm, und Nizza auch … Es war eine verlockende Aussicht, heute nicht weniger als früher; aber es bedeutete, dass Margarets Patienten ein bisschen herumhüpfen mussten … Und sie würden sie wahrscheinlich verlassen, wenn er in einem rosa Mantel und einem Jagdhelm an der Tür stehen und Briefmarken sammeln würde. Sie legen ziemlich viel Wert auf das Aussehen, diese Brigade in zerlumpten Hosen und zerfetzten Röcken …

Die Sache war grotesk; das kam nicht in Frage, sagte sich Vane gereizt. Schließlich kann man den Altruismus zu weit treiben, und dass Margaret in ihrem Alter und mit ihren Reizen mit der Medizin herumspielte, in der falschen Vorstellung, sie würde der Menschheit etwas Gutes tun, war nichts weiter als verdammter Blödsinn. Wenn sie etwas tun wollte, warum sollte sie dann ihre Musik nicht ernst nehmen …

Und an diesem Punkt seiner Überlegungen kam ihm ein Satz in den Sinn. Er war so klar, dass man ihn ihm fast ins Ohr flüstern konnte: „Wenn du so ein Leben lieben würdest, würdest du es einfach tun … Und du würdest Erfolg haben.“

Vane faltete Margarets Brief zusammen und steckte ihn in die Tasche. Wenn ihr der Gedanke an ein solches Leben wirklich gefallen würde, würde sie es einfach tun. … Und es würde ihr gelingen. Was ihn betraf, gab es dazu nichts mehr zu sagen; Sie hatte das vollkommene Recht, selbst zu entscheiden. Sie ließ ihn frei – das wusste er; er konnte sein Hunting-Box-Programm noch in vollem Umfang durchführen. Nur müsste er die Rolle alleine spielen – oder mit jemand anderem. . . . Jemand anderes. Abrupt erhob er sich von seinem Stuhl und stand Lady Patterdale gegenüber. . . .

„Guten Morgen, Captain Vane“, bemerkte sie freundlich. „Eine gute Nacht?“

„Herrlich, vielen Dank, Lady Patterdale.“

„Sind die Nachrichten nicht großartig? Marschall Foch scheint fair zu sein, wenn   er   das ‚Uns‘ um macht.“

Vane lachte. „Ja, sie scheinen aufmerksam zu sein, nicht wahr?“

„Sir John markiert alles mit Flaggen auf der Karte“, fuhr die ehrenwerte alte Frau fort. „Ich selbst kann mir nicht alles erklären – aber mein Mann möchte alles auf dem neuesten Stand halten. Er kann sich keine wirkliche Meinung über die Strategie bilden, sagt er, wenn er nicht weiß, wo jeder ist.“

Vane bewahrte diskretes Schweigen.

„Aber wie ich ihm sage“, plapperte Lady Patterdale weiter, „scheint es mir nicht so wichtig zu sein, wo die armen Kerle sind. Sie können eine Stecknadel von hier nach dort bewegen und sich dabei sehr freuen und vergnügt fühlen – aber Sie würden sich nicht so glücklich fühlen, wenn Sie die Stecknadel wären.“

Vane lachte lauthals. „Sie haben eine Art, Dinge auszudrücken, Lady Patterdale, die jedes Mal den Nagel auf den Kopf trifft.“

„Ah! Sie dürfen lachen, Captain Vane. Sie halten mich vielleicht für eine dumme alte Frau, die nicht weiß, wovon sie spricht. Aber ich habe Augen im Kopf und bin nicht ganz dumm. Ich habe junge Männer lachend und fröhlich nach Frankreich gehen sehen und ich habe sie zurückkommen sehen. Sie lachen genauso viel – vielleicht ein bisschen mehr; sie wirken genauso fröhlich – aber wenn man sie so liebt wie ich, dann erreicht man etwas, das vorher nicht da war. Sie waren einer der Pins. Viele von uns waren einer der Pins, Captain Vane; obwohl wir nicht in Frankreich waren, können Sie in dieser Welt noch andere Dinge als Ihr Leben verlieren.“

Sie nickte ihm feierlich zu und watschelte weiter, während Vane einen Moment stehen blieb und ihr nachsah. Sicherlich besaß diese einfache alte Frau einen Funken des fast göttlichen Verständnisses in sich. . . . Und Vane sah mit einem kurzen Geistesblitz, wie die Nadel stolz auf Rumfold Hall eingepflanzt wurde – ein strategischer Vorstoß, aber die Verlustliste war nie veröffentlicht worden. . . .

Er schlenderte über die Veranda in die Halle. Sir John hielt vor einem kleinen Publikum – hauptsächlich Neuankömmlingen – einen Vortrag über die neuesten Entwicklungen in Frankreich, und Vane hielt einen Moment inne, um zuzuhören.

„Passt auf meine Worte auf, Jungs“, sagte er gerade, „das ist die große Sache. Ich vertraue Foch: Er ist der Kerl, auf den ich mein Geld setze. Kein Unsinn über Foch. Natürlich wird es teuer, aber wo Omelettes sind, fallen Späne. Ein altes Sprichwort, Jungs – aber ein wahres.“

„Mehr als wahr, Sir John", bemerkte Vane ruhig. „Und eines, das sich seit jeher als immenser Trost für das Ei erwiesen hat."

Er ging weiter hinauf in sein Zimmer. Für Blandford war es noch zu früh, um anzufangen, aber Vane war nicht in der Stimmung, seinen eigenen Gedanken nachzugehen. Sie hatten tatsächlich ein Stadium erreicht, von dem aus er es vorzog, ihnen nicht weiter zu folgen. Wenn Margaret in den Urlaub zurückkehrte, würde sich zweifellos der ausgetretene Pfad bereits gezeigt haben; Bis dahin – *cui bono* ? . . . .

Er sah auf seine Uhr und dachte, er hätte gerade noch genug Zeit, um dem alten John einen Besuch abzustatten, bevor er seinen Spaziergang durch den Wald antrat. Von Robert hatte er erfahren, wo der alte Mann im Dorf wohnte, und ein paar Minuten später schlenderte er die Auffahrt hinunter zu seinem Haus. Er fand den kleinen Garten, der genauso perfekt gepflegt war wie der des Schlosses: Die weißen Musselinvorhänge in den vorderen Räumen waren genauso makellos. Und der alte John selbst bewässerte eine Reihe von Duftwicken, als er zum kleinen Tor kam …

„Ah! Mr. Vane, Sir", bemerkte er, stellte seine Dose ab und humpelte vorwärts. „Es ist mir eine Ehre, Sie zu sehen, Sir." Dann korrigierte er sich, als er die drei Sterne auf Vanes Ärmel sah. „Captain Vane, Sir, ich hätte sagen sollen …"

"Ich glaube nicht, dass wir uns deswegen streiten werden, John", lachte Vane. "Heutzutage weiß man nie, was jemand ist. In der einen Minute ist man Oberst und in der nächsten ein Subalternoffizier."

Der alte John nickte nachdenklich. „Das stimmt, Sir – sehr richtig. Man scheint überhaupt nicht zu wissen, wo man ist. Die Welt scheint auf den Kopf gestellt. Die Dinge haben sich geändert, Sir – und ich glaube, die Frau und ich werden zu alt, um mit ihnen Schritt zu halten. Nehmen Sie den jungen Blake, Sir – aus dem Dorf, der Sohn des Lebensmittelhändlers. Zumindest, wenn ich Lebensmittelhändler sage, betreibt der alte Mann eine Art Gemischtwarenladen. Der Junge, Sir, ist ein Hauptmann … Ich weiß nicht mehr, in welchem Regiment – aber er ist ein Hauptmann."

„Und höchstwahrscheinlich auch ein teuflisch guter, John", sagte Vane lächelnd.

„Das ist er, Sir. Ich habe Berichte über ihn gesehen – in Schulen, bei Kursen und dergleichen –, die besagen, dass er ein guter Offizier ist. Aber was wird danach passieren, Sir, das ist es, was ich wissen möchte? Wird der junge Bob Blake gehen? um seine weiße Schürze wieder anzuziehen und der alten Frau ihr Stück Butter und Zucker über die Theke zu reichen. Was ist damit, Sir?"

„Ich wünschte beim Himmel, ich könnte es dir sagen, John", sagte Vane. „Bob Blake ist nicht der Einzige, wissen Sie."

„Sie, wie es gesund ist, Sir", fuhr der alte Mann fort, „werden davon nicht betroffen sein. Sie werden sich nicht dadurch verdrehen, dass sie sich mit dem Adel als seinesgleichen vermischt haben. Und der echte Adel wird davon profitieren." Ich denke nicht mehr und nicht weniger an sie, wenn sie an ihren richtigen Platz zurückkehren Welt des Unglücks, Sir, für alle Beteiligten.

Unbewusst wanderten die Augen des alten Mannes in Richtung Rumfold Hall und er seufzte.

„Sie können die Wege des Herrn nicht ändern, Sir", fuhr der alte John fort. „Wir lesen im Buch, dass er sie reicher und ärmer gemacht hat und einige aus einer Klasse und einige aus einer anderen. Solange sich jeder daran erinnert, in welcher Klasse er ist, wird er das Glück bekommen, das er verdient …"

Vane fühlte sich nicht geneigt, dies aus der Sicht der Heiligen Schrift zu bestreiten. Das Problem ist, dass man einen stärkeren und besonneneren Kopf braucht als jeder Zwanzigjährige, um zu verstehen, dass eine Khaki-Uniform Türen aufschließt, bei denen ein fertig gekaufter Abendkleideranzug und eine geflickte Krawatte keinen Eindruck hinterlassen. Wenn er nur erkennt, dass es sich nicht lohnt, diese Türen aufzuschließen, wird alles gut für ihn sein; Wenn er es nicht tut, wird er der Leidtragende sein. . . . Was zweifellos völlig falsch ist, aber so sind das Gesetz und die Propheten.

"Ich schätze, es stehen uns schwere Zeiten bevor, Sir", fuhr der alte Mann fort. "Schwieriger als alles, was wir jetzt durchmachen - obwohl es bei allem Gewissen schlimm genug ist. Erst neulich Abend war ich unten im Fiddlers' Arms, um ein Glas von dem zu trinken, was sie Bier nennen - es ist ein furchtbares Zeug, Sir, dieses Regierungsbier ..." Der alte John seufzte traurig bei dem Gedanken an das, was geschehen war. "Ich saß da drinnen, wie ich schon sagte, als ein junger Kerl aus Grants Garage die Straße hinauf hereinkam. Er war elegant gekleidet - versuchte, seine Vorgesetzten nachzuäffen - und hatte einen gelben Zeigefinger vom Rauchen dieser verdammten stinkenden Zigaretten - und eine davon steckte ihm hinter dem Ohr.

„Hallo, Herr Ober", sagt er, „wie geht es den Rüben?"

„‚Sieht in Frankreich schlimmer aus als in England', sagte ich. ‚Waren Sie schon einmal dort und haben es sich angesehen?'

„Das hat ihn wirklich getroffen, Sir", kicherte der alte John. „Er wand sich einen Moment lang, während die anderen lachten. ‚Wissen Sie nicht, dass ich eine Arbeit von nationaler Bedeutung habe?', sagt er. ‚Ich bin davon ausgenommen.'

„‚Die einzige Arbeit von nationaler Bedeutung, die du wahrscheinlich jemals tun wirst, mein Junge', sagte ich, „wird erst getan sein, wenn du tot bist. Und nicht dann, wenn du ordnungsgemäß begraben bist.'

„Was meinst du?", fragt er.

„‚Du könntest den Rüben, um die du dir so viele Sorgen machst, helfen', sagte ich, „wenn sie dich als Dünger verwenden würden.'" Der alte John, völlig überwältigt von der Erinnerung an diesen Pfeil, lachte schallend.

„Sie hätten sein Gesicht sehen sollen, Sir", fuhr er fort, als er sich teilweise erholt hatte. „Er wurde immer röter und dann sagte er plötzlich: ‚Waren Sie nicht der Pförtner oben in Rumfold Hall?'"

„‚Das war ich', antwortete ich ruhig, weil ich dachte, dass der junge Master Impudence sich auf gefährliches Terrain begab.

„‚Einer der armen, elenden Sklaven', höhnt er, ‚eines aufgeblasenen Aristokraten … Wir werden das alles ändern', fährt er fort, und dann lasse ich ihn ein paar Minuten reden. Er und seine kostbaren Freunde wollten dafür sorgen, dass diese ganze elende Unterdrückung ein Ende hat, und dann beendete er es damit, mich wieder einen Sklaven zu nennen und seine Lordschaft zu verhöhnen."

Der alte John spuckte nachdenklich aus. „Nun, Sir, ich habe ihn damals aufgehalten. In meiner Gegenwart darf niemand über Seine Lordschaft spotten – schon gar nicht ein unerfahrener Junge wie er. Seine Lordschaft ist ein feiner und guter Mann, und ich war sein Diener." Der alte Mann sprach mit einer schlichten Würde, die Vane beeindruckte. „Ich habe ihn gestoppt, Sir", fuhr er fort, „und dann habe ich ihm gesagt, was ich von ihm halte. Ich sagte zu ihm: ‚Junger Mann, ich habe mir fünf Minuten lang Ihren verdammten Unsinn angehört – jetzt hören Sie mir zu. Wenn Sie – mit Ihrem Gesicht voller Pickel und Ihrer Haut ganz schlammig und fahl – anfangen, so zu reden, wie Sie geredet haben, gibt es nur eines zu tun. Ihre Mutter sollte Ihnen die Hose runterziehen und Sie mit einer Haarbürste schlagen; obwohl Sie wahrscheinlich vor Angst weinen würden, bevor sie anfinge. Ich war zweiundvierzig Jahre lang der Diener seiner Lordschaft, und ich bin stolzer darauf als irgendjemand sonst auf irgendetwas, das Sie in Ihrem Leben tun. Und wenn seine Lordschaft jetzt durch diese Tür käme, würde er mir begegnen, wie ein Mann einem Mann begegnet. Während Sie – Sie würden um ihn herumlaufen und schnüffeln wie der Speichellecker, der Sie sind – und wenn er Sie nicht treten würde, würden Sie vor all Ihren anderen pickeligen Freunden damit prahlen, dass Sie habe mit einem Grafen gesprochen...'"

„Bravo! Alter John ... Bravo!", sagte Vane ruhig. „Was hat der Welpe gemacht?"

„Habe versucht, sarkastisch zu lachen, Sir, und bin dann aus der Tür geschlichen." Der alte Mann zündete seine Pfeife mit seinen knorrigen, zitternden Fingern an. „Es kommt, Sir – vielleicht nicht zu meiner Zeit – aber es kommt. Große Schwierigkeiten … All diese jungen Leute mit ihrer dürftigen Bildung und ihrem Gehabe und ihrer Eitelkeit und ihrem ‚Ich bin so gut wie Sie.'" Er verstummte und starrte mit besorgtem Blick über die Straße. „Ja, Sir", wiederholte er, „es kommen schlimme Tage auf England zu – furchtbar schlimme – wenn die Leute sich nicht zusammenreißen …"

„Vielleicht kann ihnen die Armee helfen, wenn sie zurückkommt", sagte Vane.

„Vielleicht, Sir, vielleicht." Old John schüttelte zweifelnd den Kopf. „Vielleicht. Wie dem auch sei, hoffen wir es, Sir."

„Amen", antwortete Vane mit plötzlicher Ernsthaftigkeit. Und dann sprachen sie eine Weile über den Soldatensohn, der getötet worden war. Der alte John hob stolz seine müden, gebeugten Schultern und holte den Brief hervor, den sein Zugoffizier geschrieben hatte, und zeigte ihn dem Mann, der zwanzig ähnliche Dokumente verfasst hatte. Er war abgegriffen und zerfleddert, und wenn Vane jemals ein Gefühl der Verärgerung bei der Anstrengung empfunden hatte, an die Eltern oder die Frau eines toten Jungen zu schreiben, dann wurde er jetzt reichlich dafür entschädigt. So eine kleine Mühe eigentlich; so eine wunderbare Dankbarkeit, auch wenn sie unbekannt und unbeachtet ist. . . . „Sie werden sehen, Sir", sagte der alte Mann, „was sein Offizier sagte. Ich kann mich selbst nicht ohne meine Brille sehen – aber Sie lesen es, Sir, Sie lesen es. . . . ‚Ein großartiger Soldat, ein Vorbild für den Zug. Ich hätte ihn für den Orden empfohlen.' Wie ist das, Sir...? Und dann ist da noch ein weiterer Teil... „Männer wie er sind nicht ersetzbar." Eh! Mein Junge... Nicht ersetzbar. Das könnten Sie nicht von dem pickeligen Frettchen sagen, von dem ich Ihnen erzählt habe, Sir."

„Das konntest du nicht, alter John", sagte Vane. "Du kannst nicht." Er stand auf und gab den Brief zurück. „Es ist ein schöner Brief; ein Brief, auf den jeder Elternteil über seinen Sohn stolz sein könnte."

„Ja", sagte der alte Mann, „er war ein guter Junge, Bob. Nichts von diesem neuen Unsinn über ihn." Er steckte den Brief sorgfältig in seine Tasche. „Mutter und ich, Sir, wir schauen uns das abends oft nur an. Es tröstet sie irgendwie. . . . Irgendwie ist es schwer, sich seinen Tod vorzustellen …" Seine Lippen zitterten für einen Moment, dann wandte er sich plötzlich grimmig Vane zu. „Und doch sage ich Ihnen, Sir, dass es mir lieber wäre, wenn Bob da drüben tot wäre – ja – ich würde ihn lieber tot zu meinen Füßen liegen sehen, als dass er jemals solche Lehren hätte lernen sollen, die heutzutage im Umlauf sind ."

So verließ Vane den alten Mann, und als er die Straße hinunterging, sah er ihn immer noch an seinem Tor stehen, mit seinem Stock auf den Bürgersteig klopfen und langsam den Kopf schütteln. Erst als Vane an die Abzweigung kam, nahm der alte John seine Kanne und setzte seine unterbrochene Bewässerung fort. . . . Und es schien Vane, als sei er einen weiteren Schritt in Richtung Selbstfindung gegangen.

KAPITEL IX

Vane, der sich bewusst war, dass er ein wenig zu früh zum Mittagessen kam, schlenderte durch den Wald. Mit einer Freude, die er nicht zu erklären versuchte, freute er sich darauf, Joan in der Umgebung zu sehen, in die sie gehörte. Und wenn ihm gelegentlich der Gedanke kam, dass es ratsam sein könnte, ein paar mentale Kompasspeilungen vorzunehmen und seine genaue Position festzustellen, bevor er weiterging, tat er ihn als lächerlich ab. Solche Gedanken wurden schon früher ähnlich verworfen … Gerade als Vane sich selbst heftig dafür beschimpfte, ein Esel zu sein, sah er sie durch eine Lichtung im Unterholz auf sich zukommen. Sie erblickte ihn im selben Moment und blieb mit einem schnellen Stirnrunzeln stehen.

„Ich wusste nicht, dass du diesen Weg kennst", sagte sie, als er auf sie zukam.

„Es tut mir leid, aber ich tue es. Wissen Sie, ich kannte Rumfold früher ziemlich gut. Ist das der Grund für das Stirnrunzeln?"

„Ich war nicht besonders darauf bedacht, dich oder irgendjemanden zu sehen", bemerkte sie kompromisslos. „Ich wollte versuchen, mir etwas auszudenken …"

„Dann sind wir ein gut aufeinander abgestimmtes Paar", lachte Vane. „Ich werde ein paar Schritte hinter dir gehen und wir werden meditieren."

„Sei kein Narr", sagte Joan noch kompromissloser. „Und außerdem bist du sehr früh zum Mittagessen." Sie blickte auf ihre Armbanduhr. . . . „Ich sagte ein Uhr und es ist erst halb eins. Die besten Leute kommen nicht, bevor sie gefragt werden …"

„Ich überlasse mich der Gnade des Gerichts", flehte Vane feierlich. „Ich sitze auf dieser Seite des Busches und du sitzt auf der anderen und in einer Viertelstunde werden wir uns unerwartet mit allen üblichen Symptomen von Zuneigung und Freude treffen …"

Das Mädchen ging langsam zurück, Vane direkt hinter ihr, und plötzlich kam Blandford durch eine Lücke in den Bäumen in Sicht. Es war nicht die übliche Sichtweise, die die meisten Leute hatten, denn der Weg durch das kleine Wäldchen war nicht sehr bekannt – aber von nirgendwo aus konnte man das Haus besser sehen. Die ruhige, ruhige Wasserfläche mit ihrem niedrigen roten Bootshaus; die sanfte grüne Strecke, die sich von dort bis zum Haus erstreckt und nur von der einen Terrasse über den Tennisrasen unterbrochen wird; der Rosengarten, ein Fest in herrlicher Farbenpracht, und dann das Haus selbst mit seinen seltsamen Türmen und Türmen und den riesigen Bäumen dahinter; Alles zusammen ergibt ein unvergessliches Bild.

Joan war stehen geblieben und Vane stand schweigend neben ihr. Sie nahm jedes Detail der Szene auf, und als Vane sie schnell ansah, war in ihren grauen Augen ein Ausdruck fast grüblerischer Wildheit zu sehen. Es war ein Blick des Schutzes, des Besitzes und der Angst, alles in einer Kombination: ein Blick, wie ihn eine Tigerin geben würde, wenn ihre Jungen bedroht wären. . . . Und plötzlich kam ihm der Satz aus Margarets Brief über die finanziellen Schwierigkeiten in Blandford wieder in den Sinn. Als er es las, hatte es ihn nicht besonders beeindruckt; Jetzt wunderte er sich. . . .

„Ist es nicht herrlich?" Das Mädchen sprach sehr leise, als wäre sie sich nicht bewusst, dass sie einen Zuhörer hatte. Dann wandte sie sich schnell Vane zu. "Sieh dir das an!" sie weinte und ihr Arm strich über die ganze perfekte Aussicht. „Lohnt es sich nicht, irgendetwas zu tun – überhaupt irgendetwas –, um es als sein Eigentum zu behalten? Das gehört uns seit fünfhundert Jahren – und jetzt! ... Mein Gott! Denken Sie nur an einen zweiten Sir John Patterdale – hier „– der grübelnde, wilde Mutterblick war wieder in ihren Augen und ihre Lippen waren fest geschlossen.

Vane bewegte sich unruhig neben ihr. Er empfand die Situation als heikel; dass es nur seine unerwartete und unwillkommene Ankunft am Tatort war, die sie dazu gebracht hatte, ihn ins Vertrauen zu ziehen. Offensichtlich war etwas Ernsthaftes in der Sache; ebenso offensichtlich hatte es nichts mit ihm zu tun. . . .

„Ich hoffe, dass eine solche Tragödie nicht passieren kann", sagte er ernst.

Sie drehte sich um und sah ihn an. „Es besteht jede Chance", rief sie wütend. „Dad ist dagegen – ich weiß, dass er es ist, obwohl er nicht viel sagt. Und heute Morgen …" Sie biss sich auf die Lippe und ihr Blick ruhte wieder auf dem alten Haus. „Oh! Was soll das Reden?", fuhr sie nach einem Moment fort. „Was sein muss – muss sein; aber, oh! es macht mich verrückt, daran zu denken. Was nützt es, welchen Zweck hat es im Gesamtbild, von dem Sie sprechen, wenn Sie einen Mann, der meilenweit geliebt wird, hinauswerfen und an seine Stelle einen elenden Schweinemetzger setzen, der Millionen damit gemacht hat, Katzenfleisch als Wurst zu verkaufen?"

Sie sah Vane trotzig an und er blieb klugerweise still.

„Sie können es nennen, wie Sie wollen", stürmte sie; „Aber es stößt ihn praktisch aus. Ist es ein Verbrechen, Land zu besitzen, und eine Tugend, mit seinen Nachbarn im Handel ein Vermögen zu machen? Dad hat noch nie eine Menschenseele betrogen. Ich hatte Schwierigkeiten wegen ihrer Miete; er wurde von allen vergöttert. Und jetzt muss er gehen. Sie hielt inne und ihre beiden Hände verkrampften sich plötzlich. Dann fuhr sie fort und ihre Stimme war ganz ruhig. „Ich weiß, ich spreche von Unsinn – Sie brauchen also nicht darauf zu achten. Die großen Denker sind sich alle einig – nicht wahr? –, dass das gegenwärtige Landsystem falsch ist – und sie müssen es natürlich wissen. Aber ich' Ich bin kein großer Denker, und ich komme nicht darüber hinweg, dass es niemandem mehr Freude bereiten wird – und davon gibt es einiges –, wenn Papa geht und ein Schweinefleischmetzger hereinkommt Das. . . ."

„Angenommen", sagte Vane neugierig, „es wäre kein Schweinefleischmetzger? Angenommen, es wäre jemand, der – sagen wir mal, mit wem es Ihnen nichts ausmachen würde, mit ihm zu Abend zu essen."

„Es wäre genauso", antwortete sie nach einem Moment. „Trotzdem. Es gehört uns, verstehen Sie? – es gehört *uns*. Es gehört uns schon immer." Und der grüblerische, tierische Ausdruck war in ihre Augen zurückgekehrt. . . .

Dann drehte sie sich lachend zu ihm um. „Komm schon, du musst dich vor Tante Jane verbeugen. Sag ihr bitte, dass du viele Deutsche getötet hast. Sie wird dich für immer vergöttern …"

Sie überwand ihren depressiven Anfall und plauderte fröhlich den ganzen Weg bis zum Haus.

„Ich habe Dad gesagt, dass Sie ein sehr ernsthafter junger Mann sind", bemerkte sie, als sie die Auffahrt erreichten. „Also sollten Sie Ihrem Ruf auch gerecht werden."

Vane stöhnte. „Deine Sünden gehen auf dein eigenes Haupt", bemerkte er. „Ich habe heute Morgen schon eine ernsthafte Abhandlung von dem alten John gehört, der früher in Rumfold Gastwirt war."

„Ich kenne ihn gut", rief das Mädchen. „Ein lieber alter Mann ..."

„Der Ihre Ansichten in der Landfrage teilt", sagte Vane lächelnd.

Sie blieb stehen und sah ihn an. „Nicht wahr?", fragte sie leise.

„Um es mit Ihren eigenen Worten auszudrücken, Joan – ich bin ein sehr ernsthafter junger Mann und ich bin auf der Suche nach Wissen."

Einen Moment lang schien sie antworten zu wollen, doch dann drehte sie sich mit einem kurzen Lachen auf dem Absatz um und ging weiter. Gerade als sie das Wohnzimmer betraten, sah sie ihn über die Schulter an. „Ich hoffe, Ihre Suche wird erfolgreich sein", bemerkte sie; „und ich hoffe noch mehr, dass Sie, wenn sie erfolgreich ist, keinen Selbstmord begehen. Wissen zu haben, heute zu wissen, was die Wahrheit ist, wäre, glaube ich, die schrecklichste Last, die ein Mensch tragen könnte. Haben Sie jemals darüber nachgedacht, wie müde Gott sein muss?"

Bevor er antworten konnte, schrie sie ihrer Tante ins Hörrohr. Und Vane blieb staunend zurück über die seltsame Mischung, aus der Joan Devereux bestand.

* * * * *

Sir James freute sich herzlich, ihn zu sehen, besonders als er herausfand, dass Vane Mr. Trent kannte.

„Wo ist das kleine Mädchen?" fragte er, während sie zum Mittagessen aßen. „Margaret war ihr Name, glaube ich."

Zu seinem größten Ärger stellte Vane fest, dass er leicht errötete, und im selben Moment wurde ihm deutlich bewusst, dass ein Paar grauer Augen von der anderen Seite des Tisches auf ihn gerichtet waren.

„Ich glaube, sie pflegt in Etaples", antwortete er beiläufig, aber ein leises Gelächter verriet ihm, dass es sinnlos war.

„Captain Vane, Dad, ist die Seele der Diskretion", spottete Joan. „Es würde mich nicht wundern, wenn er nicht von ihr gepflegt würde …"

„Ein verdammt nettes Mädchen, von dem man sich pflegen lassen kann, meine Liebe", kicherte ihr Vater, „soweit ich mich an sie erinnere. Was denkst du, Vane?" Dankenswerterweise blieb ihm die Notwendigkeit einer Antwort erspart, da Tante Jane dazwischenkam, die ihren eigenen Gedankengang weiterverfolgt hatte und sich der Gesprächsänderung in seliger Unkenntnis nicht bewusst war.

„Wie viele dieser Bestien haben Sie gesagt, getötet, junger Mann?", dröhnte sie ihm entgegen und machte gleichzeitig ihr Hörrohr bereit.

„Zwei auf jeden Fall", heulte Vane, „vielleicht drei."

Sie nahm ihr Mittagessen wieder auf, und Sir James lachte. „Meine Schwester", bemerkte er, „ist voller Krieg … Noch voller – wie viele von denen, die zurückgeblieben sind – als ihr Jungs …"

„Es ist sehr viel schöner", sagte Vane lachend, „selbst einen Boche in der Fantasie zu töten als in der Realität … Obwohl ich viele Männer gesehen habe", fügte er nachdenklich hinzu, „die blutverrückt geworden sind."

„Erinnern Sie sich an Kiplings Beschreibung des Streits zwischen dem Schwarzen Tyrone und den Pathans", sagte Sir James? Mulvaney war krank, und Ortheris fluchte, und Learoyd sang Hymnen – nicht wahr?

„Ich habe sie auf alle möglichen Arten gesehen", sagte Vane nachdenklich, „und das Schlimmste von allen sind die stillen … Es gab einen Kerl, den ich hatte, der von der Zeit an, als wir hinübergingen, bis zum Ziel kein Wort von sich gab , und er hätte – wenn er es vermeiden könnte – tatsächlich mehr aus der Bibel zitieren können Mir wurde gesagt, als er kämpfte, sagte er nur: „Und der Herr sagte" – als er zustach."

Sir James nickte und schloss dann halb die Augen. „Man kann es einfach nicht verstehen", sagte er. „Niemand von uns, der noch nicht dort war, wird es jemals bekommen – ich denke also, dass es nicht viel nützt, es zu versuchen. Aber man kommt nicht umhin zu denken, wenn nur ein paar der Leute, die hier drüben zählen, hingehen und es sich ansehen könnten, könnte es das vielleicht tun." Einen Unterschied machen.

„Sehen Sie sich die Realität an und beseitigen Sie den Humbug", sagte Vane. „Das geht nicht, Sir James. Ich kenne Stabsoffiziere, die bereitwillig einen Jahressold geben würden, um eine persönlich durchgeführte Cook-Gruppe der britischen Arbeiter nach Frankreich zu leiten. Sie werden von allen da draußen nach rechts und links gezogen; und wunderst du dich?" Er lachte kurz. „Tommy ist kein Dummkopf: sechs Pfund pro Woche statt einem Schilling pro Tag. Und Vergleiche sind abscheulich."

„Aber konnten sie sich nicht wirklich auf die Dinge einlassen?" fragte sein Gastgeber.

„Ich kann mir nicht ganz vorstellen, dass die Party die Brüstung zum Platzen bringt", grinste Vane. „Es ist keine Sache, die irgendjemand zum Vergnügen macht ..."

In diesem Moment beteiligte sich Tante Jane erneut mit einem lauten, dröhnenden Geräusch an der Unterhaltung. „Ich fürchte, du hast da draußen deine Zeit verschwendet, junger Mann."

„Sie meint, zwei Deutsche und ein Verdächtiger sind nicht genug", gurgelte Joan, als sie Vanes verwirrten Gesichtsausdruck sah. Zu seiner Erleichterung passte die alte Dame ihre Trompete nicht an, also nahm er zu Recht an, dass er ihren Unmut schweigend ertragen durfte ...

"Nun", sagte Sir James nach einer Pause. "Ich nehme an, es ist unüberwindbar schwierig, den Leuten das verständlich zu machen. Aber wenn es nach mir ginge, würde ich einige dieser Schurken, die sich an der Hilflosigkeit des Landes mästen, in die vordersten Schützengräben schicken ..."

„Mit Granatwerferbeschuss", ergänzte Vane lachend.

„Und ich würde sie dort bleiben und verrotten lassen", fuhr Sir James fort. „Es ist böse, es ist niederträchtig, es ist abscheulich – die Gefahr für ihr Land für ihre eigenen Taschen auszunutzen. ... Was passieren wird, wenn der Krieg vorbei ist, weiß nur Gott."

„Dein Fisch wird kalt, Papa, wenn du nicht weitermachst", sagte Joan beruhigend.

Aber Sir James war mit seinem Lieblingshobby beschäftigt. Es hätte mehr als nur die Möglichkeit eines kalten Fisches gebraucht, um die Flut einzudämmen, und Vane unternahm, unterstützt durch ein flüchtiges Augenzwinkern von Joan, keinen Versuch, dies zu tun. Er hatte das alles schon einmal gehört; die Ansichten des ehrenwerten Baronets waren solche, die täglich von der alten Ordnung in allen Teilen des Landes verkündet werden. Und was Vane immer mehr verwirrte, während er zuhörte und regelmäßig ein unverbindliches „Ja" oder „Nein" antwortete, war der Irrtum. Dies waren die Ansichten, mit denen er aufgewachsen war; es waren die Ansichten, denen er tief in seinem Herzen zustimmte. Und doch spürte er vage, dass die Frage eine andere Seite haben musste: er wusste, dass es eine andere Seite gab. Ansonsten … aber Sir James ließ, als er in Fahrt kam, seinem Publikum nicht viel Nachdenken zu.

"Die organisierte Arbeiterschaft", donnerte er, "ist allmächtig geworden, weil wir uns im Krieg befinden. Wir sind auf die organisierten Arbeiter angewiesen, und sie wissen es. Das Leben unserer Männer steht auf dem Spiel. … Das ihrer Brüder, wohlgemerkt, Vane. Was kümmert es sie? Kein Damm, Sir, kein Damm. Mehr Geld, Geld – das ist alles, was sie wollen. Sie wissen, dass der Staat keine Aussperrung wagen wird – und sie machen sich das zunutze. … Warum rekrutieren sie sie nicht, Sir? Warum stecken sie nicht die ganze verfluchte Meute in Khaki? Und wenn sie dann streiken, schickt man sie in die Schützengräben, wie ich sagte, und lässt sie dort verrotten. Das würde sie bald zur Besinnung bringen ..." Sir James griff sein Huhn brutal an.

„Was wird passieren", fuhr er nach einem Moment fort, „wenn wir zu Friedensbedingungen zurückkehren? Der private Arbeitgeber kann diese überhöhten Löhne nicht bezahlen … Er kann es einfach nicht tun, und das ist das Ende." . Aber jetzt ist es notwendig, sich allen Forderungen zu ergeben, die die Schurken stellen wollen. Und glauben Sie, dass sie damit aufhören werden?"

„Aber es gibt doch so etwas wie gesunden Menschenverstand", unterbrach Vane. „Sicherlich kann ihnen die Angelegenheit vorgelegt werden, damit sie es verstehen? … Wenn nicht, ist es ein ziemlich nützliches Eingeständnis der Unfähigkeit."

Sir James lachte kurz. „Im Moment sind mehrere im Umlauf … Aber ganz so einfach ist das nicht, mein Lieber. In Zeiten der Unruhe fällt die Macht automatisch mehr und mehr in die Hände des Mannes, der sprechen kann: der Männer." wie Ramage und andere von seiner Niere. Ein paar bedeutungslose, aber hochtrabende Phrasen wie „Nieder mit dem Kapitalisten und die Zukunft ist für den Arbeiter" und Sie verunsichern selbst den standhaftesten Menschen. . Vor allem, wenn er einer von vielen ist. Sir James hielt inne und starrte aus dem Fenster. „Ich habe auf lange Sicht keine Angst um den anständigen Kerl; im Anfangsstadium könnte er scheitern …"

„Worüber redet ihr zwei Männer so eifrig?" Tante Jane präsentierte Vane noch einmal ihre Trompete.

„Arbeitsprobleme, Miss Devereux", brüllte er. „Ärger auf dem Arbeitsmarkt."

Das Gesicht der alten Dame wurde grimmig. „Meine Überzeugung diesbezüglich ist allgemein bekannt", dröhnte sie. „Stellt sie in einer Reihe an eine Wand und erschießt sie."

„Das Allheilmittel meiner Schwester gegen alles Böse", sagte Sir James lächelnd.

„Es gibt auch andere als Miss Devereux, die dasselbe empfehlen würden", sagte Vane mit einem kurzen Lachen.

„Erschießt sie", krächzte die alte Dame. „Erschießt sie und schießt weiter, bis keiner mehr übrig ist. Ich bin sicher, wir kämen auch ohne diese Bestien gut klar."

"Was wird sie aufhalten?", fragte Sir James erneut. "Nichts - bis sie alles versucht haben und festgestellt haben, dass sie falsch liegen. Und während sie die einfache Tatsache erkennen, dass kein Arbeitgeber für ein Pfund Arbeit auch nur eine Guinee bezahlen kann, wird das Land zusammenbrechen. Wir werden Anarchie haben, Vane - Bolschewismus wie in Russland, es sei denn, uns rettet ein Wunder. . . . Wahrscheinlich noch dazu von den Boche finanziert."

„Lieber alter Papa", lachte Joan. „Du bist so ein Optimist, nicht wahr?"

„Das ist kein Scherz, meine Liebe", schnaubte ihr Vater. „Eine Welle des Wahnsinns breitet sich auf der Welt aus … absoluter Wahnsinn. Je mehr man ihnen nachgibt – je anständiger man sie behandelt – desto mehr wollen sie … Die Leute reden davon, dass sich die alte Ordnung ändert; was ich wissen möchte, ist, was sie an ihre Stelle setzen werden. Wenn sie das Empire zerschlagen und England zu einer Macht fünfter Klasse degradiert haben, werden sie wahrscheinlich die alte Ordnung zurückhaben wollen … Dann wird es zu spät sein, um noch etwas zu wollen."

„Ich nehme an, Sir James, dass Sie nicht gerade ein Sozialist sind", murmelte Vane ernst und warf Joan einen Seitenblick zu.

Sein Gastgeber ging auf den Köder ein. „Ich – ein Sozialist – ich! Warum – warum! ...“, stammelte er, und dann sah er das Gesicht seiner Tochter. Sie hatte Grübchen vor Lachen, und plötzlich lachte auch Sir James.

„Da hättest du mich fast erwischt, mein Junge“, rief er; „Beinahe. Aber gerade in diesem Punkt, Vane, gerate ich so aus den Fugen gegen diese intellektuellen Männer – Männer, die es besser wissen sollten. Männer wie Ramage und Johnson und all diese Leute. Sie wissen selbst, dass der Sozialismus eine völlige Unmöglichkeit ist; sie Sie wissen, dass Gleichheit nicht in Frage kommt, und dennoch predigen sie es Männern, die keinen Verstand haben. Es ist eine gefährlich attraktive Lehre, der einen Motor an sich vorbeirasen sieht, wenn er nicht fühlen würde ein Anflug von Neid. Aber der Allmächtige hat beschlossen, dass es so sein soll.

Vane blickte seinen Gastgeber nachdenklich an. „Ich glaube, dass die Diktate des Allmächtigen weniger wahrscheinlich vom Autobesitzer als vom Arbeiter in Frage gestellt werden.“

"Ich stimme Ihnen zu, Vane", erwiderte Sir James sofort. "Aber das ändert nichts am Prinzip der Sache. ... Verbessern Sie unbedingt ihre Lebensbedingungen ... geben Sie ihnen bessere Wohnungen ... hören Sie mit der Ausbeutung auf. Das ist unser Vorrecht und unsere Pflicht. Aber wenn sie so weitermachen wie bisher, werden sie bald den Unterschied merken. Was wir früher für sie getan haben, werden sie in Zukunft zu pfeifen haben."

„Diesmal bekommen Sie, was Sie bezahlen, nicht wahr, Captain Vane?“, sagte Joan sittsam.

Aber Vane lächelte sie nur ernst an und antwortete nicht. Hier waren die vielleicht grob ausgedrückten Ansichten des einfachen Landherrn. Der Mann, der von allen anderen am häufigsten den Feudalismus vertrat. Wohlwollend vielleicht – aber Feudalismus. . . . Die alte Ordnung. „Sie reden von ‚Zurück zum Land‘“, schnaubte Sir James plötzlich, „als das souveräne Heilmittel für alle Übel. Sie können mir glauben, Vane, dass das System der Kleinbauernhöfe, abgesehen von ein paar abgelegenen Orten, völlig unwirtschaftlich ist.“ und erfolglos. Es bedeutet unaufhörliche Arbeit und eine bloße Gegenleistung – na ja, dort ist das Kleinbauernprogramm in vollem Gange Und wovon leben sie? Und glauben Sie, dass ein großer Prozentsatz von uns heutzutage kein Land mehr behalten möchte? " Sir James runzelte leicht die Stirn. „Es sei denn, man hat alte Familientraditionen ... Und selbst diese müssen aufgegeben werden – früher oder später ... Es lohnt sich nicht, Vane, das kannst du mir nehmen ... Und sich spalten.“ Es wird der Sache nicht helfen, wenn man es in kleine Betriebe aufteilt und Männer mit unterschiedlichem Grad an Ineffizienz einlädt, damit seinen Lebensunterhalt zu verdienen.

Sir James schob seinen Stuhl zurück und sie erhoben sich vom Tisch.

„Ich habe dich schon genug gequält, mein lieber Junge", bemerkte er. „Ich denke, Joan sollte die gute Arbeit weiterführen." Sie legte den Arm um seine Taille und ihr Vater sah liebevoll auf sie herab. „Was wirst du mit ihm machen, alte Dame?"

„Bist du heute Nachmittag beschäftigt, Papa?", fragte sie.

Sir James nickte und Vane kam es vor, als sei er sehr alt geworden. „Die alte Ordnung ändert sich – was wird an ihre Stelle treten? …" Plötzlich packte ihn die Angst. Er drehte sich schnell um und starrte aus dem Fenster auf das wundervolle Stück England, das vor ihm lag. Ruhig und lächelnd in der warmen Sonne lag es da – ein Symbol für das, wofür die Engländer seit jeher ihr Leben gegeben haben. In genau dieser Sekunde starben Männer dafür – über dem Wasser. Sollte alles umsonst gewesen sein?

„Ja, Mädchen", sagte Sir James. „Ich habe viel zu erledigen. Dieser elende Kerl Norton kann schon wieder seine Miete nicht bezahlen …"

„Oh! Papa, er ist ein bisschen hart", rief das Mädchen. „Das ist das dritte Mal."

Sir James lachte. „Ich weiß, meine Liebe, aber die Dinge stehen schlecht. Immerhin hat er einen seiner Söhne in Mesopotamien verloren."

„Ein betrunkener Verschwender", rief das Mädchen.

„Er ist gestorben, Joan", sagte ihr Vater schlicht. „Kein Mann kann mehr tun."

„Du bist zu gutherzig, Dad", sagte sie, tätschelte seinen Arm und sah ihm ins Gesicht. „Das wäre ich nicht."

Sir James lachte. „Oh! Ja, das würdest du. Außerdem werde ich nicht mehr lange eine Chance haben." Mit einem kurzen Seufzer beugte er sich zu ihr und küsste sie. „Lauf und geh mit Vane raus auf den See. Ich komme später runter und schreie dich vom Ufer aus an." Sie sah zu, wie ihr Vater den Raum verließ, und wandte sich dann an Vane.

„Würden Sie Lust, auf den See zu kommen?" fragte sie und in ihren Augen lag ein seltsamer, unergründlicher Ausdruck, der ihn zum Staunen brachte.

„Ich würde es lieben", sagte Vane. Er folgte ihr durch das offene Fenster und gemeinsam betraten sie den Rasen.

Tante Jane hatte bereits ihre gewohnte Position eingenommen und bereitete sich auf ihren Mittagsschlaf vor; Aber Vanes plötzliches Erscheinen regte offenbar irgendeinen Gedankengang in ihrem Kopf an. Als er auf sie zukam, rückte sie ihre Trompete zurecht und dröhnte: „Erschieß sie, junger Mann – erschieß sie, bis keine mehr übrig sind.“

„Aber natürlich, Miss Devereux“, rief er. „Das denke ich auch.“ Sie nickte zustimmend, weil sie einen so verwandten Geist getroffen hatte, und legte das Nebelhorn wieder neben sich auf den Boden. Er fühlte, dass ihm seine dürftige Bilanz an toten Hunnen verziehen wurde, und kehrte lächelnd zu Joan zurück.

„Wie einfach wäre es, wenn es so wäre“, sagte sie ruhig. „Liebe alte Tante Jane – ich weiß noch, wie ich eines Nachts fast die ganze Nacht bei ihr saß und versuchte, sie zu trösten, als ihr Mops auf einem Bein hinkte.“

Vane lachte, und als sie an eine Biegung des Weges kamen, schauten sie zurück.
Die alte Dame döste bereits sanft – im Frieden mit der ganzen Welt.

KAPITEL X

„Wenn Sie heute Nachmittag ein einziges Wort zu mir sagen, das auch nur im Entferntesten ernst gemeint sein könnte", sagte Joan, „werde ich Sie mitten auf dem See aus der Fassung bringen."

Ein Blick auf die Grundlinien des Bootes hielt Vane davon ab, die Bedrohung allzu ernst zu nehmen. Mit etwas Glück hätte eine Vierergruppe den Atlantik darin überqueren können. Unzählige Kissen, die kreuz und quer verstreut lagen, sorgten für Bequemlichkeit, und während das Mädchen sprach, half Vane von seinem Sitz am Heck aus, das Boot aus dem Bootshaus zu schieben.

„Sie machen mir Angst, Lady", murmelte er. „Worüber soll ich mit Ihnen reden?"

Das Mädchen zog träge an den Rudern, und langsam trieben sie in den Sonnenschein hinaus. „Also ist diejenige, der man gehorchen muss, Margaret Trent, nicht wahr?"

„Die Beweislage scheint ein wenig dürftig zu sein", sagte Vane. „Aber da ich den Eindruck habe, dass Sie ein hartnäckiger Mensch sind, werde ich mich sofort schuldig bekennen, um mir Ärger zu ersparen."

„Sie glauben, dass ich im Allgemeinen meinen Willen durchsetze, oder?"

„Das tue ich", antwortete Vane. „Und Sie nicht?"

Das Mädchen ignorierte die Frage. „Wie ist sie? Ich habe Dad oft über Mr. Trent sprechen hören; und ich glaube, sie war einmal in Blandford, als ich weg war."

„Ich nehme an, dass du fertiggemacht wurdest." Vane begann, seine Pfeife zu stopfen.
„Zumindest hat sie das in einem Brief gesagt, den ich heute Morgen bekommen habe."

Joan sah ihn einen Moment an. „Hast du ihr über mich geschrieben?"

„Ich glaube nicht, dass sie überhaupt weiß, dass Sie zu Hause sind", sagte Vane kurz angebunden, „geschweige denn, dass ich Sie getroffen habe."

„Hätten Sie etwas dagegen, wenn sie es wüsste?", beharrte das Mädchen.

„Warum um Himmels Willen sollte ich?", fragte Vane mit einem Ausdruck blanken Erstaunens.

Sie machte ein paar Schläge und legte dann wieder ihre Ruder an. „Es gibt Leute", sagte sie ruhig, „die meinen, ich sei das Größte – ein fieses, schnelles Flittchen …"

„Was für eine entsetzliche Affektiertheit von Ihnen", höhnte Vane und zündete seine Pfeife an. „Was tun Sie, um Ihren Ruf aufrechtzuerhalten – verkaufen Sie an Flaggentagen Flaggen auf dem Leicester Square?" Die Aufmerksamkeit des Mädchens schien auf ein Schilfstück konzentriert zu sein, wo ein Wasserhuhn laut wurde. „Oder verfolgen Sie das Geschäft einer Frau, die ich das letzte Mal auf Urlaub kennengelernt habe? Sie war eine Wraf oder eine Wren oder so etwas in der Art und trug damals Zivil. Aber um zu zeigen, wie auf dem neuesten Stand sie war, hatte sie sich sozusagen den Jargon der Mechaniker angeeignet, mit denen sie arbeitete. Es hat mich fast erschreckt, als sie in einem vertraulichen Gespräch im Haus eines gemeinsamen Freundes zu mir sagte: ‚Haben Sie jemals einen so verdammt guten Tee getrunken?'"

„Ich finde", sagte Joan, die Augen noch immer auf das Schilf gerichtet, „das ist widerlich. Das ist nicht schick und zieht Männer nicht an …"

„Da haben Sie vollkommen recht", erwiderte Vane grimmig. „Aber ist es, wenn man diese Bemerkung mit einbezieht, Ihr einziger Lebenszweck, Männer anzuziehen?"

„Natürlich ist es das. Es ist das einzige Ziel von neun von zehn Frauen. Warum stellst du so absurde Fragen?"

„Ich sitze da und fühle mich getadelt", murmelte Vane. „Aber um zurückzukommen – inwiefern betrachten Ihre wohltätigen Freunde Sie als das Äußerste?"

"Ich bin nun mal ein Naturmensch", sagte Joan, "und manchmal ist das sehr gefährlich. Ich bin nicht die Art Naturmensch, wissen Sie, die Kühe und das Landleben liebt und den Hühnern um fünf Uhr morgens ihre hartgekochten Eier oder was auch immer sie essen gibt."

„Aber Sie mögen Blandford", sagte Vane unvorsichtig.

„Blandford!" Ein leidenschaftlicher Ausdruck erschien auf ihrem Gesicht, als ihr Blick über seinen Kopf hinweg auf dem alten Haus ruhte. „Blandford ist einfach ein Teil von mir. Er ist anders. Außerdem wurde der Kuhhirte nicht einberufen", fügte sie inkonsequent hinzu. „Er ist dreiundsechzig."

„Ein äußerst taktvolles Vorgehen", sagte Vane und begab sich aufs Glatteis.

„Auf andere Weise bin ich natürlich", fuhr sie nach einem kurzen Schweigen fort. „Wenn ich etwas tun möchte, tue ich es im Allgemeinen. Wenn ich zum Beispiel zu einem Mann in seinem Zimmer gehen und mit ihm reden möchte, tue ich das. Warum sollte ich nicht? Wenn ich einen Rock tanzen möchte, tanze hinein." Ich mache das in einem Londoner Ballsaal, aber einige Leute scheinen zu denken, dass ich ziemlich viel Geld verdient habe, als ich mit einem Mann zwischen den Tischen tanzte Es hat einige der Gäste in

Verlegenheit gebracht, mich zu erkennen. Die Ruder waren unbeachtet aus ihren Händen gefallen, und sie beugte sich vor und blickte Vane mit spöttischen Augen an. "Ich liebte es einfach."

„Das wette ich“, lachte Vane. „Warum hast du es aufgegeben?“

„Eine Meinungsverschiedenheit zwischen mir und einigen der männlichen Gäste, die chronisch zu werden drohte“, erwiderte sie verträumt. „Das ist eine Sache, mein Informationssucher, an der sich durch den Krieg jedenfalls nichts geändert hat.“

Eine Weile antwortete er nicht, sondern lehnte sich in den Kissen zurück und paffte an seiner Pfeife. Ab und zu ruderte sie ein paar Mal, aber die meiste Zeit saß sie reglos da und blickte verträumt auf die ruhige Schönheit des Wassers.

„Du bist eine komische Mischung, Joan“, sagte er schließlich. „Verteufelt komisch ...“ Und während er sprach, erhob sich ein fetter alter Karpfen fast unter dem Boot und schnappte sich eine unvorsichtige Fliege. „Die Art von Mischung, weißt du, die einen in den Wahnsinn treibt ...“

Sie betrachtete die immer größer werdenden Wellen, die der Fisch verursachte, und lächelte leicht. Dann zuckte sie mit den Schultern. „Ich bin, was ich bin ... Und genau wie bei dieser Fliege kommt das Schicksal plötzlich, nicht wahr, und pouf ... es ist alles vorbei! All ihre kleinen Sorgen haben sich für immer im Bauch eines Karpfens erledigt. Wenn nur Die eigenen Probleme könnten ebenso schnell gelöst werden.

Er sah sie neugierig an. „Manchmal hilft es, Joan, sich in den Mund zu schießen, wie unsere Freunde auf der anderen Seite des Wassers sagen. Ich bin hier, um zuzuhören, wenn es dich tröstet ...“

Sie drehte sich um und sah ihn nachdenklich an. „Da ist etwas an dir, Derek, das ich sehr mag.“ Es war das erste Mal, dass sie ihn bei seinem Vornamen nannte, und Vane spürte, wie ihn ein kleiner lustvoller Schauer durchströmte. Aber äußerlich ließ er sich nichts anmerken.

„Das ist doch kein schlechter Anfang“, sagte er ruhig. „Wenn Sie energisch genug sind, bringen wir das Boot unter die Trauerweide. Ich denke, wir könnten es festmachen, und im Heck ist Platz für ein Armeekorps ...“

Das Boot strich durch die herabhängenden Äste, und Vane trat in den Bug, um es festzumachen. Dann drehte er sich um und blieb eine Weile stehen und beobachtete das Mädchen, wie sie es sich auf den Kissen bequem machte. ... „Es war einmal“, fragte er, „ein Mann ...“

„Er besaß“, sagte Joan, „große Reichtümer. Er konnte sich Gold, Silber und Edelsteine leisten, wenn er danach verlangte ...“

„Man kann davon ausgehen, dass das glückliche Mädchen, das dazu bestimmt war, seine Frau zu werden, mit durchschnittlichem Erfolg in den Chor einstimmen würde", kommentierte Vane maßvoll.

„Die Annahme ist vollkommen richtig. Ist die Hauptdarstellerin ihrer Gage nicht würdig?" Sie lehnte sich in ihren Kissen zurück und sah mit halb geschlossenen Augen zu Vane auf. „Als die Zeit gekommen war", fuhr sie verträumt fort, „begab es sich, dass der Mann, der über großen Reichtum verfügte, aufhorchte und aufmerksam wurde. ‚Siehe', sagte er sich, ‚ich habe alles, was mein Herz begehrt, bis auf eines. Meine materiellen Besitztümer wachsen und vermehren sich täglich, und solange Menschen, die es besser wissen sollten, sich gegenseitig umbringen, werden sie weiter wachsen.' Ich glaube nicht, dass ich erwähnt habe, dass in der betreffenden Zeit ein ganz ‚schrecklicher Krieg um die Ecke' tobte, oder?"

„Diese kleinen Details – auch wenn sie unbedeutend sind – sollten nicht weggelassen werden", bemerkte Vane streng. „Es ist die Pflicht eines jeden Geschichtenerzählers, die richtige Atmosphäre zu schaffen …" Er setzte sich ihr gegenüber und begann, seine Pfeife nachzufüllen. . . . „Was war das Einzige, was ihm fehlte?"

„Unterbrechen Sie nicht. Es ist die Pflicht aller Zuhörer, ihre Ungeduld zu kontrollieren. Nur der Uneingeweihte überspringt."

„Ich erniedrige mich", murmelte Vane. „Mach weiter, ich bitte dich."

„So fuhr der Mann mit großem Reichtum während der seltenen Zeitspanne, die er ergattern konnte, um noch mehr anzuhäufen, weiter mit sich selbst zu kommunizieren. ‚Ich werde mich umschauen', sagte er zu sich selbst, ‚und mir unter den Töchtern des Volkes eine Jungfrau aussuchen.' . Vielleicht ist sie reich – vielleicht ist sie arm; aber da ich über die nötigen Mittel verfüge, um den gesamten Schönheitschor zu ernähren, der jeden Abend in dem Gebäude am Ende der Straße auftritt, stellt sich die Frage nach ihren Mitteln Ich bestehe nur darauf, dass sie fair ist – nichts für dieses Kind tun.

Joan rührte sich unruhig und ihre Finger trommelten träge auf der Seite des Bootes. Und Vane – weil er ein Mann war und weil das Mädchen, das ihm so nahe stand, mehr als nur hübsch war – sagte die Dinge leise. Das Gleichnis war etwas zu schlicht.

„Und siehe, eines Nachts", fuhr Joan nach einer Weile fort, „nahm dieser Mann von großem Reichtum seinen getrockneten Zwieback und das Vichy-Wasser – seine Verdauung war nicht mehr in Ordnung – im Haus eines Adligen seines Stammes." Der Spender des Festes hatte zugelassen, dass sein Name auf dem Prospekt eines von dem wohlhabenden Mann organisierten Plans verwendet wurde – und erweckte damit bei allen, die es lasen, Vertrauen und sicherte sich nebenbei einige der Bradburys, indem er dies für möglich hielt Gast mit Essen und viel Wein, er könnte die gute Arbeit an anderen Prospekten fortsetzen und damit mehr Bradburys in Mode bringen, aber Selbst bei Champagner ist es fraglich, ob es viel zu tun gegeben hätte, denn – nun, weil – um genau zu sein – der Mann des Reichtums war im Moment woanders beschäftigt.

"Ah!" sagte Vane und sein Atem war eine Art Seufzer. „Ich denke, das solltest du mir besser erzählen. Es war gerade, nachdem die Sklaven die Türen aufgestoßen hatten und die Gäste Platz genommen hatten, als der Mann von großem Reichtum zufällig von seinem Zwieback aufblickte. Das tat er häufig Schauen Sie beim Verzehr dieser Köstlichkeiten nach oben, sonst machen sie ihn aufgeregt, und dann blickte er wie immer auf, und plötzlich stockte ihm der Atem. ."

„Nelken klingen besser", sagte Joan.

"Er sah ein Mädchen voller Nelken. ... Sie waren rosa und rot, diese Nelken – herrlich im gedämpften Licht; und das Silber und das Glas, mit denen dieser Stamm sein Gesicht zu nähren pflegte, glitzerten und glänzten auf dem polierten Tisch. Aber der reiche Mann besaß ebenso gutes Silber und Glas, und er hatte keine Augen dafür. ... Denn es war ihm klar geworden, und er war ein Mann, der es gewohnt war, sich schnell zu entscheiden, dass er die Jungfrau gefunden hatte, die er brauchte. Sie war gekleidet – ah! wie war sie gekleidet, Lady? Sie war in eine Art grauen, hauchdünnen Stoff gekleidet, und ihr Hals und ihre Schultern schimmerten weiß – herrlich weiß. Eine große Masse braunen Haares, die schimmerten, als wäre sie lebendig; ein kleines ovales Gesicht mit Wangen, die aussahen, als hätte die Sonne sie geküsst. Ein ziemlich kleiner Mund, mit Lippen, die sich zu einem spöttischen Lächeln teilten; eine Nase – nun, nur eine Nase. Aber alles krönend – alles beherrschend – ein Paar großer grauer Augen. Was für Augen das waren! Sie ließ den reichen Mann seinen Zwieback hinunterschlingen. Es gab einen Bissen, den er nur fünfzehnmal kaute, statt der üblichen zweiunddreißig. Sie enthielten den ganzen Himmel und die ganze Hölle; in ihnen lag die Herrlichkeit eines Gottes, die Boshaftigkeit einer Sirene und der Frieden einer Frau ... Und nur einmal sah sie ihn während des Abendessens an – der Blick eines Fremden – kühl und selbstbeherrscht. Ganz beiläufig fragte sie sich, ob es sich lohnte, Geld auf Kosten einer Zwiebackdiät zu kaufen; dann wandte sie sich dem Mann neben ihr zu ... Mal sehen – er war ein Krieger, der sich eine Pause vom Essen um die Ecke schnappte. Und sie hörte nicht einmal, wie der sehr reiche Mann würgte, als der halb gekaute Zwieback schlagartig hinunterfiel.

Das Mädchen sah Vane einen Moment lang an. „Aber du bist wirklich ein Schatz", bemerkte sie nachdenklich.

„Jetzt sind Sie dran", sagte Vane kurz angebunden.

„Der Spender des Festes“, fuhr sie sofort fort, „hat sich verrückt gemacht. Der Besitz von zusätzlichen Bradburys, gepaart mit einer Frau, die Champagnergeschmack mit seinem Gin-Einkommen verband, hatte ihn dazu inspiriert, einen Tanz zu veranstalten. Er hoffte, dass es helfen könnte, die verdammte Frau ein wenig ruhig zu halten; und außerdem veranstalteten alle Tänze. Es war angesagt, und Krieger, frisch aus der erbitterten Schlacht, pflegten, leise auf den polierten Boden zu treten. Aus historischem Interesse waren neun von zehn Kriegern, die allabendlich in verschiedenen Häusern auftraten, frisch von ihrem Bürostuhl im House of War – einem großen Gebäude, das vollständig mit Pfadfinderinnen und Geistesblitzen gefüllt war …“

„Wunderschön“, kicherte Vane; "ziemlich schön."

„Sehen Sie, die eigentlichen Krieger bekamen nicht viel zu sehen. Als sie jemanden kennen lernten, mussten sie wieder um die Ecke gehen und hatten es satt, die Wände zu stützen und zuzuschauen. Abgesehen davon, was es geschafft hat.“ Noch gefährlicher für sie war, dass gutherzige Frauen Mitleid mit ihnen hatten und sich selbst vorstellten. Aber all diese Dinge waren dem Mann mit großem Reichtum verborgen. "

„Entgegen einer lebenslangen Angewohnheit“, sagte Vane, „blieb er nach dem Abendessen und spukte an der Tür herum. Nur hin und wieder schwebte ein Mädchen in grauem, hauchdünnen Stoff an ihm vorbei – und nur einmal, nur einmal, ertappte er sich dabei, dass er hineinschaute.“ große graue Augen, als sie ganz nah an ihm vorbeiging, um etwas Limonade zu holen.

„Aber er hat nicht an der Tür rumgegeistert“, gurgelte Joan. „Er ließ sich einspannen. Er fiel der Hakenparade leicht zum Opfer – und Frauen fielen in Ohnmacht und Männer weinten, als der Mann mit dem großen Besitz und die spitze Frau das Wort ergriffen …“

„Spitz?“, murmelte Vane.

„Alle Stöße und Stöße“, erklärte das Mädchen. „Ihre Knie waren wie Gussteile aus Stahl. Ich denke, wenn das – wenn das Mädchen in dem grauen, hauchdünnen Stoff gemerkt hätte, dass der Mann des Reichtums für sie zurückgeblieben war, sie ihm vielleicht aus Mitleid einen Tanz gegeben hätte. Aber stattdessen alle.“ Sie zitterte vor Lachen, als sie ihn in der Kupplung der menschlichen Dampfmaschine zittern sah. Sie hörte die Schläge, die er bekam, als würde er auf Holz schlagen aus dem Raum – wahrscheinlich auf der Suche nach Ellimans Einreibung.

„Alt“, sagte Vane langsam. . . . "Wie alt?"

„Ungefähr fünfzig“, sagte das Mädchen vage. Dann sah sie Vane an. „Später fand sie heraus, dass er achtundvierzig war, um genau zu sein.“

„Doch gar nicht so alt“, bemerkte Vane, warf ein gebrauchtes Streichholz ins Wasser und stopfte den Tabak mit ungewöhnlicher Sorgfalt in seine Pfeife.

„Gegen Ende des Tanzes“, fuhr sie fort, „wurde der sehr reiche Mann dem Mädchen in Grau vom Spender des Festes vorgestellt. Die Band hatte alle Kohleneimer und Töpfe zusammengetragen, die sie finden konnte, und schlug mit Schürhaken heftig darauf ein, als das historische Treffen stattfand. Es war nämlich eine Jazzband, und sie sparen immer, indem sie ihre Instrumente in den Häusern ausleihen, in die sie gehen …“

„Und hat sie mit ihm getanzt?“, fragte Vane.

„Ich glaube nicht, dass er sie darum gebeten hat“, sagte Joan. „Aber schon als sie mit einem Jungen zum Fliegerkorps ging, wurde ihr klar, dass sie vor einem Problem stand.“

„Schnelle Arbeit“, murmelte Vane.

„Die meisten großen Probleme im Leben treten schnell auf“, entgegnete das Mädchen. „Sehen Sie, der Mann mit großen Besitztümern war es nicht gewohnt, seine Gefühle zu verbergen; und das Mädchen war – obwohl sie es nicht zeigte – nie weit von dem Skelett in ihrem Schrank entfernt.“

Sie verstummte, und für eine Weile sagte keiner von ihnen ein Wort.

„Es hat sich in der üblichen Richtung entwickelt, nehme ich an“, bemerkte Vane schließlich.

„Alles ganz konventionell“, antwortete sie. „Vierzehn Tage später schlug er vor, dass sie ihn ehren sollte, indem sie seinen Namen und seinen Reichtum annahm. Seitdem hat er diese Vorschläge in regelmäßigen Abständen wiederholt …“

„Dann hat sie nicht gleich ‚Ja‘ gesagt“, sagte Vane leise.

„Ah! Nein“, antwortete das Mädchen. „Und tatsächlich hat sie es noch nicht gesagt.“

„Aber manchmal nachts“, sagte Vane, „liegt sie wach und wundert sich. Und dann steht sie auf, und vielleicht ist der Mond aufgegangen und scheint kalt und weiß auf das Wasser, das vor ihrem Fenster liegt. Und die Bäume werfen schwarze Schatten, und irgendwo in den Tiefen eines alten Patriarchen schreit eine Eule traurig. Eine Weile steht sie vor ihrem offenen Fenster. Die Luft ist warm, und der schwache Duft von Rosen dringt von draußen zu ihr. Ein großer Stolz steigt in ihr auf – ein großer Stolz und eine große Liebe, denn die schlafende Pracht vor ihr gehört ihr; ihr und ihrem Vater und ihrem

Bruder." Das Gesicht des Mädchens war halb abgewandt, und einen Moment lang betrachtete Vane das schöne Profil ernst. „Und dann", fuhr er langsam fort, „setzt sie sich seufzend in den großen Sessel neben dem Fenster, und der schwarze Hund kommt herein und lässt sich auf ihr nieder. In einem anderen Zimmer des Hauses sieht sie ihren Vater, der sich Sorgen macht und sich fragt, ob etwas getan werden kann oder ob der Ruhm, der ihnen seit Hunderten von Jahren gehört, in die Hände eines Fremden übergehen muss … Und nach einer Weile kommt ihr der Ausweg in den Sinn, und sie rührt sich unruhig in ihrem Stuhl. Denn obwohl das Mädchen in Grau zu der Gruppe in ihrem Stamm gehört, die an vielen öffentlichen Orten tanzt und isst und die nichts mit denen gemeinsam hat, die zu Hause sitzen und gute Werke tun, hat sie doch ein oder zwei seltsame, altmodische Ideen, die sie sich selbst kaum eingestehen wird. Nur manchmal in der Nacht schleichen sie hervor, wenn sie durch das Fenster starrt, und die unheimlichen Schreie der Wildnis dringen leise durch die Luft. „Irgendwo gibt es einen Märchenprinzen", flüstern sie, und mit einem Seufzer lässt sie sich träumen. Schließlich schleicht sie zurück ins Bett – und wenn sie hat großes, großes Glück, dass die Träume im Schlaf weitergehen." Vane klopfte seine Pfeife an der Seite des Bootes aus.

„Erst wenn der Morgen kommt", fuhr er fort, und in seiner Stimme lag ein Hauch von Traurigkeit, „kriechen die seltsamen, altmodischen Ideen schüchtern in die Ecke. Mit dem Tee sind auch einige der neuen, eleganten Ideen gekommen, die ihnen das Gefühl geben, schlecht gekleidet und langweilig zu sein. Sie fühlen sich ungeschickt – und doch wissen sie, dass sie schön sind – wunderbar schön auf ihre eigene schlecht gekleidete Art. Schüchtern beobachten sie von ihrer Ecke aus – hoffend, hoffend … Und dann verschwinden sie schließlich einfach. Es sind nur Traumideen, verstehen Sie; ich nehme an, sie können Tageslicht und Tee mit Zucker darin und die Realität nicht ertragen … Während sie zum Fenster schweben, hören sie manchmal das Mädchen mit sich selbst reden. „Sei kein Narr", sagt sie wütend, „du musst den Tatsachen ins Auge sehen, meine Liebe. Und einer Möglichkeit." Charmant ohne einen Funken Charme ist keine Tatsache, sondern eine Farce. Das geht einfach nicht. … Und drei neue, sehr schlaue Ideen in ihren besten Klamotten machen den armen kleinen, schmuddeligen Kerlen drei lange Nasen, wenn sie davonflattern, um ein neues Zuhause zu finden."

Vane lachte sanft und hielt dem Mädchen sein Zigarettenetui hin. Und als sie sich umdrehte, um eine zu nehmen, sah er, dass ihre Augen sehr hell waren – mit dem sternenklaren Glanz unvergossener Tränen. „Sicher – aber es ist schön, manchmal Blödsinn zu reden, Mylady, nicht wahr?" er murmelte. „Und übrigens glaube ich, dass ich die Geschichte des grauen Mädchens nicht ganz richtig erzählt habe. Weil sie nicht am meisten an sich selbst gedacht hat; aber", und seine Augen funkelten, „glaube ich nicht, von." Meine Vorstellung von ihr ist, dass sie für die Liebe in einem Cottage geschaffen ist, selbst für den bezauberndsten Prinzen. Aber es war nicht sie selbst, die an erster Stelle stand; es waren Stolz und Liebe zur Heimat und Stolz und Liebe zur Familie.

Das Mädchen biss sich auf die Lippe und starrte ihn besorgt an. „Sag mir, oh Mann mit viel Verständnis", sagte sie leise, „was kommt als nächstes?"

Aber Vane schüttelte lachend den Kopf. „Kreuze meine Handfläche mit Silber, hübsche Dame, und die alte Zigeunerin wird dir die Zukunft vorhersagen ... Ich sehe ein Mädchen in Grau, umgeben von Dienern und Mägden, und in kostbare Pelze und funkelnde Edelsteine gehüllt. Sie steht am Draußen steht eine große und teure Limousine, die Tür wird geschlossen, und das Auto schlängelt sich durch den Londoner Verkehr. Endlich wird die Straße freier, die Geschwindigkeit nimmt zu, bis das Auto nach einer Stunde Fahrt verschwindet Lautlos schwingt es sich die Auffahrt hinauf, und das Mädchen sieht das erste Glitzern des Sees durch die Bäume, und als ihr Blick darauf ruht, lächelt sie ein wenig. und dann seufzt sie. Im nächsten Moment steht das Auto vor der Haustür und sie liegt in den Armen eines Mannes, der ihr entgegengekommen ist. Sie nennt ihn „Papa", und direkt hinter ihm steht ein Junge Hände in den Taschen, die für nichts außer dem Auto da sind. Sie verbringt den Tag dort, und als sie geht, legt sie seine Hand auf ihren Arm. Er sieht sie nur an – das ist alles, und sie lächelt ihn an. Denn auf seinem Gesicht ist jetzt keine Sorge mehr zu sehen, und es macht ihm nichts aus, Falten auf seiner Stirn zu schneiden. Aber manchmal – er wundert sich; und dann lächelt sie ihn einfach an und seine Zweifel verschwinden. Sie haben es nie in Worte gefasst, diese beiden, und vielleicht ist es das auch. . . . Ein Lächeln ist so einfach, es verbirgt so viel. Nicht, dass es ihrerseits viel zu verbergen gäbe. Mit offenen Augen traf sie ihre Wahl, und es hatte sich gewiss gelohnt. Ihr Vater war glücklich; Das alte Haus war sicher und ihr Mann war freundlich. . . . Erst als das Auto von der Tür weggleitet, ruhen ihre grauen Augen wieder auf einer Trauerweide. Ein dicker alter Karpfen erhebt sich spritzend und sie sieht, wie sich die Wellen vergrößern. . . . Und das Lächeln verschwindet von ihren Lippen, denn – nun ja, Gedanken sind launische Dinge, und die Trauerweide und der Karpfen erinnern sie an einen bestimmten Nachmittag und daran, was ein gewisser dummer Fantasieweber zu ihr gesagt hat. . . einmal vor langer Zeit. Sie hat viel bekommen – viel hat sie anderen gegeben. Es hat sich vielleicht gelohnt – aber sie hat das Größte im Leben verloren. Das ist an ihr vorbeigegangen. . . ."

„Das Größte im Leben", flüsterte sie. „Ich frage mich, oh! Ich frage mich."

„Vielleicht hätte sie es nie gefunden", fuhr er fort, „selbst wenn sie den Mann mit dem großen Besitz nicht geheiratet hätte. Und dann hätte sie tatsächlich mit Recht sagen können: ‚Ich habe mich verdammt blamiert.' Die Chancen auf teure Pelze und funkelnde Edelsteine wegzuwerfen, *die schwarzen Schmetterlinge* in zunehmender Zahl um den Kopf ihres Vaters flattern zu sehen – und nach einem solchen Opfer nicht das Größte im Leben zu finden – ja, das wäre zu grausam gewesen. Also hatte sie alles in allem vielleicht eine weise Wahl getroffen …"

„Und ist das alles?", fragte sie ihn. „Gibt es keinen anderen Weg?" Sie beugte sich zu ihm und öffnete leicht die Lippen. Einen Moment lang beobachtete er das langsame Heben und Senken ihrer Brüste, dann wandte er sich mit einem kurzen, harten Lachen ab.

„Sie wollen viel für Ihr Geld, Mylady", sagte er, und seine Stimme zitterte ein wenig. „Aber ich werde Ihnen ein anderes Bild malen, bevor wir durch die Zweige zurück zum Bootshaus und – der Realität treiben. Ich sehe ein anderes Haus – nur ein gewöhnliches, schönes, komfortables Haus – vier Empfangsräume, zehn Betten, Heizung und Klimaanlage, mit Garage. In der Nähe eines guten Golfplatzes. Ein Mädchen in Grau steht in der Diele und beugt sich über einen Kinderwagen, in dem der lustigste, dickste Junge sitzt, den Sie sich je vorgestellt haben, und der im Allgemeinen die ganze Show beherrscht. Sein Kindermädchen, das alt genug ist, um es besser zu wissen, behauptet, er habe gerade seinen ersten Satz am Stück gesprochen. Für den brutalen und einfallslosen Vater, der draußen mit seinen Golfschlägern steht, hatte es wie ‚Wum – wah!' geklungen. Laut dem Dolmetscher bedeutete es, dass er ein Ei zum Tee wollte; und es wurde ordnungsgemäß in ein Buch eingetragen, das Platz für Babys ersten Zahn enthielt, für das erste Mal, als er krank war, als er sein erstes Spielzeug zerschmetterte – und für andere Meilensteine seiner Karriere. … Ach! Aber es ist ein nettes Haus. Es gibt keine Horden von Dienern und Dienstmädchen; es gibt keine unbezahlbare Limousine. Und das Mädchen trägt nur ein graues Seidentrikot mit Gürtel und einen grauen Rock und graue Brogues. Und, ihr Götter! Aber sie sieht umwerfend aus, als sie hinausgeht, um sich zu dem brutalen Mann draußen zu gesellen. Ihre Golfschläger hat sie über die Schulter gehängt, und gemeinsam laufen sie zum ersten Abschlag. … Er ist nur ein laues Kind, und sie … lass uns nachdenken …"

„Acht wäre ein gutes Handicap", murmelte das Mädchen.

„Acht ist es", sagte Vane. „Das heißt, er verpasst ihr sechs Schläge und schlägt sie im Allgemeinen."

„Das glaube ich nicht", rief das Mädchen.

„Sie dürfen die alte Zigeunerin nicht unterbrechen, Mylady", tadelte Vane. „Sehen Sie, es ist den beiden egal, wer gewinnt – nicht im Geringsten, denn das wichtigste Loch des Kurses ist das zehnte. Es ist ein kurzes Loch, und der gewaltigste Sandbunker bewacht das Grün auf der rechten Seite. Und obwohl keiner von ihnen neun Löcher lang einen Slice gespielt hat, tun es beide am zehnten. Und wenn es zufällig einem von ihnen nicht gelingt, verliert dieser das Loch. Sehen Sie, es ist der schrecklichste Bunker, und irgendwie müssen sie bis auf den Grund gelangen. Nun – es wäre ziemlich unfair, wenn nur einer von ihnen dorthin ginge – also verliert derjenige, der keinen Slicer gespielt hat, das Loch."

Das Gesicht des Mädchens hatte herrliche Grübchen. . . .

"Dann, wenn sie dort angekommen sind, nimmt er sie einfach in die Arme und küsst sie; und sie küsst ihn. Nur ab und zu flüstert sie: ,Meine Liebe, meine Liebe – aber es ist schön, am Leben zu sein', aber meistens küssen sie sich nur. Dann machen sie weiter und beenden ihr Spiel. Abgesehen von diesem Zwischenspiel sind sie wirklich sehr ernsthafte Golfer."

„Und wenn sie ihr Spiel beendet haben – was dann?"

„Sie gehen zurück und trinken Tee – einen großen, fetten Tee mit vielen Scones und Devonshire-Creme. Und dann, nach dem Tee, geht der Mann in die Garage und holt das Auto. Nur ein lustiger kleiner Zweisitzer, der fünfzig auf der Straße schafft." Das Mädchen steigt ein und sie fahren dorthin, wo das violette Heidekraut in das Violett des Moores übergeht. Vielleicht kommen sie zum Abendessen zurück, oder vielleicht essen sie es irgendwo und kommen nach Hause, wenn die Sonne scheint ist untergegangen und die Sterne leuchten über ihnen wie tausend silberne Lampen. Sie wissen nicht, was sie tun werden, wenn sie anfangen – und es ist ihnen egal. Sie werden einfach zusammen sein, und das ist genug. . Natürlich sind sie sehr dumm und inkonsequent.

„Ah! Aber das sind sie nicht", rief sie schnell. „Sie sind einfach die weisesten Menschen der Welt. Aber sehen Sie nicht, dass sie eines Tages nach dem Golfspiel immer weiterfahren und plötzlich kam es dem Mädchen in Grau vor, als würde ihnen die Straße vertrauter? Da war ein alter Sie erkannte die Kirche und viele Sehenswürdigkeiten, und dann fuhren sie plötzlich an den Toren der Hütte vorbei, und da – mitten auf der Straße – stand ein schrecklicher Mann, der eine Zigarre rauchte, und der ganze Ruhm war von der Auffahrt verschwunden. und das Mädchen fühlt sich taub und krank vor Wut.

„Aber das war eine schlechte Lenkung des Mannes", sagte Vane. „Er hätte diesen Weg meiden sollen."

„Das Mädchen konnte es nie vermeiden, Derek", antwortete sie traurig. „Selbst im Bunker am zehnten Tag sah sie diese Zigarre …"

„Ich glaube es nicht", sagte Vane.

„Ich weiß es“, antwortete das Mädchen.

Plötzlich schallte ein „Joan“-Ruf über das Wasser und sie antwortete mit einem Ruf.

„Da ist Papa“, sagte sie. „Ich schätze, wir sollten gehen …“

Mit einem Seufzer erhob sich Vane und stellte sich über sie. „Komm“, lachte er und streckte seine Hand aus, um ihr beim Aufstehen zu helfen. „Und dann werde ich das Boot losbinden …“

Er hob sie neben sich hoch und einen Moment lang sahen sie sich in die Augen.

„Ich hoffe“, sagte er, „dass du glücklich sein wirst, meine Liebe, so glücklich.“ Und seine Stimme war sehr zärtlich. . . .

Sie ruderten zurück zum Bootshaus, wo Sir James auf sie wartete.

„Kommt und trinkt Tee, ihr beiden“, rief er fröhlich, und Joan winkte ihm zu. Dann sah sie Vane an.

„Es war ein wundervoller Fantasienachmittag“, sagte sie leise. „Ich habe es einfach geliebt. . . .“ Vane sagte nichts, aber als sie gerade aus dem Boot stiegen, nahm er sanft ihren Arm.

„Sind Sie ganz sicher, meine Dame“, flüsterte er, „dass es eine Illusion sein muss? …“

Eine Weile stand sie regungslos da, dann lächelte sie. „Aber natürlich. . . . Da ist Ihr ausgetretener Pfad, den Sie finden müssen, und da ist Sie, der man gehorchen muss. Und da ist auch…“

„Die Zigarre mit der Banderole darum.“ Vanes Hand fiel auf seine Seite. „Vielleicht hast du recht. . . .“

Sie schlenderten gemeinsam auf Sir James zu. Und kurz bevor sie in Hörweite kamen, sprach Vane erneut. „Möchtest du das Spiel noch einmal spielen, graues Mädchen?“

„Na ja“, sagte sie, „ich glaube, ich würde … ich glaube, ich würde es tun.“

KAPITEL XI

In den Tagen nach seinem Nachmittag am See in Blandford stellte Vane fest, dass er viel mehr an Joan dachte, als es für seinen Seelenfrieden verheißen war. Er war vorbeigekommen und hatte festgestellt, dass sie sehr plötzlich nach Norden gegangen war und es nicht sicher war, wann sie zurückkehren würde. Und so entkam er Tante Jane, sobald er höflich konnte, und schlenderte durch den Wald zurück, im Bewusstsein einer akuten Enttäuschung.

Er ging zu seinem gewohnten Versteck am kleinen Wasserfall und setzte sich, seine Pfeife anzündend, ins Gras.

„Mein Sohn", murmelte er vor sich hin, „du nimmst besser einen Schluck. Miss Joan Devereux heiratet einen Millionär, um die Familie zu retten. Du heiratest Margaret Trent – und es wäre besser, diese beiden einfachen Tatsachen nicht zu vergessen. . . . "

Er zog Margarets Brief aus der Tasche und begann, ihn noch einmal durchzulesen. Aber nach einem Moment fiel es unbeachtet neben ihm auf den Boden, und er saß regungslos da und starrte auf den Teich. Er sah das Grün des Unterholzes nicht; Er hörte nicht, wie eine Drossel ihre kleine Seele aus einem nahegelegenen Busch ausströmte. Er sah ein zusammengekauertes, formloses Ding, das in einen noch rauchenden Krater sank; Er hörte das Dröhnen leiser Motoren in der Ferne und eine Stimme, die flüsterte: „Die Teufel ... die abscheulichen Teufel."

Und dann trat ein anderes Bild an seine Stelle – das Bild eines Mädchens in Grau, das zurückgelehnt auf einem Haufen Kissen lag, mit einem schwachen spöttischen Leuchten in den Augen und einem Lächeln, das hin und wieder um ihre Lippen schwebte. . . .

Ein sehr weiser alter Frosch betrachtete ihn einen Moment und krächzte dann spöttisch. „Geh zum Teufel", sagte Vane. „Was hat die andere im Vergleich zu Margaret in diesem Krieg getan, das es wert ist, getan zu werden?"

„Sie müssen noch verdammt dümmer sein als die meisten Menschen", bemerkte es, „wenn Sie versuchen, sich einzureden, dass das Leben eines Mannes mit einem Dienstmädchen davon abhängt, Dinge zu tun, die der Mühe wert sind." Der Sprecher ließ sich freudig in den Teich fallen und Vane köpfte wild mit seinem Stock eine Blume.

„Kr-rick, Kr-rick", machte der alte Frosch, der heraufgekommen war, um Luft zu holen, und Vane warf einen Stein nach ihm. So sehr er sich auch bemühte, er konnte einen Gedanken nicht zurückhalten, der durch sein

Gehirn raste und sein Herz wie verrückt klopfen ließ. Angenommen – nur angenommen …

„Warum ist sie dann so plötzlich in den Norden gegangen?", höhnte der Frosch. „Ohne dir auch nur eine Zeile zu hinterlassen? Sie hat dich und sich selbst nur in ihrer beruflichen Funktion amüsiert."

Vane fluchte leise und stand auf. „Sie haben vollkommen recht, mein Freund", bemerkte er, „vollkommen recht. Sie ist nur eine ganz gewöhnliche Flirterin, und wir werden uns das sofort abgewöhnen. Wir werden unsere Studien wieder aufnehmen, altes Bärchen; wir werden versuchen, herauszufinden, mit welcher Methode der Bolschewismus – *siehe* ihren erlauchten Papa – aus dem Land ferngehalten werden kann. Als Vorsichtsmaßnahme wäre eine Fahrkarte erster Klasse nach Timbuktu eine gute Spekulation, falls unser bescheidenes Unterfangen scheitern sollte …"

Einen Moment lang stand er regungslos da und starrte in den kühlen Schatten des Waldes, während ein seltsames Lächeln über sein Gesicht huschte. Und vielleicht waren seine Gedanken trotz seines spöttischen Kritikers, der noch immer am Rand des Teichs krächzte, nicht ganz auf sein geplantes bescheidenes Unterfangen gerichtet. Dann drehte er sich mit einem kurzen Lachen auf dem Absatz um und schritt zurück zu Rumfold.

Zwei Tage später stand er erneut vor einem Ärzteausschuss. Selbst in Genesungsheimen war der Platz knapp, und zu seinem Erstaunen wurde Vane ein einmonatiger Krankenurlaub gewährt, nach dessen Ablauf er sich vor einem weiteren Gremium verantworten musste. Und nachdem Vane Lady Patterdale die Hand geschüttelt und Sir John fast zehn Minuten lang den Krieg erklären ließ, machte er sich auf den Weg nach London und zur Half Moon Street.

Er schrieb Margaret einen langen Antwortbrief, in dem er ihm von ihrer Entscheidung, Medizin zu studieren, erzählte. Er erklärte, was nichts weiter als die Wahrheit war, dass ihr Vorschlag ihn völlig überrascht hatte, aber dass er, wenn sie der Meinung wäre, dass sie ihren speziellen Beruf gefunden hätte, ganz sicher nicht versuchen würde, sie davon abzubringen. Bei ihm selbst war die Sache jedoch etwas anders. Gegenwärtig konnte er keine aufkeimenden literarischen Anzeichen erkennen, und seine wenigen Bemühungen in der Vergangenheit waren nicht von der Art, die ihn glauben ließen, dass er sich wahrscheinlich als beeindruckender Rivale für Galsworthy oder Arnold Bennett erweisen würde. . . .

„Ich lese sie alle, Margaret – die ganze gesegnete Truppe. Und es scheint mir, dass in der Welt, wie sie derzeit ist, Brot und Butter gefragt sind, kein Kaviar … Aber wahrscheinlich liegt der Fehler darin Es scheint mir, dass ein Geist der Revolte in der Luft liegt, der einen zum Nachdenken anregt. Alle

misstrauen allen anderen – und sie wissen nicht, wohin sie sich ändern wollen
Es scheint keine eindeutige Vorstellung davon zu geben, was man braucht –
oder wie man es bekommt. Das einzige, worüber man sich einig ist, ist:
„Mehr Geld und weniger Arbeit". So etwas hatten wir nicht über dem
Wasser. Aber hier verabscheut jede einzelne Seele das Gleiche , wie wir es in
Frankreich tun mussten, ist die Idee absurd. Und doch sehne ich mich
danach, zurückzukommen. Ich habe es satt. Wenn ich dieses Land mit
meinen französischen Augen betrachte , wird mir übel. Es scheint so völlig
kleinlich zu sein. . . . Wofür zum Teufel kämpfen wir? Es wird ein herrlicher
Zustand sein, nicht wahr, wenn das unmittelbare Ergebnis des Sieges gegen
die Boche hier Anarchie ist? . . . . Und man hat das Gefühl, dass es nicht so
sein sollte; man hat das Gefühl, es sei Gilbertianisch bis hin zum rasenden
Wahnsinn. Sie haben diese Jungs im Krankenhaus gesehen; Ich habe sie in
der Schlange gesehen – und sie haben mich, genau wie Sie, als Gottes
Auserwählte empfunden. . . . Warum, WARUM, WARUM, im Namen all
dessen, was wunderbar ist, herrscht dieser Zustand hier? . . . .

„Bevor ich Rumfold verließ, ging ich mit Sir James Devereux zum
Mittagessen. Ein netter alter Mann, aber Geld, oder vielmehr der Mangel
daran, klappert im Familienschrank einfach mit den Knochen ..."

Vane legte seinen Stift nieder, als er an diesem Punkt angelangt war, und
begann, müßig Muster auf das Löschpapier zu zeichnen. Nach einer Weile
wandte er sich wieder dem Blatt zu.

„Seine Tochter scheint sehr nett zu sein – auch seine Schwester, die
stocktaub ist. Einer schreit sie durch ein Megaphon an. Er schimpft natürlich
über das, was er den Mangel an Patriotismus nennt, den der Arbeiter an den
Tag legt. Befürchtet einen organisierten Streik." – finanziert durch feindliches
Geld – wenn nicht während des Krieges, jedenfalls nach dem Krieg –
Anarchie, Bolschewismus, ich kann nicht anders, als dass er Recht hat, selbst
die stabilsten Ich habe die Kraft des Streiks gespürt. Und wie er sagt, macht
es mich wirklich krank.

„Doch befolge ich Ihre mündlich am Strand von Paris Plage erteilten
Anweisungen und beharre auf meinen Bemühungen, den ausgetretenen Pfad
zu finden. Ich esse heute mit Nancy Smallwood zu Mittag, die einen neuen
Trend verfolgt. Sie erinnern sich, dass sie früher Papageien hielt – und dann
durchlief sie eine Phase, in der sie Orchideen in den Slums von Whitechapel
verteilte, um den ästhetischen Sinn der Empfänger zu verbessern. Ich habe
immer verstanden, dass sie das erst aufgegeben hat, als sie anfing, schwarze
Unterwäsche zu tragen!

„Ich traf sie gestern in der Bond Street und sie ging sofort auf mich los.

„‚Sie müssen morgen zu Mittag essen … Savoy … 13.15 Uhr … Treffen Sie Herrn
Ramage, den Labour-Vorsitzenden … Äußerst interessant …‘

„Du weißt, wie sie redet, wie eine gackernde Henne. ‚Komm, Mann. … Ist eigentlich schon da. … Heutzutage muss man sich mit dem Mammon der Ungerechtigkeit anfreunden. … Das Leben kann davon abhängen. … Er ist auch so ein Schatz. … Bin sicher, dass er nie zulassen wird, dass diese schrecklichen Männer mich töten. … Aber ich gebe ihm immer das allerbeste Mittagessen, das ich kriegen kann. … Für den Fall, dass du weißt schon … Auf Wiedersehen.‘

„Ich habe das Gefühl, dass sie jeden Kurs sozusagen auf die Habenseite des Hauptbuchs setzen wird, und hoffe, dass sie, wenn sich die Gesamtsumme als imposant genug erweist, mit dem Verlust eines Arms davonkommt, wenn der Crash kommt. Sie wird die quittierten Rechnungen wahrscheinlich per Sonderkurier an Ramage schicken. … Ich bin ziemlich gespannt, den Mann kennenzulernen. Sir James war besonders bösartig gegenüber dem, was er die Intellektuellen nannte …

„Nun, mein Lieber, ich muss gehen. Mach nicht zu viel und übermüde dich nicht …“ Er schlenderte aus dem Raucherzimmer und gab den Brief auf. Dann lehnte er das Angebot eines vorbeifahrenden Taxis ab und bog auf dem Weg zum Savoy die Pall Mall entlang ab.

Wie Vane in seinem Brief gesagt hatte, hatte Nancy Smallwood eine neue Begeisterung. Sie ging mit einer verblüffenden Schnelligkeit von einem zum anderen, was ihre Freunde auf eine harte Probe stellte. Das letzte, wovon Vane etwas wusste, war, als sie darauf bestand, eine Henne zu halten und sie mit einem eigenen Spezialpräparat zu füttern, um ihre Legeleistung zu erhöhen. Deshalb musste es im Wohnzimmer aufbewahrt werden, sonst vergaß sie es; und Vane hatte eine lebhafte Erinnerung an einen großen und unglaublich kräftigen Vogel mit einem wässrigen und verstohlenen Auge, der auf Kissen neben dem Klavier lag.

Aber das war vor Jahren, und jetzt herrschte offenbar der Mammon der Ungerechtigkeit, wie sie es nannte. Während er weiterging, fragte er sich, was für ein Mann Ramage wohl sein würde. Jeder, dem er jemals begegnet war, verfluchte den Kopf des Mannes, aber soweit er sich erinnern konnte, hatte er noch nie eine Beschreibung von ihm gehört. Er konnte sich auch nicht erinnern, jemals ein Foto von ihm gesehen zu haben. „Wahrscheinlich in Cord gekleidet“, überlegte er, „und isst Erbsen mit seinem Messer. Das ist auch eine verdammt clevere Sache; ich darf nicht vergessen, ihm zu gratulieren, wenn er es tut …“

Er bog in den Innenhof des Hotels ein und blickte sich nach Nancy Smallwood um. Er sah sie fast sofort und sah ein wenig besorgt aus. Übrigens sah sie immer besorgt aus, mit dieser Art hilfloser, erbärmlicher Miene, mit der sehr kleine Frauen sehr große Männer dazu zwingen, sich unendlich viel Mühe zu geben wegen Dingen, die sie zum Aussterben brachten.

„Mein lieber Mann", rief sie, als er auf sie zukam. „Mr. Ramage ist noch nicht gekommen. . . . Und er ist immer so pünktlich. . . ."

„Dann lass uns einen Cocktail trinken, Nancy, damit die Kälte draußen bleibt, bis er es tut." Er begrüßte einen vorbeikommenden Kellner. „Sag mir, was ist das für ein Kerl? Ich bin ziemlich neugierig auf ihn."

„Meine Liebe", antwortete sie, „er ist der faszinierendste Mann der Welt." Sie faltete die Hände und blickte Vane eindringlich an. „So wunderbar klug … so ruhig … so … so … Gentlemanhaft. Ich bin so froh, dass Sie kommen konnten. Wenn Sie ihn sehen, würden Sie nicht einen Moment lang denken, dass er mit all diesen schrecklichen Bolschewisten und Sowjets und so sympathisiert; und dass er Geld und Besitz und alles, was das Leben lebenswert macht, missbilligt … Manchmal macht er mir einfach Angst, Derek." Sie nippte wehmütig an ihrem Cocktail. „Aber ich fühle, dass es meine Pflicht ist, viel Aufhebens um ihn zu machen und ihn zu füttern und dergleichen, um unser aller Willen. Vielleicht verzögern sie dann die Revolution …"

Vane unterdrückte ein Lächeln und zündete sich ernst eine Zigarette an. „Im Parlament werden sie Ihnen wahrscheinlich einen Dank aussprechen, Nancy, ganz zu schweigen von einem britischen Ehrentitel … Und übrigens, isst der Kerl gut?"

Mit einer Geste entsetzten Protests lehnte sich Nancy Smallwood in ihrem Stuhl zurück. „Mein lieber Derek", murmelte sie. „Viel, viel besser als du und ich. Ich zerdrücke meine Brotsauce immer mit dem Gemüse, wenn niemand zusieht, und ich bin sicher, er würde das nie tun. Er ist höchst respektabel …"

„Mein Gott!", sagte Vane, „so schlimm ist das! Ich hatte gehofft, er würde mit seinem Messer Erbsen essen."

Sie sah zur Tür und stand plötzlich auf. „Da kommt er, er kommt gerade die Treppe herunter..." Sie streckte ihm die Hand entgegen, als er heraufkam. „Ich hatte Angst, Sie würden nicht kommen, Mr. Ramage."

„Bin ich zu spät?", antwortete er und warf einen Blick auf seine Uhr. „Tausendmal um Entschuldigung, Mrs. Smallwood. … Eine Ausschusssitzung …"

Er drehte sich zu Vane um und sie stellte die beiden Männer vor, die ihr ins Restaurant folgten. Und bei seinem ersten kurzen Blick spürte Vane eine gewisse Enttäuschung und ein deutliches Gefühl der Überraschung.

Weit davon entfernt, in Cord gekleidet zu sein, trug Ramage einen sehr respektablen Morgenmantel. Tatsächlich fiel ihm auf, dass Nancy Smallwoods Bemerkung ihn genau beschrieb. Er sah *äußerst* respektabel aus – um nicht zu sagen langweilig. Vane hätte sich beim besten Willen nicht vorstellen können, dass er der Anführer einer großen Sache wäre. Er hätte ein Anwalt auf dem Land oder ein praktischer Arzt oder irgendein anderer dieser überaus würdigen Menschen sein können, mit denen im Allgemeinen eher Nützlichkeit als Brillanz in Verbindung gebracht wird. Er erinnerte sich an das, was er in den Zeitungen gelesen hatte – Absätze, in denen Treffen beschrieben wurden, an denen Herr Ramage eine herausragende Rolle gespielt hatte, und seine allgemeine Erinnerung an die meisten davon schien in einem einzigen Satz zusammengefasst zu sein. . . „Dann löste sich das Treffen in Unordnung auf, und Mr. Ramage konnte nur mit Mühe durch ein Fenster im hinteren Teil entkommen." Irgendwie konnte er nicht sehen, wie dieser anständige Herr ihm gegenüber unter einer Flut verdorbener Eier durch die Fenster flüchtete. Es gelang ihm nicht, den Teil vollständig auszufüllen. Als Kassierer in einer örtlichen Bank einem Kunden mit ernster Miene mitteilte, dass sein Konto überzogen sei – ja; Aber als Kämpfer, als Mann, der in der wimmelnden Welt um ihn herum eine Bedeutung hatte – warum nein? . . . Zumindest nicht, was das Aussehen anging. Und in diesem Moment trafen sich für einen Moment die Blicke der beiden Männer über den Tisch hinweg. . . .

Vane kam es fast so vor, als hätte er einen Schlag erhalten – so plötzlich wurde sein Gedankenschweifen gestoppt. Denn die tiefliegenden und glänzenden Augen des Mannes ihm gegenüber waren Augen der Größe, und sie triumphierten so vollkommen über ihre gleichgültige Haltung, dass Vane über seine bisherige Begriffslosigkeit staunte. Märtyrer hatten solche Augen, und die großen Pioniere der Welt – Männer, die alles für eine Sache verloren hielten, ob diese Sache nun richtig oder falsch war. Und fast, als stünde er leibhaftig dort, kam ihm eine Vision von Sir James, der wütend gegen diesen Mann wetterte.

Er beobachtete ihn einen Moment lang mit leicht verwirrtem Stirnrunzeln. Dies war der Mann, der die Massen absichtlich in Richtung Unzufriedenheit und Revolte trieb; dies war der Mann mit dem Intellekt, der seine Gabe absichtlich dazu nutzte, das Land zu ruinieren. … Das hatte Sir James gesagt; das hatte Vane immer verstanden. Und sein Stirnrunzeln wurde noch verwirrter.

Plötzlich drehte sich Ramage um und sprach ihn an. Ein schwaches Lächeln huschte für eine Sekunde um seine Lippen, als hätte er das Stirnrunzeln bemerkt und dessen Ursache richtig gedeutet.

„Über dem Wasser scheint es sehr gut zu laufen, Captain Vane."

„Also gut", sagte Vane abrupt. „Ich glaube, wir haben diese Erzschweine endlich besiegt – ohne die Hilfe eines ausgehandelten Friedens."

Einen Moment lang glänzten die tiefliegenden Augen, und dann huschte erneut ein schwaches Lächeln über sein Gesicht. „Von welchem viel geschmähten Ersatz für den Krieg halten Sie mich zweifellos für einen der Hohepriester?"

„Das ist die allgemeine Meinung, Mr. Ramage."

„Und Sie meinen", erwiderte der andere nach einem Moment, „dass diese Idee so völlig falsch war, dass sie es gerechtfertigt hätte, dass die Vertreter der gegenteiligen Ansicht weitere – was, zwei … drei Millionen Menschenleben opferten?" …

„Ich fürchte", antwortete Vane etwas kurz angebunden, „dass ich nicht in der Lage bin, eine solche Rechnung auszugleichen. Die damit verbundenen Probleme liegen ein wenig über meinem Niveau. Ich weiß nur, dass unsere Toten ihre eigenen abgegeben hätten." Gräber hätten wir ihre Arbeit nicht abgeschlossen.

"Ich wundere mich?" sagte der andere langsam. „Mir kommt es immer so vor, als seien die Toten mit sehr blutrünstigen Meinungen behaftet. . . . Man denkt manchmal, wenn man in einer besonders dummen Stimmung ist, dass die Toten vielleicht ein wenig gesunden Menschenverstand gelernt haben... Sehr optimistisch , aber dennoch. . . ."

„Wenn sie etwas gelernt haben", antwortete Vane ernst, „unsere Toten über dem Wasser – sie haben die erhabene Lektion gelernt, an einem Strang zu ziehen. Es scheint schade, Mr. Ramage, dass einige von ihnen nicht wieder zurückkommen können." und die Predigt hier in England halten."

„Wäre das nicht wunderbar?", zwitscherte die Gastgeberin. „Stellen Sie sich vor, Sie gehen nach St. Paul und lassen sich von einem Geist belehren …" In der letzten Minute hatte sie immer wieder kleine Vogelblicke auf den Nachbartisch geworfen, und jetzt beugte sie sich eindrucksvoll nach vorne. „Dort drüben sind ein paar Leute, Mr. Ramage, und ich bin sicher, sie erkennen Sie." Das war besser, viel besser, als im Salon ein Huhn zu füttern.

Er drehte sich mit einem leicht belustigten Lächeln zu ihr um. „Wie ärgerlich für Sie! Es tut mir so leid. … Soll ich gehen, und dann können Sie laut mit Captain Vane über meine Sünden reden?"

Nancy Smallwood drohte ihm mit dem Finger und seufzte erbärmlich. „Redet weiter, ihr beiden. Ich höre so gern von diesen Dingen und bin selbst so dumm …"

„Um Himmels willen, Nancy", lachte Vane, „stecken Sie mich nicht in die Höhe. Ich taste nach … Krümel vom Tisch eines reichen Mannes ab."

„Grapschen?" Ramage blickte ihn über den Tisch hinweg an.

„Ja", sagte Vane und packte den Stier bei den Hörnern. „Ich frage mich, warum zum Teufel wir gekämpft haben, wenn das Ergebnis Anarchie in England sein wird. Dort drüben scheinen alle Freunde zu sein; hier … Großartiger Scott!" Er zuckte mit den Schultern. Nach einer Weile fuhr er fort: „Dort haben wir den Klassenhass beseitigt. Darf ich Sie, Herr Ramage, ohne in irgendeiner Weise beleidigend zu sein, fragen, warum Sie Ihr Möglichstes tun, um ihn hier zu schüren?"

Der andere legte Messer und Gabel weg und starrte Vane nachdenklich an. „Weil", bemerkte er mit seltsam tiefer Stimme, „auf diesem Weg liegt die Erlösung der Welt …"

„Das Maschinengewehr an der Straßenecke", antwortete Vane zynisch, „ist sicherlich für viele der Weg zur Rettung."

Ramage schenkte der Unterbrechung keine Beachtung. „Wenn die Arbeiter 1914 Europa beherrscht hätten, glauben Sie, es hätte dann einen Krieg gegeben? So wie es war, waren ein paar Männer in der Lage, Millionen in den Tod zu schicken. Können Sie ernsthaft behaupten, dass ein solcher Zustand nicht absolut verdorben war?"

„Aber werden Sie das ändern, indem Sie Klassenhass schüren?", fragte Vane und kam auf seinen alten Standpunkt zurück.

„Nicht, wenn es vermieden werden kann. Aber – die Entscheidung liegt in den Händen der gegenwärtigen herrschenden Klasse …"

Vane hob die Augenbrauen. „Ich habe im Allgemeinen verstanden, dass es Labour war, die die Dinge auf die Spitze getrieben hat."

„Es kommt eher darauf an, wie du es betrachtest, nicht wahr? Wenn ich etwas besitze, das von Rechts wegen dir gehört, und du die Rückgabe verlangst, wer von uns beiden ist dann wirklich für den darauffolgenden Kampf verantwortlich?"

„Und was besitzt die gegenwärtig herrschende Klasse, das nach Ansicht der Labour-Partei ihr zurückgegeben werden sollte?" fragte Vane neugierig.

„Der Schuldschein der Sklaverei", antwortete der andere. „Wenn die gegenwärtigen Herrscher dieses Band freiwillig und freiwillig zerreißen, wird es keinen Kampf geben. . . . Wenn nicht..." Er zuckte mit den Schultern. „Labour mag dieses Thema forcieren, Captain Vane; aber es wird der andere Mann sein, der dafür verantwortlich ist, wenn es zum Kampf kommt ... Labour verlangt faire Behandlung – nicht als Zugeständnis, sondern als Recht – und Labour hat seine Macht gespürt." . Es wird diese Behandlung erhalten – wenn möglich friedlich, aber wenn nicht" – und ein Licht strahlte in seinen Augen – „wird es mit Gewalt erhalten."

„Und der Schiedsrichter darüber, was gerecht ist, ist Labour selbst", sagte Vane langsam; „Obwohl es der andere Mann ist, der das finanzielle Risiko trägt und den Pfeifer bezahlt Sicherlich muss der Besitzer das Sagen haben. Einen Moment lang starrte er den Mann ihm gegenüber an, dann fuhr er wieder fort, mit zunehmender Ernsthaftigkeit – fast mit einem Hauch von Bitte in der Stimme. „Ich möchte Ihren Standpunkt vertreten, Mr. Ramage – ich möchte Sie verstehen ... Und das tue ich nicht. Es gibt Tausende von Männern wie ich, die diesen Krieg durchgemacht haben – die den Ruhm darunter gesehen haben." der Dreck – wir haben gehofft – wir hoffen immer noch –, dass daraus ein neues England entstehen würde. Vane lachte kurz und holte sein Zigarettenetui heraus.

„Und wir werden das neue England bekommen, für das Sie gekämpft haben", platzte der andere triumphierend heraus. Dann sah er Vane mit einem leichten Lächeln an. „Wir dürfen unsere Umgebung nicht vergessen – ich sehe einen Kellner, der mich misstrauisch betrachtet. Danke – nein, ich rauche nicht." Er zeichnete einen Moment lang müßig ein Muster auf den Stoff und blickte dann schnell auf. „Ich möchte, dass Sie versuchen, es zu verstehen", sagte er. „Weil, wie gesagt, die ganze Frage einer möglichen Anarchie im Gegensatz zu einer Verfassungsänderung in Ihren Händen und den Händen Ihrer Klasse liegt."

Vane lachte kurz ungläubig und schüttelte den Kopf.

„In deinen Händen", wiederholte der andere ernst. „Sehen Sie, Kapitän Vane, wir gehen diese Angelegenheit von einem grundlegend anderen Standpunkt aus an. Wenn Sie sich umschauen, sehen Sie Männer, die hier und dort zuschlagen. Und Sie sagen: ‚Sehen Sie sich die Schweine an, sie schlagen wieder zu!' Aber es gibt eine Sache, die Sie meiner Meinung nach nicht begreifen. Unter all diesen Streiks und gewalttätigen Umwälzungen, die an allen möglichen unerwarteten Orten aufflammen, verbirgt sich der Vulkan eines lebenswichtigen Konflikts zwischen zwei Grundideen, auch wenn die Männer sich dessen kaum bewusst sind Für uns selbst ist dieser Konflikt ständig da. Und wir, die wir ein wenig über die Masse hinaussehen, wissen, dass er früher oder später mit einem Sieg für die eine oder andere Seite enden wird. Welche Seite , mein *Freund* ? Er hielt einen Moment inne, als der Kellner ihm den Kaffee reichte. Dann fuhr er fort: „Für die Meisterklasse gibt es im

Allgemeinen eine bestimmte Ordnung der Dinge, und sie können sich nichts anderes vorstellen. Sie beschäftigen Arbeiter – sie bezahlen sie oder sie ‚schieben' sie hin, wie sie wollen. Sie behalten die Kontrolle über sie." Sie sind in vielen Fällen freundlich, aber sie sind die Herren – und die anderen sind die Menschen, die sie sich vorstellen können Veränderung innerhalb der alten Ordnung. Er drehte sich lächelnd zu seiner Gastgeberin um. „Ich hoffe, ich langweile dich nicht. . . ."

„Ich bin ja zu Tode aufgeregt", rief sie und sammelte hastig ihre Gedanken aus einem Hut neben ihr. „Fahren Sie fort."

"Der andere Standpunkt ist dieser. Wir wünschen keine Milderung der Bedingungen in einem System, das wir für falsch halten. Wir wollen, dass das gesamte System abgeschafft wird. ... Wir wollen die gesamte besitzende Klasse beseitigen. Wir bestreiten, dass mit dem Besitz von Eigentum irgendwelche inhärenten Rechte verbunden sind; und selbst wenn es welche gäbe, behaupten wir, dass die Rechte der Massen die Eigentumsrechte der kleinen Minderheit von Eigentümern bei weitem überwiegen. ..."

„Mit anderen Worten", sagte Vane kurz, „Sie beanspruchen für die Massen das Recht, Raubüberfälle im großen Stil zu begehen."

„Solange diese Auffassung von Raub besteht, Captain Vane, so lange wird es keine echte Zusammenarbeit zwischen Ihnen und uns geben. So lange Sie davon überzeugt sind, dass Ihr unveräußerliches Recht das wahre ist und unseres falsch – so lange wird die endgültige Einigung auf stillem Wege hinausgezögert werden. Aber wenn Sie es zu lange hinauszögern, wird die endgültige Einigung nicht auf stillem Wege zustande kommen."

„Ihr Vorschlag ist also, dass wir uns mit gutem Gewissen umbringen?", bemerkte Vane. „Wirklich, Mr. Ramage, das geht nicht. Ich persönlich würde, wenn ich Eigentum besäße, alles tun, um das zu verteidigen, was mir gehört." Joans Worte blitzten in seinem Kopf auf. „Es gehört uns. Ich sage Ihnen, uns", und er lächelte grimmig. „Warum ich im Namen des Glücks das, was ich besitze, einer Horde lausiger Witzbolde geben sollte, die es nicht geschafft haben, ist mir schleierhaft ..."

„Soweit wird es wohl kaum kommen", sagte der andere lächelnd. „Aber es kommt die Zeit, in der wir eine Labour-Regierung haben werden – eine Regierung, die im Kern sozialistisch ist. Und ihr erster Schritt wird darin bestehen, alle großen Industrien zu verstaatlichen ... Inwieweit wird ihnen das Eigentum entgegenkommen und ihnen helfen? Werden sie das tun? kämpfen – oder werden sie kooperieren?

„Weil Sie das Thema erzwungen haben werden", sagte Vane; „Eine Angelegenheit, zu der Sie, wie ich behaupte, kein Recht haben, sie zu erzwingen. Raub ist Raub, ganz gleich, ob er durch ein Parlamentsgesetz sanktioniert wird oder ob er von einem Mann begangen wird, der eine Waffe an Ihren Kopf hält. . . . Warum, „In Gottes Namen, Herr Ramage, können wir nicht an einem Strang ziehen?"

„Mit Ihnen als Führungskräften – den freundlichen Arbeitgebern?"

„Mit diesen Männern als Anführern, die gezeigt haben, dass sie führen können", sagte Vane hartnäckig. „Sie werden auch in Zukunft an die Spitze gelangen, so wie sie es in der Vergangenheit getan haben ..."

"Auf alle möglichen Arten", rief Ramage. "Führer - Köpfe - werden immer an die Spitze gelangen; sie werden immer besser entlohnt werden als bloße Handarbeit. ... Sie werden im Staat besser bezahlte Positionen einnehmen. ... Aber die Früchte der Arbeit werden nur denen zuteil, die die Arbeit verrichten - sei es mit den Händen oder mit dem Kopf. Der Profiteur muss gehen; der Privatbesitzer muss gehen, mit seinen Almosen hier und dort, die ihm in der Regel durch einen Streik entzogen werden. Ich wäre der Letzte, der sagen würde, dass es nicht Tausende guter Arbeitgeber gibt - aber es gibt auch Tausende schlechter, und jetzt weigern sich die Arbeiter, das Risiko weiter einzugehen."

„Und was ist mit der Abschreibung – neue Anlagen? Woher kommt das Kapital?"

„Na ja, der Staat. Es bedarf nur sehr wenig Vorstellungskraft, um zu sehen, wie einfach es wäre, dafür jedes Jahr eine bestimmte Summe zurückzulegen ... Eine Frage ist, wie viel man dem Endkäufer in Rechnung stellt ... Und der Profiteur geht Das ist es, was wir anstreben. " Seine tiefliegenden Augen leuchteten bei der Vision, die er sah, und Vane verspürte ein Gefühl der Sinnlosigkeit.

„Selbst wenn Sie davon ausgehen, dass Ihre Ansicht richtig ist, Mr. Ramage", bemerkte er langsam, „glauben Sie wirklich, dass Sie und die wenigen wie Sie jemals die Menge im Zaum halten werden? Wir werden es über Flüsse aus Blut schaffen, es sei denn, wir alle – Sie und wir – sehen etwas weniger düster als jetzt.

„Jede große Bewegung hat ihren Preis", erwiderte der andere und starrte ihn ernst an.

"Preis!" Vanes Lachen war kurz und bitter. „Haben Sie jemals ein Bataillon gesehen, Mr. Ramage, das unter Maschinengewehrfeuer geraten ist?"

„Und haben *Sie* , Kapitän Vane, jemals die Hütten gesehen, in denen einige unserer Arbeiter leben?"

„Und Sie glauben wirklich, dass Sie durch den Tausch von Privateigentum gegen eine seelenlose Bürokratie Erlösung finden?" sagte Vane kurz. „Sie sind ziemlich optimistisch, was die Regierungsabteilungen angeht, nicht wahr? . . .“

„Ich denke nicht an diese Regierung, Captain Vane“, bemerkte er leise. Er schaute auf seine Uhr und stand auf. „Ich freue mich, Sie kennengelernt zu haben“, sagte er und streckte seine Hand aus. „Es ist das Eigeninteresse, das die Wurzel des ganzen Übels ist – das zwischen der alten und der neuen Ordnung steht. Deshalb muss das Eigeninteresse verschwinden.“ . . . Er wandte sich an seine Gastgeberin. „Es tut mir leid, so wegzulaufen, Mrs. Smallwood, aber – ich bin ein vielbeschäftigter Mann …“

Sie stand sofort auf; Nichts hätte sie dazu bewegen können, darauf zu verzichten, mit ihm durch das Restaurant zu gehen. Später würde sie ihren Vertrauten den Fortschritt in ihren üblichen Stakkato-Äußerungen beschreiben, wie eine Ziege, die von Fels zu Fels hüpft.

"Meine Liebe. . . . So spannend. . . . Er meint Massenmord. . . . Hat es uns gesagt. . . . Und da war ein Mann in der Nähe, der ihn die ganze Zeit beobachtete. . . . Wahrscheinlich ein Spion der Regierung. . . . Glauben Sie, ich werde verhaftet? . . . Wenn er Bill und mir nur erlaubt zu entkommen, wenn es soweit ist. . . . Die Revolution, meine ich. . . . Ich glaube, Monte ist der richtige Ort. . . . Aber man kann nie wissen. . . . Wahrscheinlich werden die Croupiers mit Pistolen oder etwas Schrecklichem bewaffnet sein. . . . Aber wenn es die Arbeiterklasse ist, die sich erhebt, sollten wir die Croupiers erschießen. . . . Es ist so schwierig zu wissen, was zu tun ist."

Vane drehte sich um, um ihr zu folgen, als sie sich zwischen den Tischen hindurchschlängelte, und in diesem Moment sah er Joan. Die grauen Augen waren spöttisch auf ihn gerichtet, und er hatte das Gefühl, als müsse jeder im Raum das plötzliche Klopfen seines Herzens hören. Mit einer gemurmelten Entschuldigung an seine Gastgeberin verließ er sie und ging zu Joans Tisch.

„Das ist eine unerwartete Überraschung“, bemerkte sie, als er auf ihn zukam.

„Kennen Sie Mr. Baxter – Captain Vane …“

Vane blickte den Mann neugierig an, der den Zorn seines verstorbenen Begleiters heraufbeschworen hatte. Dann fiel sein Blick auf die Flasche Vichy vor dem Millionär und sein Kiefer spannte sich.

„Sie haben Blandford sehr unerwartet verlassen, Miss Devereux“, sagte er höflich.

„Ja – ich musste plötzlich nach Norden.“ Sie sah ihn lächelnd an. „Sehen Sie – ich hatte Angst …“

"Erschrocken. . . ." murmelte Vane.

„Eine Freundin von mir – eine sehr gute Freundin von mir – ein Mädchen, war in Gefahr, sich lächerlich zu machen." Ihr Blick war auf das Band gerichtet und sein Herz begann erneut zu klopfen.

„Ich gehe davon aus, dass die Katastrophe abgewendet wurde", bemerkte er.

„In solchen Fällen weiß man nie, oder?" Sie antwortete. Er sah die Spur eines Lächelns auf ihren Lippen schweben; dann wandte sie sich an ihren Begleiter. „Captain Vane war einer der Rekonvaleszenten in Rumfold Hall", erklärte sie.

Mr. Baxter grunzte. „Kommst du bald wieder vorbei?" fragte er mit krächzender Stimme.

„Ich bin zurzeit beurlaubt", sagte Vane kurz.

„Nun, wenn Sie mir das sagen können", fuhr Baxter mit seiner rauen Stimme fort, „Ihr heutiger Mittagessensbegleiter ist ein Gentleman, mit dem Sie vorsichtig sein sollten …"

Vane hob die Augenbrauen. „Du bist mehr als nett", murmelte er. "Aber ich denke. . . ."

Mr. Baxter winkte ab. „Ich meine nichts für ungut", sagte er. „Aber dieser Mann Ramage ist einer der Männer, die dieses Land ruinieren werden …"

„Komischerweise, Mr. Baxter, scheint er der Meinung zu sein, dass Sie einer der Männer sind, die das bereits getan haben."

Der Millionär, keineswegs beleidigt, brüllte vor Lachen. Dann wurde er wieder ernst. „Die alten Schlagworte", krächzte er. „Aufgedunsener Kapitalist – ausgebeutete Arbeiter, die an den Körpern und Seelen derer, die wir beschäftigen, Fett ansetzen … Blödsinn, Sir; Geschwätz, Sir. Kein Geschäft wie meines würde auch nur einen Augenblick bestehen, wenn ich mich nicht um meine Arbeiter kümmern würde. Reiner Egoismus meinerseits, das gebe ich zu. Wenn es nach mir ginge, würde ich alles feuern und Maschinen installieren. Aber ich kann nicht … Und wenn ich könnte, glauben Sie, ich würde meine Maschine vernachlässigen … Einen Schilling für Schmieröl sparen und hundert Pfund Schaden anrichten? Glauben Sie das nicht, Captain Vane … Aber ich lasse mir verdammt noch mal nichts von dem Mann diktieren, den ich bezahle … Ich zahle ihnen einen fairen Lohn und sie wissen es. Und wenn ich nach dem Krieg noch diesen ganzen Mist von Sympathiestreiks habe, werde ich alles für immer schließen und sie verhungern lassen … … ." Er sah Joan an. . . . "Es würde mir nicht leid tun, mich lange auszuruhen", fuhr er nachdenklich fort.

„Captain Vane ist ein Wahrheitssucher", bemerkte sie. „Es muss sehr wertvoll sein", wandte sie sich an Vane, „zwei Meinungen zu hören, die so nah beieinander liegen wie seine und die von Mr. Ramage." Ihre Augen tanzten fröhlich.

"Sehr wertvoll", erwiderte Vane. "Und man ist so beeindruckt von der kämpferischen Haltung beider Parteien. ... Sie scheint so außerordentlich hilfreich für den reibungslosen Ablauf des Landes danach zu sein." Er hatte keinen Anlass, Baxter aus irgendeinem Gesichtspunkt zu mögen – aber abgesehen von Joan war er der Meinung, dass Männer wie Baxter die Ansichten seines späten Mittagessensgefährten rechtfertigten, wenn überhaupt.

Mit einer fast angewiderten Bewegung wandte er sich an Joan. „Es tat mir leid, dass wir kein weiteres Spiel hatten, bevor ich Rumfold verließ", sagte er leichthin.

„Der letzte war so ausgeglichen", erwiderte sie und Vanes Fingerknöchel zeichneten sich weiß auf dem Tisch ab.

„Ich erinnere mich, dass du ziemlich leicht gewonnen hast", murmelte er.

„Entschuldigen Sie mich einen Moment, ja?" sagte Mr. Baxter zu Joan. „Dort drüben ist ein Mann, mit dem ich sprechen muss ..." Er stand auf und durchquerte das Restaurant. Joan beobachtete ihn, als er sich zwischen den Tischen bewegte; dann sah sie Vane an. „Deine Erinnerungen sind alle falsch", sagte sie leise. In den grauen Augen war jetzt kein Anflug von Spott mehr zu erkennen, sie waren süß ernst, und wieder einmal umklammerte Vane den Tisch fest. Sein Kopf begann zu schwirren und er hatte das Gefühl, dass er sich bald völlig lächerlich machen würde.

„Glaubst du, dass du ganz nett bist, graues Mädchen?", sagte er mit leiser Stimme, die er bemühte, ruhig zu bleiben.

Ein paar Augenblicke lang spielte sie mit dem Löffel auf ihrer Kaffeetasse, und plötzlich sah Vane in einem Anflug purer Freude, der ihn fast ersticken ließ, dass ihre Hand zitterte.

"Bist *du* ?" Er hörte die geflüsterten Worte angesichts des Lärms um ihn herum kaum.

„Es ist mir egal, ob ich es bin oder nicht." Seine Stimme war leise und jubelnd. Er blickte sich um und sah, dass Baxter auf sie zukam. „Heute Nachmittag, Joan, Tee in meinen Zimmern." Er sprach schnell und eindringlich. „Du musst Binks einfach kennenlernen ..."

Und dann, bevor sie antworten konnte, war er weg. . . .

KAPITEL XII

Vane ging Piccadilly entlang und war von widersprüchlichen Gefühlen überwältigt. Die vorherrschende war eine wilde Begeisterung über das, was er in Joans Augen gesehen hatte, aber an zweiter Stelle stand die unangenehme Erinnerung an Margaret. Was hatte er vor?

Er war kein Schuft, und das Spiel, das er spielte, kam ihm ziemlich kompromisslos schäbig vor. Wollte er mit dem Mädchen, das er gerade im Savoy verlassen hatte, schlafen oder nicht? Und wenn ja, zu welchem Zweck?

Eine Gruppe von Lunchgästen, die gerade aus Prince's kamen, hielt ihn für einen Moment auf und zwang ihn dann in die Arme eines Polizisten und eines Mädchens, die dort standen und offenbar auf ein Taxi warteten. Fast unbewusst musterte er sie, während er sich entschuldigte. . . .

Das Mädchen, ein hübsches kleines Ding, aber völlig mittelmäßig und uninteressant, klammerte sich an den Arm des Offiziers, eines Leutnants der Panzertruppe.

„Meinst du, wir sollten ein Taxi nehmen, Bill? Lass uns mit dem Bus fahren …“

"Keine verdammte Angst", erwiderte Bill. "Lass uns gleich alles verprassen, wenn wir schon dabei sind. Ich fahre morgen wieder hin..."

Dann drängte sich Vane an ihnen vorbei, mit dieser Momentaufnahme zweier Leben im Gedächtnis. Und sie wäre ebenso schnell wieder verschwunden, wie sie gekommen war, wenn da nicht der brandneue Ehering an der linken Hand des Mädchens gewesen wäre – so neu, dass es für ihn einfach undenkbar war, ihn mit einem Handschuh zu verbergen.

Geld – Geld – Geld; gab es kein Entkommen?

„Sein Wert wird nicht an materiellen Dingen gemessen. Es wird nichts hinterlassen. Und doch wird es alles haben, und was auch immer man ihm nimmt, es wird immer noch haben, so reich wird es sein …“ Und als ihm die Worte von Oscar Wilde in den Sinn kamen, lachte Vane laut.

„Das ist London, mein Junge“, sagte er in einem Monolog. „London im zwanzigsten Jahrhundert. Wir führen einen sehr schönen Krieg darüber, wo ein Mann seine Persönlichkeit entwickeln kann; Märchen sind veraltet.“

Er schlenderte am Ritz vorbei, und sein Kopf war immer noch mit dem Problem beschäftigt. Joan wollte eine reiche Frau heiraten, und Joan musste eine reiche Frau heiraten. Zumindest hatte er das so empfunden. Er hatte Margaret einen Heiratsantrag gemacht, und sie hatte gesagt, dass sie das irgendwann tun würde, wenn er sie noch wollte. Zumindest hatte er das so empfunden. Das waren die Hauptprobleme.

Der kleinere und wichtigere Grund (denn kleinere Dinge können einen Einfluss auf die Großen haben, der in keinem Verhältnis zu ihrer Größe steht) war, dass er Joan zum Tee eingeladen hatte.

Er seufzte schwer und bog in die Half Moon Street ein. Was auch immer danach geschah, er musste zuerst seine Pflicht als Gastgeber bedenken. Er beschloss, hineinzugehen und mit der ehrenwerten Mrs. Green zu sprechen und zu sehen, ob diese treue Stütze vielleicht in der Lage wäre, einen Tee zu servieren, der dem Anlass würdig war. Mrs. Green hatte eine Art, mit der sie bürokratische Absurditäten wie Lebensmittelkarten und Lebensmittelbeschränkungen zu ignorieren schien. Außerdem, und das war vielleicht wichtiger, hatte sie eine Schwester in Devonshire, die Kühe hielt.

„Mrs. Green“, rief Vane, „kommen Sie herauf und besprechen Sie mit mir eine sehr wichtige Angelegenheit …“

Mit einem wilden Ansturm tauchte Binks wie von einer Schleuder geschossen von unten auf – ihm folgte Mrs. Green, die sich die Hände an ihrer Schürze abwischte.

„Eine äußerst wichtige Angelegenheit, Mrs. Green“, fuhr Vane fort, als er sein Zimmer betreten hatte und Binks vorübergehend mit dem quietschenden Gummihund beruhigte. „Nur Sie können die Situation retten …“

Mit einer großartigen Geste machte Mrs. Green deutlich, dass sie vollkommen bereit sei, jede Situation zu retten.

„Ich habe Besuch zum Tee, oder besser gesagt – einen Besucher. Eine Dame, die mich trösten – oder vielleicht auch quälen – soll, wie es nur Ihr Geschlecht kann.“ Sein Blick fiel plötzlich auf Margarets Foto und er hielt stirnrunzelnd inne. Mrs. Greens mütterliches Gesicht strahlte vor Zufriedenheit. Hier war eine Romanze mit großem R, die ihrem gütigen Herzen so sehr am Herzen lag wie ein Film mit Mary Pickford.

„Ich bin sicher, Sie werden sehr glücklich sein, Sir“, sagte sie.

„Das tue ich auch, Mrs. Green – obwohl ich den Verdacht habe, dass ich zutiefst unglücklich sein werde.“ Entschlossen drehte er dem Foto den Rücken zu. „Ich spiele heute Nachmittag ein kleines Spiel, das mütterlichste aller Frauen. Übrigens wurde es schon einmal gespielt – aber es verliert nie seinen Charme oder seine Gefahr …“ Er lachte kurz auf. „Meine erste Karte ist Ihr Tee. Toast, Mrs. Green, mit Butter bestrichen, die Ihre Schwester aus Devonshire besorgt hat. Heißer Toast in Ihrer unbezahlbaren Muffinform –

überlaufend mit Butter: und Würzebeerenmarmelade … Können Sie diese großartige Sache für mich tun?"

Mrs. Green nickte. „Die Butter kam erst heute Morgen, Mr. Vane, Sir. Und ich habe noch drei Pfund Würzebeerenmarmelade übrig …"

„Drei Pfund sollten reichen", sagte Vane nach reiflicher Überlegung.

„Und dann habe ich noch einen Safrankuchen", fuhr die würdige Frau fort. „Frisch gebacken, bevor ihn meine Schwester weitergeschickt hat …"

„Sagen Sie nichts weiter, Mrs. Green. Wir gewinnen – zweifellos – auf der ganzen Linie. Ist Ihnen klar, dass schöne Frauen und tapfere Männer, die sich heute in London zum Tee wagen, eine halbe Krone für einen kleinen Hundekuchen bezahlen müssen?" Vane rieb sich die Hände. „Nach Ihrem Tee und möglicherweise währenddessen werde ich meine zweite Karte ausspielen – Binks. Jetzt appelliere ich an Sie – könnte irgendein Mädchen mit einem Funken natürlichem Gefühl zustimmen, weiterhin fern von Binks zu leben?"

Das verfluchte Ding stieß einen traurigen Schrei aus, als Binks, als er seinen Namen hörte, den Kopf hob und zu seinem Meister aufblickte. Sein Schwanz schlug fieberhaft auf den Boden, und in seinen großen braunen Augen leuchtete eine stumme Frage. „Gehen oder nicht gehen" – das war die Frage. Die Antwort war offenbar verneinend, zumindest vorerst, und er griff erneut an.

„Sie sehen meine List, Mrs. Green", sagte Vane. „Erweicht durch Toast, schwimmend in Devonshire-Butter und bedeckt mit Brombeermarmelade; gemildert durch Safrankuchen – Binks wird die Eroberung vollenden. Dann wird der entscheidende Moment kommen. Niemand, nicht einmal sie, kann mich von meinem Hund trennen. Binks zu haben – Sie muss mich haben. Was halten Sie davon – nur als Spiel?

Mrs. Green lachte. „Ich hoffe wirklich, dass du Erfolg hast, meine Liebe", sagte sie und legte ihm mütterlich die Hand auf den Arm. In Momenten extremer Gefühle griff sie manchmal auf die Sprache ihres Vaters zurück, mit ihrem sanften westländischen Akzent. … „Wenn Green mir den Hof macht, nimmt er mich einfach in seine Arme und gibt mir einen dicken, kleinen Kuss …"

„Und, bei Gott, Mrs. Green, er hatte verdammtes Glück, dass er das tun konnte", rief Vane und nahm die freundliche alte Hand in seine. „Wenn ich keine Angst hätte, dass er mit einem Besen auf mich losgeht, würde ich dasselbe selbst tun …"

Von der Tür aus schüttelte sie ihm vorwurfsvoll den Finger, und ihr Gesicht war von einem Lächeln umhüllt. „Sie klingeln, wenn Sie Tee möchten, Mr. Vane, Sir", sagte sie, „und ich bringe ihn Ihnen rauf …"

Sie schloss die Tür und Vane hörte das protestierende Knarren der Treppe, als sie hinunterstieg. Und nicht zum ersten Mal dankte er seinen Glückssternen, dass das Schicksal ihn in solche Hände gegeben hatte, als er Oxford verließ. . . .

Eine Weile stand er da und starrte leicht stirnrunzelnd auf die Tür, dann wandte er sich an Binks.

„Das frage ich mich, junger Mann, mein Junge", murmelte er. „Ich frage mich, ob ich der arroganteste Schurke bin!"

Er wanderte ruhelos durch den Raum, nahm seltsame Bücher von einem Tisch und legte sie auf einen anderen, nur um sie auf dem Rückweg wieder an ihren ursprünglichen Platz zu stellen. Er räumte die Golfschläger und ein Bündel Poloschläger auf und legte die Boxhandschuhe unter ein Sofa in der Ecke, von dem Binks sie sofort holte. Tatsächlich verhielt er sich so, wie Männer sich verhalten würden, wenn sie auf das Unbekannte warten – sei es die Antwort einer Frau oder null Uhr um halb sieben. Und schließlich schien ihm die Tatsache klar zu werden. . . .

„Oh! Verdammt, Binks", lachte er. „Mir geht es schlecht – genau da, wo der Boxer das Schlafmittel hingibt. . . . Ich denke, ich gehe einfach hin und wasche mir die Hände, alter Junge; sie kommen mir unangenehm aufgeregt vor..."

Aber als er zurückkam, atmete Binks immer noch kräftig aus, als er auf ein Loch in der Täfelung stieß, hinter dem er ein Geräusch zu hören glaubte. Mit der Chance einer Maus am Horizont wurde er wie Gamaliel und kümmerte sich um nichts davon. . . .

Ein Taxi fuhr vor die Tür, und Vane warf das Buch weg, das er zu lesen vorgab, und lauschte mit bis zum Hals schlagendem Mund. Sogar Binks, der spürte, dass die Dinge im Gange waren, hörte auf zu blasen und legte erwartungsvoll den Kopf schief. Dann knurrte er, ein leises, schnurrendes Knurren, was bedeutete, dass Fremde anmaßten, sich seinem Reich zu nähern, und dass er sich sein Urteil zurückhielt. . . .

„Halt die Klappe, du Narr", sagte Vane, als er durch den Raum zur Tür sprang, die sofort die Frage in Binks' Kopf entschied. Hier handelte es sich offensichtlich um einen Feind von nicht geringer Bedeutung, der es wagte, dorthin zu gelangen, wo die Engel sich fürchteten, ihn zu betreten, wenn er in der Nähe war. Er schlug Vane um zwei Yards, indem er in seiner bewährtesten Art seine Rede hielt. . . .

„Runter, alter Mann, runter", rief Vane, als er die Tür öffnete – aber Binks musste seine Existenz rechtfertigen. Und so bellte er den Eindringling zweimal an, der draußen stand und seinen Herrn mit einem schwachen Lächeln beobachtete. Das zweite Bellen schien zwar eine Entschuldigung zu sein, aber verdammt, man musste etwas tun …

„Du bist gekommen", sagte Vane, und bei ihrem Anblick verschwanden alle anderen Gedanken aus seinem Kopf. „Meine Liebe – aber es ist nett von dir …"

„Hast du mich nicht erwartet?", fragte sie, als sie ins Zimmer kam. Immer noch mit demselben schwachen Lächeln wandte sie sich an Binks. „Hallo, alter Junge", sagte sie. „Du hast wirklich einen großen Kopf." Sie beugte sich über ihn und legte ihre Hand auf den braunschwarzen Fleck hinter seinen Ohren. … Binks knurrte; er mochte die Vertraulichkeit von Leuten, die er nicht kannte, nicht.

„Pass auf, Joan", sagte Vane nervös. „Er ist manchmal ein bisschen komisch im Umgang mit Fremden."

„Bin ich ein Fremder, alter Junge?" sagte sie, zog ihren Handschuh aus und ließ ihre Hand locker direkt vor seiner Nase hängen, mit dem Rücken zu ihm. Vane nickte zustimmend, sagte jedoch nichts; Als begeisterter Hundeliebhaber war es ihm eine große Freude zu sehen, dass das Mädchen wusste, wie man sich mit ihnen anfreundet. Und nicht jeder – auch wenn er die Methode kennt, die man bei einem zweifelhaften Hund anwenden kann – hat den Mut, sie anzuwenden. . . .

Einen Moment lang sah Binks sie abschätzend an; Dann streckte er seine kalte, feuchte Nase vor und schnüffelte einmal an der Hand vor ihm. Er hatte sich entschieden. Nur ein kurzes, einladendes Lecken, und er trottete zurück zu seinem Loch in der Täfelung. Wichtige Angelegenheiten schienen ihm viel zu lange vernachlässigt worden zu sein. . . .

„Großartig", sagte Vane ruhig. „Das andere Mitglied der Firma ist jetzt auch in Sie verliebt …"

Sie sah Vane schweigend an und plötzlich schauderte sie leicht. „Ich denke", sagte sie, „wir sollten lieber über weniger gefährliche Themen sprechen …" Sie blickte sich um, ging dann zum Fenster und blieb stehen und schaute in das helle Sonnenlicht hinaus. „Was für tolle Zimmer Sie haben", sagte sie nach einem Moment.

„Sie sind nicht schlecht, oder?", bemerkte Vane kurz. „Was halten Sie von einer Tasse Tee? Meine ergebene Wirtin bereitet ein Mahl vor, für das Millionäre ihr Vermögen verprassen würden. Ihre Schwester lebt zufällig in Devonshire …"

„Also hast du mich erwartet?“, rief sie, drehte sich um und sah ihn an.

„Das war ich“, antwortete Vane.

Sie lachte kurz. „Nun – was halten Sie von Dyspepsie und Vichy?“

„Seit dem Mittagessen versuche ich, nicht mehr an ihn zu denken“, antwortete er grimmig. Sie kam langsam auf ihn zu und plötzlich packte Vane ihre beiden Hände. „Joan, Joan“, rief er und seine Stimme war ein wenig heiser, „meine Liebe, du kannst nicht. . . . Du kannst einfach nicht…“

„Was für ein toller Kopf war das, der etwas wirklich Vernichtendes zu dem Wort ‚Kann nicht‘ gesagt hat“, sagte sie leichthin.

„Dann darfst du es einfach nicht.“ Sein Griff tat ihr fast weh, aber sie machte keine Anstalten, ihre Hände wegzunehmen.

„Das Problem, mein sehr lieber Freund, scheint mir darin zu liegen – ich muss einfach.“ Vorsichtig löste sie ihre Hände, und in diesem Moment kam Mrs. Green mit dem Tee.

„Die liebste und netteste Frau in London“, sagte Vane lächelnd zu Joan. „Seit den Tagen meiner unreifen Jugend hat Mrs. Green wie eine Mutter über mich gewacht …“

„Ich nehme an, er wollte auch etwas zuschauen, Mrs. Green“, rief Joan.

Mrs. Green lachte und stellte den Tee ab. „Zeigen Sie mir den jungen Herrn, der das nicht tut, Miss“, sagte sie, „und ich zeige Ihnen einen, der für niemanden von Nutzen ist …“

Sie ordnete die Teller und Tassen und verließ dann mit einem letzten Satz – „Sie rufen an, wenn Sie mehr Butter wollen, Sir“ – den Raum.

„Denk darüber nach, Joan“, sagte Vane. „Rufen Sie an, wenn Sie mehr Butter wollen! Ist das ein Satz aus einer toten Sprache?“ Er zog einen Stuhl heran. . . „Würden Sie bitte den Vorsitz führen und den Saft dekantieren?“

Das Mädchen setzte sich und lächelte ihn über die Teekanne hinweg an. „Einen großen, fetten Tee“, murmelte sie, „mit vielen Scones und Devonshire-Creme …“

„Ich dachte, du hättest vorgeschlagen, über weniger gefährliche Themen zu sprechen“, sagte Vane ruhig. Ihre Blicke trafen sich und plötzlich beugte sich Vane vor. „Sag mir, graues Mädchen“, sagte er, „hast du das wirklich ernst gemeint, als du sagtest, das letzte Spiel sei fast ausgeglichen gewesen?“

Einen Moment lang antwortete sie nicht, dann sah sie ihn ganz offen an. „Ja“, sagte sie, „ich meinte es wirklich so. Ich sage dir ganz ehrlich, ich wollte dich bestrafen; ich wollte mit dir flirten – dir eine Lektion erteilen – und dich zu Fall bringen. Ich dachte, du wolltest es … Und dann …"

„Ja", sagte Vane eifrig. … „Was dann?"

„Warum? Ich glaube, ich habe meine Meinung geändert", sagte das Mädchen. „Ich wusste nicht, dass du so ein Schatz bist … Es tut mir leid", fügte sie nach einem Moment hinzu.

„Aber warum sollte es dir leidtun?", rief er. „Es ist einfach das Wunderbarste auf der Welt. Ich habe es verdient – ich bin gestürzt … Und oh, meine Liebe, wenn man bedenkt, dass du auch abgestürzt bist … Oder zumindest ein bisschen gerutscht bist." Er korrigierte sich lächelnd.

Aber das Mädchen lächelte nicht. Sie starrte nur aus dem Fenster und wandte sich dann mit einer Art explosiver Gewalt gegen Vane. „Warum hast du es getan?", raste sie aus. „Warum … warum …?" Eine Weile sahen sie sich an, und dann lachte sie plötzlich. „Um Himmels Willen, lasst uns vernünftig sein … Der Toast wird kalt, mein lieber Mann …"

„Ich kann es nicht glauben", sagte Vane ernst. „Wir haben nichts getan, um eine solche Strafe zu verdienen …"

Und so sprachen sie eine Weile über belanglose Dinge – über Theaterstücke, Bücher und Menschen. Doch dann und wann trat Schweigen ein, und ihre Blicke trafen sich – und blieben einander treu. Nur für einen Moment oder zwei; gerade lange genug, um ihnen beiden die Sinnlosigkeit des Spiels bewusst zu machen, das sie spielten. Dann sprachen sie beide gleichzeitig und trugen ein Juwel funkelnden Witzes bei, das selbst den Verfasser von Mottos in Knallbonbons beschämt hätte …

Eine vorsichtige Pfote auf Joans Knie ließ sie nach unten blicken. Binks – müde von seinen vergeblichen Schüssen auf ein nicht reagierendes Loch – verlangte nach Erfrischung, und seit jeher war Tee die einzige Mahlzeit, bei der er betteln durfte. Er ließ sich herab, zwei Stücke Safrankuchen zu essen, und dann reichte Vane Joan die Spülschüssel.

„Er mag seinen Tee", informierte er sie, „mit viel Milch und Zucker. Außerdem musst du mit dem Finger umrühren, damit er nicht zu heiß ist. Er wird es dir nie verzeihen, wenn er sich die Nase verbrennt."

„Ihr seid wirklich der anspruchsvollste Haushalt", lachte Joan und stellte die Schüssel auf den Boden.

„Das sind wir", sagte Vane ernst. „Ich hoffe, Sie fühlen sich in der Lage, mit uns fertig zu werden …"

Sie beobachtete Binks, der neben ihr stand und seinen Tee trank, und ließ sich nicht anmerken, dass sie seine Bemerkung gehört hatte.

„Wissen Sie", fuhr er nach einer Weile fort, „Ihre Bekanntschaft mit Binks in so einem frühen Stadium des Verfahrens hat das meisterhafte Programm, das ich in meinem Kopf skizziert hatte, ziemlich verdorben. Zuerst waren Sie von Mrs. Greens wunderbaren Worten entzückt und besänftigt." Zweitens sollte man sich förmlich in ihn verlieben, sozusagen, dass man sich nie wieder von einem so perfekten Hund trennen könnte. ."

„Sein Aussehen ist alles, was ich mir wünschen kann", unterbrach sie irrelevant; „Aber ich möchte darauf hinweisen, dass er ein übermäßig schmutziger Fresser ist …"

Vane stand auf und sah den Täter an. „Du meinst den Teetropfenregen, der rückwärts auf den Teppich läuft", sagte er nachdenklich. „Das war schon immer so bei Binks."

„Und die Teeblätter, die an seinem Bart kleben." Sie zeigte mit dem Finger anklagend auf den reuelosen Sünder.

„Du hättest es durch dieses Sieb gießen sollen", sagte Vane. „Ihre eigenen Manieren als Gastgeberin sind nicht alles, was sie sein könnten. Allerdings sind Binks und ich bereit, einmal darüber hinwegzusehen, und so werden wir uns dem Dritten zuwenden …"

Er reichte ihr die Zigarettenschachtel, und mit einem schwachen Lächeln auf den Lippen blickte sie zu ihm auf.

„Ist Ihr Dritter sicher?" Sie fragte.

„Mrs. Green fand es wunderbar. Ein passender Höhepunkt einer dramatischen Situation."

„Du hattest doch eine Probe, oder?"

„Nur ein erster Galopp, um zu sehen, dass ich nichts vergessen habe."

„Und sie hat zugestimmt?"

„Sie schlug eine Alternative vor, die meiner Meinung nach besser sein könnte", antwortete er. „Es ist sicherlich einfacher. . . ."

Wieder lächelte sie schwach. „Ich bin mir nicht sicher, ob mir Mrs. Greens einfachere Alternative viel sicherer vorkommt als Ihre dritte", murmelte sie. „Übrigens, versage ich wieder einmal bei meinen offensichtlichen Pflichten? Es scheint mir, dass Binks irgendwie etwas erwartet …" Eine weitere Salve von Schwanzschlägen begrüßte das Ende des Satzes.

"Großartiger Scott!" rief Vane. „Das würde ich eher annehmen. Allerdings glaube ich nicht, dass du es wirklich hättest wissen können; es liegt außerhalb der üblichen Etikette." Er reichte ihr den Kautschukhund. „Eine Finte Richtung Fenster, eine Richtung Tür – und dann werfen."

Ein zitternder, ekstatischer Körper, ein kurzes, abgehacktes Bellen – und Binks hatte seinen Feind gefangen. Er biss einmal, er biss noch einmal – und dann ließ er ihn, ein wenig verwirrt, fallen. Unmöglich zu glauben, dass er endlich wirklich tot war – und doch schrie er nicht mehr. Binks sah zu seinem Meister auf, um Informationen zu diesem Thema zu erhalten, und Vane kratzte sich am Kopf.

„Das ist wirklich der Teufel, alter Junge", bemerkte er. „Hast du es für immer getötet? Bring es her …" Binks legte es gehorsam vor Vanes Füße. „Es sollte quietschen", erklärte er Joan, als er es aufhob, „kläglich und scheußlich."

Sie kam und blieb neben ihm stehen, und gemeinsam betrachteten sie es ernst, während Binks in einem Zustand fieberhafter Erwartung von einem zum anderen blickte.

„Macht schon", wedelte er wütend mit dem Schwanz, „macht schon, um Himmels willen! Steht nicht da und starrt einander an …"

„Ich glaube", sagte sein Herrchen mit zitternder Stimme, „ich glaube, das metallische Quietschgeräusch ist in den Bauch des Tieres gefallen …"

„Du hättest Tierarzt werden sollen", antwortete das Mädchen und ihre Stimme war sehr leise. „Gib ihn mir; mein Finger ist kleiner."

Sie nahm Vane das Spielzeug aus der Hand und beugte sich darüber.

„Gott sei Dank gibt es jemanden, der sich vernünftig für wichtige Dinge interessiert", dachte Binks – und dann fiel ihm sein Feind mit einem dumpfen, lautlosen Knall vor die Füße.

„Meine Liebe – meine Liebe!" Die Stimme seines Herrn wurde leise und angespannt, und es war vorbei mit der Heuchelei. Mit hungrigen Armen zog Vane das Mädchen an sich, und sie wehrte sich nicht. Er küsste ihre Augen, ihr Haar, ihre Lippen, während sie passiv an ihm lag. Dann schlang sie ihre Arme um seinen Hals und gab ihm Kuss für Kuss zurück.

Schließlich stieß sie ihn weg. „Ah! Nicht, nicht", flüsterte sie. „Du machst es so schwer, Derek – so furchtbar schwer …"

„Nicht auf dein Leben", rief er jubelnd. „Es ist leicht, dass ich es geschafft habe, mein Schatz, so furchtbar einfach …"

Mechanisch strich sie ihr Haar in Form, dann bückte sie sich und hob das Spielzeug auf.

„Wir vergessen Binks", sagte sie leise. Es gelang ihr, die kreisförmige Metallpfeife aus dem Inneren des Spielzeugs zu holen und sie in dem dafür vorgesehenen Loch zu befestigen, während Vane sich mit herrlicher Freude, die ihn durchströmte, an den Kaminsims lehnte und sie schweigend beobachtete. Erst als der Quietschwettbewerb in einer Ecke wieder auf Hochtouren lief, sprach er.

„Das war Mrs. Greens einfachere Alternative", sagte er nachdenklich. „Ihre Weisheit ist wirklich großartig."

Schweigend ging Joan zum Fenster. Eine Weile schaute sie mit blicklosen Augen hinaus und ließ sich dann mit dem Rücken zu Vane in einen großen Sessel sinken. Tausend widersprüchliche Gefühle gingen ihr durch den Kopf; Der alte Kampf Herz gegen Kopf wurde geführt. Sie war sich seiner Anwesenheit direkt hinter ihr so deutlich bewusst; war sich seiner Nähe so sehr bewusst. Ihr ganzer Körper weinte laut nach der erneuten Berührung seiner Hände – und dann kam eine Vision von Blandford vor ihr. Gott! Was spielte es für eine Rolle – Blandford oder ihr Vater oder so etwas? Es gab nichts auf der Welt, was das – wie hatte er es genannt? – das Größte im Leben wettmachen konnte.

Plötzlich spürte sie seine Hände auf ihren Schultern; Sie spürte, wie sie sich in ihre Arme schlichen. Sie spürte, wie sie sich zu ihm emporhob, und mit einem kleinen Seufzer völliger Hingabe drehte sie sich um und sah ihn mit leuchtenden Augen an.

„Derek, mein Schatz", flüsterte sie. „Que je t'adore. . . ."

Und dann küsste sie ihn aus eigenem Antrieb auf die Lippen. . . .

Etwa eine Viertelstunde später war es Binks' Gesichtsausdruck, der sie wieder auf die Erde zurückrief. Mit einer Miene schmerzlichen Abscheus betrachtete er sie ein paar Minuten lang unbewegt. Dann bekam er einen kräftigen Kratzer auf beiden Seiten seines Halses, woraufhin er gähnte. Er sagte nicht wirklich „Pu", aber er sah so aus und beide lachten.

„Lieber Mann", flüsterte sie, „wäre es nicht einfach zu wunderbar, wenn immer nur du, ich und Binks da wären? ..."

„Und warum sollte es nicht so sein, meine Dame?" antwortete er und legte seinen Arm um ihre Taille. „Warum sollte es nicht so sein? Wir müssen einfach manchmal einen schrecklichen Außenseiter sehen, nehme ich an, und vielleicht müssen Sie oder jemand jedes Jahr oder so Essen bestellen … Aber abgesehen davon – warum, wir" Wir rutschen einfach ganz alleine den Bach hinunter, und es wird kein bisschen schwierig sein, den Blick auf das Boot zu richten.

Sie lächelte – ein schnelles, flüchtiges Lächeln; und dann seufzte sie.

„Das Leben ist die Hölle, Derek – manchmal einfach die Hölle. Und die kleinen   Teile   des Himmels machen die Hölle noch schlimmer."

„Das Leben ist so ziemlich das, was wir selbst daraus machen, Liebes", sagte Vane ernst.

„Das ist es nicht", schrie sie heftig. „Wir sind das, was das Leben aus uns macht ..."

Vane beugte sich vor und begann, an einem von Binks Ohren zu ziehen.

„Das hörst du, alter Mann", sagte er. „Die Dame ist eine niedrige Materialistin, während mir – Ihrem lustigen alten Meister – Flügel wachsen und ich als Visionärin einen Heiligenschein bekomme." Vane blickte das Mädchen von der Seite an. „Er schafft es, sein eigenes Leben zu führen, Joan. Er würde mit mir in einer Mansarde genauso glücklich sein wie in einem Palast ... Wahrscheinlich glücklicher, weil er mir mehr bedeuten würde – einen größeren Teil von mir ausfüllen würde." Leben."

Plötzlich stand er auf und schüttelte beide Fäuste in die Luft. „Verdammt", rief er, „und warum können wir sie nicht betrügen, Joan? Alle diese grinsenden Kobolde betrügen und den Blauen Vogel schnappen und ihn nie mehr loslassen?"

„Denn", antwortete sie langsam, „wenn man den Blauen Vogel grob anfasst oder ihn packt und in einen Käfig steckt, verkümmert er einfach und stirbt. Und dann grinsen und kichern die Kobolde schlimmer als je zuvor ..."

Sie stand auf und legte ihre Hände auf seine Schultern. „Jetzt ist es da, mein Lieber. Ich kann es so sanft am Fenster flattern hören. Und dieser Lärm von der Straße ist in Wirklichkeit der Feenchor.

Ein Auto hupte misstönend und Vane grinste.

„Das ist ein kleiner Kerl mit einem kräftigen Herzen und einer ordentlichen Lunge." Sie lächelte zurück und schob ihn dann sanft mit den Händen vor und zurück.

„Natürlich hat er gute Lungen", sagte sie. „Er tutet so, wenn sich jemand verliebt, und zweimal, wenn jemand heiratet, und dreimal, wenn ..."

Vane atmete keuchend ein und stieß sie beinahe grob von sich.

„Tu das nicht – um Gottes Willen, tu das nicht, Joan ..."

„Mein Lieber", rief sie und packte ihn am Arm, „verzeih mir. Der Blaue Vogel ist nicht weg, Derek – er ist immer noch da. Erschreck ihn nicht – oh! Tu das nicht. Wir werden nicht nach ihm schnappen, werden nicht einmal daran denken, ihn in einen Käfig zu sperren – wir gehen einfach davon aus, dass er aufhören wird ... Ich glaube, dann wird er aufhören ... Und danach – warum, was ist danach wichtig? Lass uns glücklich sein, solange wir können, und – vielleicht, wer weiß – werden wir diese grinsenden Kobolde am Ende doch noch überlisten …“

„Richtig“, rief Vane und ergriff ihre Hände, „richtig, richtig, richtig. Was sollen wir tun, meine Liebe, um die Anwesenheit unseres blauen Besuchers zu feiern? …“

Einen Moment lang dachte sie nach, dann leuchteten ihre Augen auf. „Du bist immer noch im Urlaub, oder?“

„Trotzdem, Lady.“

„Dann nehmen wir morgen ein Auto…“

„Mein Auto“, unterbrach Vane. „Und ich habe zehn Gallonen Benzin.“

„Herrlich. Wir nehmen dein Auto, fahren ganz früh los und fahren zum Fluss. Sonning, glaube ich – zu diesem tollen Pub, wo die Rosen sind. Und dann fahren wir den ganzen Tag auf dem Fluss und nehmen Binks mit und einen unsichtbaren Käfig für den Blauen Vogel … Wir nehmen unser Essen mit und einen Knochen für Binks und den quiekenden Hund. Dann essen wir abends im White Hart zu Abend, und Binks bekommt eine Serviette und sitzt am Tisch. Und nach dem Abendessen kommen wir nach Hause. Meine Liebe, aber es wird himmlisch sein.“ Sie lag in seinen Armen und ihre Augen glänzten wie Sterne. „Es gibt nur eine Regel. Den ganzen Tag über darf niemand – nicht einmal Binks – an den Tag danach denken.“

Vane betrachtete sie mit gespielter Ernsthaftigkeit. „Nicht einmal, wenn wir wegen Spritztour verhaftet werden?“, wollte er wissen.

„Aber das Maskottchen wird das verhindern, dummer Junge“, rief sie. „Warum sollten wir sonst diesen Käfig nehmen?“

„Ich verstehe“, sagte Vane. „Es ist das idyllischste Bild, das ich je gesehen habe. Es gibt nur eine Sache. Ich habe das Gefühl, ich muss darüber sprechen und es hinter mich bringen.“ Er sah so ernst aus, dass sich ihr Gesicht für einen Moment verfinsterte. „Vergiss nicht – ich flehe dich an, vergiss nicht – deinen Fleischgutschein.“ Und dann, mit dem Lachen, das die Zivilisation nicht oft hören darf, außer auf den Lippen von Kindern, vergaßen ein Mann und ein Mädchen alles außer sich selbst. Die Welt der Menschen und Dinge rollte weiter und ging an ihnen vorbei, und vielleicht ist ein Jahr Hölle ein angemessener Ausgleich für diese kurze Zeit …

KAPITEL XIII

Der nächste Morgen dämmerte günstig und Vane sang leise vor sich hin, als er seinen Zweisitzer durch den Park nach Ashley Gardens fuhr. Er schloss entschlossen die Augen vor den strömenden Khaki-, Blau- und Schwarztönen, die in Hütten und Regierungsgebäuden ein- und ausströmten. Sie existierten einfach nicht; Es handelte sich um eine Halluzination, und wenn sie weiterbeachtet würde, könnte sie das Maskottchen erschrecken.

Joan wartete auf ihn, als er um halb neun vorfuhr, während Binks wichtigtuerisch auf dem Sitz neben ihm saß.

„Gehen Sie sofort rein, Lady", rief Vane, „und wir werden in das Land der Elfen eintauchen. Aber um Himmels willen Mike, setzen Sie Binks' Gegner im Versteck nichts an. Er hat es nicht getan." Er hat noch nicht seinen richtigen Morgenkampf, und ein einziges Quietschen wird eine Katastrophe herbeiführen.

Noch nie hatte er Joan so bezaubernd gesehen. Natürlich trug sie Grau – das war bei einer solchen Gelegenheit fast selbstverständlich, aber so viel Aufmerksamkeit, wie Vane ihrer Kleidung schenkte, hätte sie auch in Sackleinen gekleidet sein können. Es war ihr Gesicht, das ihn fesselte, mit dem Glanz vollkommener Gesundheit auf ihren Wangen und dem sanften Licht vollkommenen Glücks in ihren Augen. Sie war hübsch – immer; aber mit einem plötzlichen Atemzug sagte sich Vane, dass sie heute Morgen das Schönste war, was er je gesehen hatte.

„Ich habe den Käfig, Derek", sagte sie, „und den schönsten Knochen für Binks, den er sich je ausgedacht hat ..."

„Du Liebling", antwortete Vane, und für einen Moment trafen sich ihre Blicke.   „Du absoluter Liebling ..." Dann lachte er mit einem raschen Tonwechsel. „Spring rein, graues Mädchen – und sei ganz ernst. Macht es dir etwas aus, Binks auf deinem Schoß zu haben?"

„Stört es mich?" sie antwortete vorwurfsvoll. „Hast du das gehört, Binkie? Er beleidigt dich."

Aber Binks beanspruchte seinen Anteil am Blue Bird und weigerte sich, Anstoß zu nehmen. Er öffnete nur ein braunes Auge und sah sie an, und dann schlief er wieder friedlich ein. Der Familie gefiel ihm diese Neuerwerbung sehr gut. . . .

Und so begann der großartige Tag. Sie gingen nicht weit vom Hotel; gerade unter der alten Brücke hindurch und ein kleines Stück hinauf zur Sonning-Schleuse, wo sich der Fluss gabelt und die Bäume bis ans Wasser reichen. Für jeden Mann, dessen Schritte ihn auf den Long Trail führen, gibt es einen Ort auf unserer Insel, dessen Vision ihm wieder in den Sinn kommt, wenn die Arbeit des Tages getan ist und er daliegt und von zu Hause träumt. Für manche sind es vielleicht die Hügel im Hochland mit dem wunderbaren violetten Nebel darüber, der schwarz wird, während die Sonne immer tiefer sinkt ; für andere ein kleiner Strand mit goldenem Sand, um den herum die roten Sandsteinklippen von Devon steil aufragen und die winzigen Wellen sanft durch den schläfrigen Morgen plätschern. Es ist nicht immer so: Manchmal zeigt ihnen die Vision ein wogendes graues Meer, das sich düster gegen eine felsige Küste stürzt; einen grauen Himmel und peitschenden Regen, der ihnen ins Gesicht peitscht, wenn sie auf den Klippen über der kleinen Bucht stehen und in die Länder jenseits des Wassers blicken, wo die seltsamen Straßen hinabführen. . . .

Und für manche ist es vielleicht der Lärm und die Hektik von Piccadilly, die zurückkommen, um sie in ihrem Exil zu verfolgen – das Theater, die Musik und die Lichter, das Geräusch von Frauenröcken; oder die sanften Hügel von Sussex mit den weißen Kreidebrüchen und den großen Maikäfern, die in der Dämmerung an ihnen vorbeirauschen.

Für jeden Einzelnen gibt es einen Ort, an den eine besondere Erinnerung knüpft, und dieser Ort nimmt in Tagträumen den Ehrenplatz ein. Aber wenn die Gedanken weiterschweifen und die Rumpelkammer der Vergangenheit sich öffnet, kommt jedem, der ihren friedlichen Zauber gekostet hat, der Gedanke an den Fluss. Schreiben Sie ihn mit Großbuchstaben, es gibt nur einen. Ob Bourne End mit seiner breiten Bucht und den Segelkähnen ist oder die bewaldeten Höhen bei Clieveden, ob Boulter's Lock am Ascot-Sonntag oder der ruhige Abschnitt bei Goring – es gibt nur einen Fluss. Henley, Wargrave, Cookham – das spielt keine Rolle ... Sie alle bilden den Fluss. Und einer von ihnen, oder einige von ihnen, oder alle von ihnen zaubern dem Wanderer dieses schwache Lächeln der Erinnerung ins Gesicht, während er mit seinem Stiefel im Feuer schürt.

Es ist so wunderbar, sich treiben zu lassen – nur ab und zu. Und die vom Fluss sind immer treibend, wenn sie an ihrem Schrein beten. Nur Leute, die mit Konserven und anderen Dingen Geld verdienen und in jeder Hinsicht furchtbar sind, fahren in Barkassen auf den Fluss, die stinken und die Leute beleidigen. Und sie sind nicht vom Fluss ...

„Wenn Sie vorgeschlagen hätten“, sagte Joan träge, „nach Reading zu paddeln oder mehrere Meilen nach Henley zu staken, wäre ich in Tränen ausgebrochen. Und doch gibt es einige Leute, die sich bewusst auf den Weg machen, um irgendwohin zu gehen ...“

"Zwei Dinge schließen eine solch verrückte Möglichkeit aus", sagte er. "Das erste ist Binks; er rennt gern umher. Und das zweite ist, dass ich explodiere, wenn ich nicht innerhalb einer Sekunde einen Kuss bekomme ..."

„Natürlich kennen Sie Binks schon länger als ich, also muss ich wohl nichts gegen die Rangfolge einwenden." Sie sah ihn spöttisch an, dann nahm sie mit einer schnellen, heftigen Bewegung sein Gesicht zwischen ihre Hände. Und eine intelligente und bärtige alte Wasserratte betrachtete das weitere Vorgehen mit tolerantem Blick.

„Weitere von ihnen, meine Liebe", sagte er zu seiner Gattin in seinem Versteck unter einer knorrigen Baumwurzel. „Aber es ist nichts dagegen einzuwenden, wenn die Kinder einen Blick darauf werfen, wenn es ihnen Spaß macht." Er warf einen prüfenden Blick in die Speisekammer und runzelte die Stirn. „Verdammt! Du willst doch nicht etwa sagen, dass wir diesen verdammten Schinkenknochen schon wieder haben", knurrte er. „Aber wir sollten uns etwas holen, wenn sie mit der Vorführung fertig sind und sich ans Mittagessen machen ..." Er zog nachdenklich an seinem linken Schnurrhaar. „Und übrigens, meine Liebe, sag Jane, dass sie heute Nachmittag nicht herumlaufen soll, selbst wenn sie verliebt ist. Da ist ein abscheulicher Hund der gefährlichsten Art auf dem Kriegspfad. Sag mir Bescheid, wenn diese Idioten aufhören."

Er bereitete sich auf ein Nickerchen vor, und das Rauschen eines vorbeifahrenden Bootes, das draußen gegen den Kahn klatschte, wiegte ihn in den Schlaf. ... Er war ein prosaischer alter Herr, diese Wasserratte, also kann man ihm seine Verdrießlichkeit verzeihen. Schließlich ist ein Schinkenknochen ein Schinkenknochen und dazu noch ziemlich armselig, und wenn man Vater von mehreren Hundert Kindern ist, verblasst die romantische Seite des Lebens beträchtlich angesichts der Möglichkeiten, ein Mittagessen zu bekommen.

Aber oben im Kahn waren die Narren ihrer Albernheit gemäß beschäftigt und kümmerten sich nicht um ihr missbilligendes Publikum. Vielleicht ist es gefährlich, die Realität zu betrügen, aber der Erfolg rechtfertigt jedes Experiment. Und der Tag war erfolgreicher als sie es sich in ihren kühnsten Träumen vorgestellt hatten. Binks wühlte in der Bank herum und jagte der liebeskranken Jane nebenbei den Schrecken ihres Lebens ein, bis er sich schließlich müde, schmutzig und glücklich ins Gras direkt über Vanes Kopf legte und in seinen Träumen weiter jagte ...

Für die beiden Obernarren verging der Tag, wie solche Tage seit Anbeginn der Zeit immer vergingen. Und das absolute Glück, das die plötzliche Berührung einer Hand, der schnelle, unerwartete Blick, der lange, leidenschaftliche Kuss mit sich bringen, lässt sich nicht auf Papier festhalten. Sie sprachen ein wenig über ziellose, intime Dinge; sie schwiegen viel – jene wundervolle Stille, die nur bei vollkommenem Verständnis möglich ist. Und allmählich wurden die Schatten länger und das graue Wasser begann dunkler zu werden … Manchmal kam von der alten Brücke das Geräusch eines vorbeifahrenden Autos, und einmal fuhr ein elektrisches Kanu auf dem Hauptstrom an ihnen vorbei, mit einem Grammophon an Bord. Der Klang der Schallplatte drang klar über das Wasser zu ihnen – die Barcarole aus „Hoffmanns Erzählungen“, und sie lauschten, bis er leise in der Ferne verklang.

Dann stand Vane schließlich mit einem tiefen Seufzer auf und streckte sich. Lange blickte er auf das Mädchen herab, und ihr kam es so vor, als sei sein Gesicht traurig. Wortlos machte er das Boot los, und immer noch schweigend paddelten sie langsam zurück zum Hotel.

Erst als sie unter der Brücke hindurchtrieben, sprach er, nur einen kurzen Satz, mit leicht zitternder Stimme.

„Meine Liebe“, flüsterte er, „ich danke dir“, und ganz sanft führte er ihre Hand an seine Lippen …

Doch beim Abendessen hatte er alle Spuren von Traurigkeit aus seiner Stimmung verbannt. Sie sprühten beide vor der spontanen Freude zweier Kinder. Binks musste sich zu seinem großen Ekel der Demütigung einer um seinen Hals gebundenen Serviette unterziehen, und alle Hotelgäste hielten sie für verrückt. Übrigens waren sie es – ziemlich verrückt, was nach einem solchen Tag auch ganz normal war. Erst als sie gingen, kamen sie für einen Moment wieder zu Sinnen.

„Nur noch ein Blick auf den Fluss, Mylady“, sagte Vane zu ihr, „bevor wir aufbrechen. Ich kenne einen kleinen Pfad, der aus dem Rosengarten herausführt, wo man niemanden sieht, und wir müssen uns nur vom Wasser allein verabschieden.“

Er ging voran, und Joan folgte ihm, während Binks gemächlich zwischen ihnen hertrottete. Dann, mit seinem Arm um ihre Taille und ihrem Kopf auf seiner Schulter, standen sie da und sahen dem schwarzen Wasser zu, das ruhig vorbeifloss.

„Ich habe mich an die Regel gehalten, graues Mädchen.“ Vanes Arm umschloss sie fester; „Ich habe kein Wort über die Zukunft gesagt. Aber morgen werde ich zu dir kommen; morgen musst du dich entscheiden.“

Er spürte, wie sie leicht an ihm zitterte, und er beugte sich vor und küsste sie leidenschaftlich. „Es kann nur eine Antwort geben“, flüsterte er grimmig. „Es wird nur eine Antwort geben. Wir sind einfach füreinander geschaffen …“

Doch beiden schien es, als sei die Luft kälter geworden. . . .

„Du kommst rein, Derek", sagte Joan, als das Auto in Ashley Gardens vorfuhr. „Kommen Sie herein und trinken Sie etwas. Meine Tante würde Sie gerne sehen."

Auf der Heimfahrt war kaum ein Wort gesprochen worden, und als Vane ihr in die Wohnung folgte, fiel ihm auf, dass ihr Gesicht ein wenig weiß wirkte.

„Fühlst du dir kalt, Liebes?" fragte er besorgt. „Ich hätte einen anderen Teppich nehmen sollen."

„Kein bisschen", Joan lächelte ihn an. „Nur ein bisschen müde. . . . Selbst die faulsten Tage sind manchmal etwas anstrengend!" Sie lachte leise. „Und Sie sind ein ziemlich anspruchsvoller Mensch, wissen Sie ..."

Sie ging voran in den Salon, und Vane wurde ordnungsgemäß Lady Auldfearn vorgestellt.

„Da sind ein paar Briefe für dich, Joan", sagte ihre Tante. „Ich sehe, da ist eins von deinem Vater. Vielleicht sagt er darin, ob er vorhat, in die Stadt zu kommen oder nicht ..."

Mit einer gemurmelten Entschuldigung öffnete Joan ihre Post, und Vane stand da und unterhielt sich mit der alten Dame.

„Ich hoffe, Sie werden mich nicht für unhöflich halten, Kapitän Vane", sagte sie nach ein paar Gemeinplätzen; „Aber ich bin in dem Alter angekommen, in dem es mir eine Tat des Wahnsinns vorkommt, auch nur einen Augenblick aus dem Bett zu bleiben, nachdem man dorthin gehen möchte." Sie ging zur Tür und Vane öffnete sie lachend für sie. „Ich hoffe, wir sehen uns wieder." Sie streckte ihre Hand aus und Vane beugte sich darüber.

„Das ist sehr nett von Ihnen, Lady Auldfearn", antwortete er. „Ich würde gerne vorbeikommen und anrufen. . . ."

„Sie können an der Tür fragen, ob Joan da ist", fuhr sie fort. „Wenn nicht, werde ich überhaupt nicht beleidigt sein, wenn du wieder weggehst."

Vane schloss die Tür hinter sich und schlenderte zurück zum Kamin. „Eine Frau mit großem Urteilsvermögen ist deine Tante, Joan." Er drehte sich zu ihr um und stand plötzlich ganz still. „Was ist los, meine Liebe? . . . Hattest du schlechte Nachrichten?"

Mit einem zerknitterten Brief in der Hand starrte sie auf den Boden und lachte leise und bitter. „Nicht einmal einen Tag, Derek; das gütige Schicksal würde uns nicht einmal das geben. . . ."

Sie sah sich den Brief noch einmal an und las einen Teil davon, während Vane sie mit dem hoffnungslosen Gefühl bevorstehender Schwierigkeiten beobachtete.

„Du solltest es besser lesen“, sagte sie müde. „Es ist von Vater.“ Sie reichte es ihm und zeigte dann auf die Stelle. „Dieser Teil dort … ‚Es tut mir leid, sagen zu müssen, kleine Joan, aber es ist endlich soweit. Ich habe gegen jede Hoffnung gehofft, dass ich es vielleicht durchziehen könnte, aber es ist einfach nicht möglich. Das Weniger wird das Mehr nicht eindämmen, und meine unverzichtbaren Mindestausgaben sind höher als mein Einkommen. Menschlich gesehen kann es, soweit man sehen kann, viele Jahre nach dem Krieg keine nennenswerte Senkung der Lebenshaltungskosten und der Einkommensteuer geben.‘ …“

Vanes Blick glitt über die kurze, eckige Schrift und erhaschte hier und da einen Satz. „Gordon muss in Betracht gezogen werden. … In Blandford bedeutet das praktische Armut, aber relativen Wohlstand, wenn wir gehen …“

„Wenn ich 100.000 erreichen könnte, könnte es so weit kommen, bis das Land wieder mehr oder weniger besiedelt ist; das heißt, wenn es jemals besiedelt wird. Wenn die Arbeit so weitergeht wie bisher, denke ich, dass wir das schaffen werden.“ Ich muss dankbar sein, dass ich überhaupt leben darf.

Vane sah Joan an, die immer noch vor ihr auf den Boden starrte, und gab ihr fast mechanisch den Brief zurück. . . .

„Du hast gewusst, dass das kommen würde, Joan“, sagte er schließlich. . . .

„Natürlich“, antwortete sie. „Aber es macht es jetzt nicht besser. Man hofft immer.“ Sie zuckte mit den Schultern und sah zu ihm auf. „Gib mir eine Zigarette, Derek, ich glaube nicht, dass es mir so viel ausgemacht hätte, wenn sie nicht heute gekommen wäre …“

Er hielt ihr das Streichholz hin, und dann, mit dem Ellbogen auf dem Kaminsims, stand er da und beobachtete sie. Sie wirkte reglos, leblos, und der Kontrast zu dem lachenden, glücklichen Mädchen beim Abendessen traf ihn wie ein Schlag. Wenn er nur helfen – etwas tun könnte; aber hunderttausend waren absurd. Sein Gesamteinkommen betrug nur etwa fünfzehnhundert pro Jahr. Und als ob es ihn noch mehr quälen wollte, tauchte vor seinem geistigen Auge das kalte, selbstbewusste Gesicht von Henry Baxter auf. . . .

„Joan – macht es so furchtbar viel aus, Blandford aufzugeben?“

Sie sah ihn einen Moment lang an, mit einer Art Erstaunen im Gesicht. „Mein Lieber“, sagte sie, „ich kann mir ein Leben ohne Blandford einfach nicht vorstellen. Er ist einfach ein Teil von mir …“

„Aber wenn Sie heiraten, würden Sie selbst nicht dort leben“, argumentierte er.

Sie zog die Augenbrauen hoch. „Der Ehrenplatz gebührt den Frauen genauso wie den Männern", antwortete sie schlicht. „Aber Derek, tu doch nicht so, als ob du das nicht verstehst." Sie lachte müde. „Außerdem sind es Dad – und Gordon …"

„Und du würdest dich für sie opfern", rief er. „Nicht, um sie vor Not zu bewahren, das darfst du nicht vergessen – sondern um sie in Blandford zu behalten!" Sie antwortete nicht, und nach einer Weile fuhr er fort: „Ich sagte, ich würde morgen vorbeikommen, Joan, und dich bitten, dich zu entscheiden; aber dieser Brief ändert die Dinge ein wenig, meine Liebe. Ich schätze, wir müssen die Dinge jetzt klären …"

Das Mädchen bewegte sich unruhig und legte den Kopf auf die Hand.

„Das haben Sie schon einmal gesagt, Lady. Ich möchte es noch einmal von Ihnen hören. ‚Liebst du mich?'"

„Ja, ich liebe dich", sagte sie ohne das geringste Zögern.

„Und würdest du mich heiraten, wenn es Blandford nicht gäbe?"

„Morgen", antwortete sie schlicht, „wenn du es möchtest."

Mit einem plötzlichen unbändigen Gefühlsschub hob Vane sie aus dem Stuhl in seine Arme, und sie klammerte sich keuchend und atemlos an ihn.

„Meine Liebe", sagte er jubelnd, „glaubst du, dass ich dich danach gehen lassen würde? Nicht für fünfzig Blandfords. Verstehst du das nicht, mein graues Mädchen? Du hast ein völlig falsches Augenmaß für die Proportionen. Du „gehören mir – und nichts anderes auf Gottes grüner Erde zählt."

So standen sie eine Weile da, während er ihr Haar mit leicht zitternden Händen glättete und zusammenhangslose Liebesworte murmelte. Und dann verstummten sie schließlich, und er verstummte – während sie ihn mit müden Augen ansah. Der Wahnsinn war vorüber und Vane ließ fast stöhnend seine Arme fallen.

„Lieber Mann", sagte sie, „ich möchte, dass du gehst. Ich kann nicht denken, wenn du bei mir bist. Ich muss diese Sache einfach für mich selbst regeln. Ich möchte nicht, dass du mich besuchst, Derek, bis ich nach dir schicke. Ich möchte nicht einmal, dass du mir schreibst. Ich weiß nicht, wie lange es dauern wird … aber ich werde es dir mitteilen, sobald ich es selbst weiß."

Eine Weile stritt er mit ihr – aber es war sinnlos. Tief in seinem Herzen wusste er, dass es so sein würde, selbst wenn er flehte und tobte. Und weil er erkannte, was hinter ihrer Entscheidung steckte, liebte er sie wegen ihrer Ablehnung umso mehr. Auf ihrem Gesicht lag eine gewisse süße Wehmut, die ihm das Herz zerriss, und schließlich wurde ihm klar, dass er sie im Stich ließ, und zwar sehr. Aus einer bestimmten Sicht war es eine ungeheuerliche

Sache, dass ein solches Opfer möglich war – aber Vane wurde mit zynischer Plötzlichkeit klar, dass das Leben voller monströser Dinge ist.

Und so küsste er sie ganz sanft. „Es soll sein, wie du sagst, Liebes", sagte er ernst. „Aber versuchen Sie, es nicht zu lang zu machen. . . ."

An der Tür blieb er stehen und blickte zurück. Sie stand da, wie er sie verlassen hatte, und starrte in die Dunkelheit, und als er innehielt, drehte sie sich um und sah ihn an. Und ihre Augen leuchteten voller unvergossener Tränen. . . .

Mechanisch nahm er Hut und Handschuhe und fuhr zurück in seine Zimmer. Er nahm sich einen Whisky und eine Limonade, die so stark war, dass Binks ihn mit ängstlichen Augen ansah, und dann lachte er.

„Verdammt, Binks", bemerkte er wütend – „einfach die Hölle!"

KAPITEL XIV

In den folgenden Wochen tat Vane sein Bestes, um Joan aus seinen Gedanken zu verbannen. Er hatte ihr das Versprechen gegeben, nicht zu schreiben, und soweit er in der Lage war, versuchte er sein Bestes, nicht nachzudenken. Ein medizinisches Gremium erklärte ihn für tauglich für den leichten Dienst und er trat dem Regimentsdepot in der Domstadt Murchester bei. Schon einmal war er dort gewesen, auf einem Kurs, bevor er zum ersten Mal nach Übersee reiste, und am Abend seiner Ankunft konnte er nicht umhin, die beiden Gelegenheiten gegenüberzustellen. Beim ersten Mal hatten er und alle anderen nur einen Gedanken gehabt: den überwältigenden Wunsch, über das Wasser zu gelangen. Der Glanz des Unbekannten rief sie – der Ruhm, den die Unwissenden mit Krieg assoziieren. Shop wurde offen und ohne Scham besprochen. Sie waren nur eine Gruppe wilder Enthusiasten, die sich nur danach sehnten, etwas Gutes zu tun.

Und dann hatten sie herausgefunden, was Krieg wirklich war – hatten die Realität der Sache kennengelernt. Einer nach dem anderen war die Gruppe geschrumpft, und die Lücken waren von Fremden gefüllt worden. Vane saß an diesem Abend in dem Stuhl, in dem Jimmy Benton immer gesessen hatte … Er erinnerte sich, wie Jimmy auf der anderen Straßenseite in der Nähe von Dickebush lag und mit blicklosen Augen zu ihm aufstarrte. Waren sie also gegangen, einer nach dem anderen, und wie viele waren jetzt noch übrig? Und diejenigen, die den hohen Preis bezahlt hatten – dachten sie, es sei die Mühe wert gewesen … jetzt? … Sie waren so bereit gewesen, alles zu geben, ohne die Kosten zu berücksichtigen. Mit der Abneigung der Engländer vor Sentimentalität oder unverhohlenem Patriotismus hätten sie jeden, der ihnen das erzählt hätte, mit tiefstem Misstrauen betrachtet. Aber tief im Herzen eines jeden Mannes – war es England – sein England –, das ihn hielt, und der Ruhm davon. Dachten sie, ihr Opfer sei die Mühe wert gewesen … jetzt? Oder haben sie, als sie im Nachtwind vorbeizogen, auf die brodelnde Bitterkeit in dem Land herabgeblickt, für das sie gestorben waren, und traurig geflüstert: „Es war vergeblich. Ihr reißt in Stücke, was wir für den Erhalt unseres Landes gekämpft haben. Ihr könnt es durch nichts als Neid und Streit ersetzen … Habt ihr die Wahrheit noch nicht gefunden? …"

Vielleicht unbewusst, aber deswegen nicht weniger sicher, verfiel Vane wieder in dieselbe Stimmung, die ihn beherrscht hatte, als er Frankreich verließ. Wenn das, was Ramage ihm gesagt hatte, die Wahrheit war; wenn es hinter all dem unaufhörlichen Gezänk tatsächlich einen lebenswichtigen Konflikt zwischen zwei grundlegend entgegengesetzten Ideen gab, von dessen Beilegung der endgültige Ausgang abhing – dann schien es ihm, dass nichts die Katastrophe früher oder später abwenden konnte. Es war gegen die menschliche Natur, dass irgendeine Klasse Selbstmord beging – am allerwenigsten die Klasse, die sich seit Generationen als die führende angesehen hatte und als solche angesehen wurde. Und doch hatte Ramage ganz ruhig und direkt Gewalt prophezeit, es sei denn, dies geschah; es sei denn, die reichen Männer stimmten freiwillig zu, ihre privaten Rechte aufzugeben und ihre eigenen Interessen zum Wohle der anderen zurückzustellen. Offenbar bestand die Wahl zwischen Selbstmord und Mord …

Für Vane schien alles so hoffnungslos sinnlos. Er begann zu spüren, dass nur über dem Wasser die Realität lag; dass er hier, zu Hause, ein Land der wilden Fantasien entdeckt hatte. . . .

Obwohl er es sich nicht eingestehen wollte, gab es einen anderen, noch gewichtigeren Faktor, der seine Ruhelosigkeit erklärte. Wie die meisten Engländer, so düster die Aussichten und so wahnwitzig die Vorstellungen auch waren, war er tief in seinem Innern davon überzeugt, dass das Land sich schon irgendwie durchschlagen würde. Aber der andere Faktor – der persönliche Faktor – Joan war ganz anders. So sehr er sich auch bemühte, er konnte sie nicht ganz aus seinen Gedanken verbannen. Immer wieder quälte ihn der Gedanke an sie, und seine erzwungene Untätigkeit ärgerte ihn immer mehr. Wo ständig viele Offiziere durch ein Depot gehen und leichte Aufgaben erledigen, während sie sich von ihren Verletzungen erholen, kann es für die Mehrheit nicht viel zu tun geben. Zweimal hatte er einen Brief an Margaret begonnen, um ihr zu sagen, dass sie doch recht gehabt hatte – dass es nervöse Anspannung gewesen war – dass sie es doch nicht war. Und zweimal hatte er ihn nach den ersten paar Zeilen zerrissen. Es war nicht fair, beruhigte er sein Gewissen, sie zu beunruhigen, wenn sie so beschäftigt war. Er konnte es viel leichter allmählich brechen – wenn er sie sah. Und so wuchs die Ruhelosigkeit und die Abneigung, etwas anderes zu tun, als in der Messe zu sitzen und die Zeitung zu lesen. Sein Arm war noch zu steif für Tennis und die Mehrheit der Einheimischen langweilte ihn zu Tode. Gelegentlich gelang es ihm, zehn Minuten Arbeit zu erledigen, die für irgendjemanden von Nutzen war; danach gehörte seine Zeit ihm.

Eines Tages versuchte er, einen Aufsatz zu schreiben, aber er stellte fest, dass der alte einfache Stil, der sein größter Vorteil gewesen war, ihn im Stich gelassen hatte. Es war steif und pedantisch, und was noch schlimmer war: bitter; und er zerriss es brutal, nachdem er es durchgelesen hatte. Er versuchte verzweifelt, etwas von seinem alten Optimismus wiederzugewinnen – und es gelang ihm nicht. Er redete sich immer wieder ein, dass es an ihm lag, Großes zu sehen und an die Zukunft zu glauben, und er verfluchte sich heftig dafür, dass er dazu nicht in der Lage war.

Es gab eine Frau, die er bei einem seiner regelmäßigen Besuche in London beim Mittagessen getroffen hatte. Sie war eine Kriegswitwe, und ein Satz, den sie ihm gegenüber verwendet hatte, hallte noch viele Tage lang in seinem Kopf nach. Es schien ihm so wunderbar das richtige Gefühl auszudrücken, das Gefühl, nach dem er in einer anderen Form suchte.

„Es würde nicht gehen", hatte sie sehr einfach gesagt, „wenn die Deutschen einen ‚doppelten Verlust' erleiden." Das war die Art von Bemerkung, dachte er, die er von Margaret erwartet hätte. Mit all dem Schrecken vornehmer Armut, der ihr ins Gesicht starrte, dachte diese Frau in großen Dimensionen und hielt den Kopf hoch. Obwohl sie die ganze Bitterkeit des Verlustes hinter sich hatte, hatte sie noch am selben Tag, wie sie ihm erzählte, einer anderen glücklicheren Person dabei geholfen, Kleider für den nächsten Urlaub ihres Mannes auszusuchen. . . .

So sehr er sich auch bemühte, er konnte sich der spöttischen Frage „Cui bono?" nicht entziehen. Welchen Nutzen hatte dieser individuelle Heldenmut für das Land als Ganzes? Soweit es die Frau selbst betraf, blieb sie menschlich, aber für die große Gemeinschaft ... . .? Würden selbst die Soldaten bei ihrer Rückkehr stark genug und gesammelt genug sein, um etwas Gutes zu tun? Und wie viele von ihnen dachten wirklich. . .?

Es musste doch eine große und doch sehr einfache Botschaft geben, die der Krieg vermitteln konnte. Eine große, weil das Ergebnis so wunderbar war; eine einfache, weil die Dümmsten sie gelernt hatten. Und wenn sie sie über dem Wasser gelernt hatten, konnten sie sich sicher auch später daran erinnern ... sie an andere weitergeben. Sie könnte sogar in den Schulen gelehrt werden, damit zukünftige Generationen davon profitieren.

Es war nicht Disziplin oder sogenannter Militarismus; es waren lediglich die notwendigen Ergänzungen eines Lebens, in dem bedingungsloser Gehorsam das Einzige ist, was eine Katastrophe verhindern kann. Es war nicht einmal Tradition und Spiel, obwohl es ihm schien, als käme er der Antwort näher. Aber das waren keine grundlegenden Dinge; sie waren bis zu einem gewissen Grad erworben. Er wollte etwas Einfacheres als das – etwas, das gleich zu Beginn kam, eine Botschaft aus dem Urgestein der Welt; etwas, das in Frankreich vorhanden war – etwas, das in England durch seine Abwesenheit aufzufallen schien.

„Wir haben diese Kerle gefangen", sagte er eines Abends nach dem Abendessen zu einem regulären Major, dessen Leben ihn um die ganze Welt geführt hatte, „und wir haben sie verändert. Ihre Brüder sind hier zu Hause; sie selbst waren hier Vor nicht allzu langer Zeit – werden sie in der Zukunft wiederkommen. Sie stammen aus derselben Rasse. Was hat ihnen das Evangelium gepredigt? , während die anderen hier zu Hause bis auf das Schlimmste unverändert sind?"

Der Major bewegte seine Pfeife von einem Mundwinkel zum anderen. „Das Evangelium, das vor etwa zweitausend Jahren gepredigt wurde", antwortete er knapp. Vane sah ihn neugierig an. „Ich gebe zu, dass ich diese Antwort kaum erwartet habe, Major", sagte er.

„Nicht wahr?", erwiderte der andere. „Nun, ich bin keine Autorität auf diesem Gebiet; und ich habe seit dem Südafrikanischen Krieg keine Kirche mehr aus geschäftlichen Gründen von innen gesehen. Aber meiner Meinung nach werden Sie, wenn Sie sie von ihrem Schnickschnack befreien und neunzig Prozent ihrer offiziellen Darsteller in die Vergessenheit verbannen, Ihre Antwort in dem finden, wofür die Kirche letztlich steht." Er zögerte einen Moment und blickte Vane an, denn er war von Natur aus ein Mann, der nicht viel redete. „Nehmen Sie ein gutes Bataillon in Frankreich", fuhr er langsam fort. „Sie wissen so gut wie ich, was dahinter steckt – gute Offiziere. Gute Führer ... Was macht einen guten Führer aus? Was ist der Unterschied zwischen einem guten Offizier und einem Versager? Nun, der eine hat Mitgefühl und der andere nicht: Der eine wird sich opfern, der andere nicht ... Das ist Ihr Evangelium ..." Er verfiel wieder in Schweigen, und Vane sah ihn nachdenklich an.

„Mitgefühl und Opferbereitschaft", wiederholte er langsam. „Ist das Ihre Zusammenfassung des Christentums?

„Nicht wahr?" gab den anderen zurück. „Aber ob es so ist oder nicht, es ist das Einzige, was jede Show am Laufen hält. Verdammt, Mann, es ist keine Religion – es ist gesunder Menschenverstand." Der Major schlug sich aufs Knie. „Was zum Teufel machen Sie, wenn Sie feststellen, dass in Ihrem Unternehmen etwas schief läuft? Sie belästigen sich nicht mit Berichten in dreifacher Ausfertigung und bellen dass es sich um eine berechtigte Beschwerde handelt, die Sie beheben können, oder um ein Missverständnis. Er drückte auf die Klingel und sank erschöpft zurück. Wie gesagt, er war nicht sprachsüchtig.

Keiner von ihnen sprach, bis der Kellner die Bestellung ausgeführt hatte, und dann begann der Major plötzlich wieder. Wie viele zurückhaltende Männer konnte er sich, sobald die Barriere durchbrochen war, mit den Besten treiben lassen. Und Vane, den Blick auf das ruhige Gesicht und die festen Augen des älteren Mannes gerichtet, hörte schweigend zu.

„Ich bin ein Narr", stieß er hervor. „Jeder Offizier ist ein Narr. Zahlreiche Romanautoren haben das gesagt. Natürlich beugt man sich ihrem überlegenen Wissen. Aber was mich an meiner Dummheit wundert, ist Folgendes: ... Man muss Führer haben und man muss Geführte haben, denn der Allmächtige hat bestimmt, dass keiner von uns gleich fähig ist. Vielleicht denken sie auch, dass Er ein Narr ist, aber nicht einmal sie können das ändern. ... Wenn die Fähigkeiten unterschiedlich sind, muss auch die

Belohnung unterschiedlich sein – Geld, und manche werden mehr bekommen als andere. Kapital und Arbeit; Führer und Geführte; Offizier und Mann. … Früher dachten wir, der beste Führer für die Armee sei der Sahib, und bei der alten Armee hatten wir recht. Tommy … der arme, unterdrückte Tommy, wie ihn die Intellektuellen zu nennen pflegten, war verdammt eigen. Er war auch sehr schnell im Begreifen, wenn es darum ging, die Art des Mannes zu erkennen, dem er folgte. Jetzt haben sich die Dinge geändert, aber das Prinzip bleibt. Und es funktioniert. … Man wird immer einen Wenn die fähigen Aristokraten die zivilen Führer stellen, werden sie immer die einfachen Soldaten führen. Es gelten die gleichen Regeln wie in der Armee. … Es wird gute und schlechte Shows geben, je nachdem, ob der Führer Sympathie hat oder nicht. Viele sollten sie jetzt haben; sie haben ihre Lektion über dem Wasser gelernt. Und auf ihren Schultern ruht die Zukunft …"

„Sie legen die Zukunft auch auf die Führer fest", sagte Vane ein wenig neugierig.

„Natürlich", erwiderte der andere. „Was sonst macht einen Mann zu einer Führungspersönlichkeit?"

„Aber Ihre weit gefasste Doktrin der Sympathie", fuhr Vane fort. „Meinen Sie nicht, dass das eines dieser Dinge ist, die sich auf der Kanzel sehr schön anhören, deren praktische Anwendung aber nicht ganz so einfach ist …"

"Natürlich ist es nicht leicht", rief der andere. "Wer zum Teufel hat das gesagt? Ist es leicht, ein guter Regimentsoffizier zu sein? Mitgefühl ist bloß der – der spirituelle Sinn, der der ganzen Arbeit zugrunde liegt. Und die Arbeit ist unaufhörlich, wenn die Show gut werden soll. Das wissen Sie genauso gut wie ich. Nehmen Sie einen Offizier, der nie mit seinen Männern spricht, sie praktisch nie sieht – der sie wie Automaten behandelt, die seine Arbeit erledigen. Der nie seinen eigenen Komfort opfert. Was für eine Show werden Sie dann sehen?"

„Verdammt schlimm", sagte Vane und nickte.

„Und Sie nehmen jemanden, der mit ihnen redet, sie gut kennt, ein Freund von ihnen ist und Dinge erklärt – das ist der entscheidende Punkt – Dinge erklärt; er zuhört, was sie zu sagen haben – und gegebenenfalls sogar ein paar kleine Änderungen vornimmt Er denkt, dass sie Recht haben.

„Aber könnte man es auf das Zivilleben anwenden?" fragte Vane.

„Ich weiß es nicht", entgegnete der andere, „weil ich ein Narr bin. oder irgendein ausgewählter Vertreter von ihnen, und erklärt ihnen die Dinge, es wird ihnen nicht viel schaden – wofür es ausgegeben wird, warum er neue Anlagen investiert, warum seine Dividenden nicht so hoch sind Wird dieses

Jahr so groß sein wie im letzten Jahr Übrigens wird sich keiner der Bosse ins Zeug legen, damit jemand anderes auf der Straße ein zweites Auto behalten kann, wenn der Mann selbst nicht einmal einen Eselskarren hat Sie selbst – und ich würde es auch nicht tun. Bis zu einem gewissen Punkt muss es gleichermaßen geteilt werden. Über dem Wasser hatten die Männer nichts dagegen, dass der Kommandant ein eigenes Schlafzimmer hatte Bataillonsparade in wasserdichter Kleidung an einem schlechten Tag, während sie nicht getarnt waren?“

„Ja, aber wer wird über diese wichtige Geldfrage entscheiden?“, fragte Vane weiter. „Angenommen, die Männer haben Einwände gegen die Art und Weise, wie der Chef das Geld ausgibt …“

Der andere stopfte nachdenklich seine Pfeife. „Natürlich wird das Risiko immer bestehen“, sagte er. „Siebzehn und zwanzig Prozent Dividenden müssen aufhören – schätze ich. Und schließlich – da ich selbst kein Krösus bin, bin ich nicht besonders interessiert – bin ich verblüfft, wenn ich sehe, warum ein Mensch mehr als einen angemessenen Prozentsatz von ihm erwarten sollte Ich glaube, die Männer würden dem bereitwillig zustimmen, wenn er seine Bücher nicht in einem Raum liest und enorme Dividenden zahlt Wundern Sie sich, dass sie sich streiten? Warum sollte der Überschuss über einer fairen Dividende nicht unter den Arbeitern aufgeteilt werden, Vane? Ziemlich kalt. Aber wenn man die Produktion steigern will und das muss, oder man verhungert, kann man im Konzern keinen Bürgerkrieg haben. Und dafür muss man alle Karten haben Der Tisch muss verstehen, was er tut.

„Was brachte einen Mann dazu, die Tatsache zu verstehen, über dem Wasser zu sterben? Was brachte Tausende von friedliebenden Männern dazu, im Dreck und Dreck weiterzumachen, nur um am Ende wie Ratten zu sterben … Was brachte sie dazu, den Schwanz hochzuhalten.“ , und ihre Brust raus? Und wie wurde es durch Mitgefühl eingeschärft – nicht mehr und nicht weniger – wenn es möglich war, als es um Leben und Tod ging Hier drüben in der Zukunft? Die Männer werden nicht zuschlagen, wenn sie nur verstehen; es sei denn, sie finden in dem Verständnis etwas, von dem sie wissen, dass es falsch und ungerecht ist.

„Ich habe neulich mit diesem Labour-Kollegen – Ramage – gesprochen“, sagte Vane nachdenklich. „Ihm zufolge ist die staatliche Kontrolle über alles das einzige Allheilmittel. Und er sagt, es kommt …“

"Das kann ich wohl sagen", erwiderte der andere. "Das Prinzip bleibt dasselbe. Mit Sympathie können neun von zehn Angriffen vollständig verhindert werden. Ohne Sympathie wird das nicht gelingen. Die Führer werden mit ihren Männern in Kontakt bleiben; als Führer werden sie in der Lage sein, den Puls ihrer Männer zu fühlen. Und wenn etwas schief geht, werden sie es wissen; sie werden die Schwierigkeiten vorhersehen. ... Sympathie; die Zukunft des Imperiums liegt in Sympathie. Und dieser Krieg hat vielen Tausenden von Männern die Bedeutung des Wortes beigebracht. Er hat die individuelle Einstellung zerstört. ... Darin, so scheint es mir, liegt die Hoffnung auf unsere Rettung." Er trank seinen Drink aus und stand auf. "Wenn wir einen endlosen Krieg zwischen Führern und Geführten fortsetzen wollen – dann bin ich Hongkongs Held. Und nur die Führer können ihn abwenden ..."

„Das hat übrigens Ramage auch gesagt", bemerkte Vane. „Nur fordert er völlige Gleichheit ... die Abschaffung des Eigentums ..."

Der andere hielt inne, als er an der Tür ankam. „Dann ist der Mann ein Narr, und zwar ein gefährlicher Narr", antwortete er ernst. "Nacht Nacht. . . ."

Vane saß lange da und starrte ins Feuer. Obwohl es erst Anfang Oktober war, war die Nacht kühl, und er streckte dankbar seine Beine in der Glut aus. Nach einer Weile stand er auf und holte sich eine Abendzeitung. Der große Vorstoß zwischen Cambrai und St. Quentin verlief gut; hinter Ypern war der Boche überall auf der Flucht. Aber für Vane bedeuteten riesige Gefangennahmen an Menschen und Gewehren ein ganz anderes Bild. Er sah nur den einen Mann auf dem Bauch durch die verrottenden Ziegel und stinkenden Granattrichter eines todesverseuchten Dorfes kriechen. Er sah die plötzliche Pause – die angespannte Stille, als der Mann reglos stehen blieb und mit allen Nerven lauschte. Er spürte wieder einmal die grauenhafte Gewissheit, dass er nicht allein war; so nah bei ihm, den Atem anhaltend, war jemand anderes ... dann sah er, wie sich der Mann blitzschnell umdrehte und brutal zustach; er hörte das Klappern fallender Ziegel – das jubelnde Schluchzen, als der Boche sich in seinem Todeskampf krümmte ... Und es könnte auch umgekehrt gewesen sein.

Dann sah er die andere Seite; die langen, ermüdenden Stunden des Wartens, die schmutzige Ermüdung von allem – den Tod und die Trostlosigkeit. Er ertrug es ohne Murren; er hielt es immer aus, fröhlich, heiter, strahlend – so dass der Ruhm des britischen Soldaten für alle Ewigkeit in die Schriftrolle der Unsterblichen geschrieben werden sollte.

Sollte das alles verschwendet, weggeworfen werden? Bei diesem Gedanken spannte ihn die Kinnlade an. Sicherlich – sicherlich konnte das nie passieren. Mögen sie ihren Völkerbund haben, wie auch immer; aber diese Männer kämpften für einen britischen Bund. Und für jeden Briten, der ein Brite ist – Gott sei Dank gibt es Millionen, für die Patriotismus eine echte Bedeutung hat – ist dieser zweite Bund der einzige, der zählt.

Die Tür öffnete sich und Vallance, der Adjutant, kam herein. „Da draußen im Regal liegt ein Brief für dich, alter Junge", bemerkte er. Er ging zum Feuer, um seine Hände zu wärmen. „Bring mir einen großen Whisky und eine kleine Limonade", sagte er zum Kellner, der auf sein Klingeln antwortete. „Trinken, Vane?"

Vane blickte von dem Umschlag auf, den er in der Hand hielt, und schüttelte den Kopf. „Nein, danke, alter Mann", antwortete er. „Nicht gerade jetzt. Ich glaube, ich werde zuerst diesen Brief lesen." Und der Adjutant, der von Natur aus einfallslos war, bemerkte nicht, dass Vanes Stimme vor unterdrückter Aufregung ein wenig zitterte.

Es dauerte zehn Minuten, bis einer von ihnen wieder sprach. Zweimal hatte Vane den Brief durchgelesen, dann faltete er ihn sorgfältig zusammen und steckte ihn in die Tasche.

„Entgegen aller Dienstetikette, alter Junge", sagte er, „werde ich Sie wegen des Themas Urlaub in der Messe ansprechen. Ich möchte zwei oder drei Tage. Ist das möglich?"

Vallance legte seine Zeitung weg und sah ihn an.

„Dringende private Angelegenheiten?", fragte er leichthin.

„Sehr dringend", erwiderte Vane grimmig.

„Ich glaube, das lässt sich regeln", sagte er. „Reichen Sie eine Bewerbung ein, und ich werde es morgen veröffentlichen."

„Danke", sagte Vane kurz, „das werde ich."

Nachdem Vallance das Zimmer verlassen hatte, blickte er noch einen Moment auf die geschlossene Tür. Dann nahm er den Umschlag aus dem Gitter und studierte die Handschrift.

„Verdammt seien diese Frauen", murmelte er und warf es in die Flammen. Er hielt sich gern für einen Frauenfeind, und nebenbei machte ihm der Gedanke an Zugluft Sorgen.

Oben in seinem Zimmer schürte Vane das Feuer. Sein Gesicht war ernst, und vorsichtig und bedächtig zog er den Sessel ans Feuer heran. Dann nahm er den Brief aus der Tasche und begann, ihn noch einmal durchzulesen.

MELTON HOUSE, OFFHAM, IN DER NÄHE VON LEWES.

MEINE LIEBE, es ist gerade Mitternacht, aber ich habe Lust, das zu tun, wovor ich mich so lange gescheut habe. Kennen Sie nicht das Gefühl, das man manchmal hat, wenn man eine Sache immer wieder aufgeschoben hat und dann plötzlich ein schrecklicher Krampf kommt und man sich regelrecht ausbreitet? . . . Als würde man monatelang seine Rechnungen weglegen und dann eines Tages verrückt werden und alles bezahlen. Ich habe das aufgeschoben, Derek, denn was ich schreibe, wird dir weh tun. . . fast so sehr, wie es mir weh tut. Ich werde nicht das übliche Gerede darüber an den Tag legen, dass ich nicht zu viel an mich denken solle; Ich glaube nicht, dass wir irgendwie so sind. Aber ich kann dich nicht heiraten. Ich wollte mich langsam darauf einlassen, aber der Stift ist irgendwie verrutscht – und Sie hätten sowieso gewusst, was auf Sie zukommt.

Ich kann dich nicht heiraten, alter Mann – obwohl ich dich mehr liebe, als ich jemals gedacht hätte, dass ich jemanden lieben würde. Sie kennen die Gründe dafür, also werde ich sie nicht noch einmal beleuchten. Sie können Recht haben und sie können Unrecht haben; Ich weiß es nicht – ich habe es aufgegeben, nachzudenken. Ich nehme an, man muss diese Welt so nehmen, wie sie ist, und nicht so, wie sie sein könnte, wenn wir unseren eigenen Weg hätten. . . . Und ich kann mein Glück mit Blandford nicht kaufen, Derek – ich kann es einfach nicht.

Ich bin am Morgen nach unserem Tag dorthin gegangen – oh! mein Gott! Junge, wie ich diese Zeit geliebt habe – und ich habe Vater gesehen. Er war mit all dem einfach am Boden zerstört; er schien ein alter, alter Mann zu sein. Und nach dem Mittagessen im Arbeitszimmer erzählte er mir alles darüber. Ich habe nicht versucht, allen Fakten und Zahlen zu folgen – welchen Nutzen hatte das? Ich saß einfach nur da und blickte auf Blandford – mein Zuhause – und mir wurde klar, dass es das schon bald nicht mehr sein würde. Ich habe sogar gesehen, wie der schreckliche Mann auf Vaters Stuhl seine Zigarre mit der Band daran rauchte.

Derek, mein Lieber – was konnte ich tun? Ich wusste, dass ich die Situation retten konnte, wenn ich wollte; ich wusste, dass ich dafür mein Glück und deins opfern musste, mein Lieber. Aber als der alte Vater seinen Arm um meine Taille legte und sein Gesicht zu meinem hob – und sein lieber Mund ganz bewegte – konnte ich es einfach nicht ertragen.

Also habe ich ihn angelogen, Derek. Ich sagte ihm, dass Mr. Baxter mich liebte und dass ich Mr. Baxter liebte. Zwei Lügen – denn dieser Mann will mich nur als begehrenswerte Ergänzung seiner Einrichtung – und ich, warum denke ich manchmal, dass ich ihn hasse. Aber, oh! Meine Liebe, wenn du das Gesicht meines Vaters gesehen hättest; den Anbruch einer wunderbaren Hoffnung gesehen hättest … Ich konnte einfach an nichts anderes als an ihn denken – und so log ich weiter und ließ nicht locker. Allmählich richtete er sich auf; zwanzig Jahre schienen von ihm abzufallen …

„Meine Liebe“, sagte er. „Ich möchte nicht, dass du unglücklich bist. Ich möchte nicht, dass du einen Mann heiratest, den du nicht liebst. Aber wenn du ihn liebst, kleine Joan, wenn du ihn liebst – nun, dann bedeutet das einfach alles. Baxter ist Millionen wert. . . .“

Aber es bringt einen zum Lachen, mein Derek, nicht wahr? lache ein wenig bitter. Und dann, nach einer Weile, verließ ich ihn, ging zum Bootshaus hinunter und hielt an unserer Trauerweide. Aber ich konnte hier nicht aufhören. . . . Ich kann mich nicht zu hoch anstrengen. Ich schätze, ich bin ein bisschen schwach, was dich betrifft, Junge – ein bisschen schwach. Und ich muss das durchstehen. Es ist mein Job, und man kann sich diesem Job nicht entziehen. . . . Es kommt einem doch manchmal so vor, als ob einem komische Aufgaben aufgebürdet werden, nicht wahr? Versuchen Sie, meinen Standpunkt zu verstehen, Derek; Versuche zu verstehen. Wenn ich es nur wäre, warum, meine Liebe, dann weißt du, was das Ergebnis sein würde. Ich glaube, es würde mich umbringen, wenn Sie jemals glauben würden, ich würde Mr. Baxter heiraten, um Geld für mich selbst zu verdienen. . . .

Und du wirst mich mit der Zeit vergessen, lieber Junge – zumindest fürchte ich, dass du das wirst. Das ist dumm, nicht wahr? – dumm und schwach; aber ich konnte es nicht ertragen, dass du mich ganz vergisst. Nur ein- oder zweimal wirst du an mich und den blauen Vogel denken, den wir einen Tag lang in den Rosen bei Sonning gehalten haben. Du wirst zu ihr gehen, der man gehorchen muss, und ich hoffe bei Gott, dass ich ihr nie begegnen werde. . . . Denn ich werde sie hassen, verabscheuen, verabscheuen.

Ich bin mit Mr. Baxter verlobt. Ich habe meinen vollen Preis bis zum Äußersten eingefordert. Blandford ist gerettet oder wird es an dem Tag sein, an dem ich ihn heirate. Keiner von uns macht sich irgendwelche Illusionen; Das Ganze steht auf einer durchaus geschäftlichen Grundlage. . . . Wir sollen fast gleichzeitig heiraten.

Und jetzt, Liebling, werde ich dich um eine der großen Fragen bitten. Ich möchte nicht, dass du diesen Brief beantwortest; ich möchte nicht, dass du mich anflehst, meine Meinung zu ändern. Ich wage es nicht, dich das tun zu lassen, mein Mann, denn, wie ich schon sagte, ich bin dir gegenüber so erbärmlich schwach. Und ich weiß nicht, was passieren würde, wenn du mich wieder in deine Arme nehmen würdest. Der bloße Gedanke daran macht mich fast wahnsinnig. . . . Mach es mir nicht schwerer, Liebling, als es jetzt schon ist – bitte, bitte, tu das nicht.

Mr. Baxter ist jetzt nicht hier, und ich vegetiere einfach bei den Suttons, bis der Verkauf stattfindet – mein Verkauf. Sie haben heute Abend beim Abendessen über Sie gesprochen, und mein Herz begann zu klopfen, bis ich dachte, sie müssten es gehört haben. Wundert es Sie, dass ich Angst vor Ihnen habe? Wundert es Sie, dass ich Sie bitte, nicht zu schreiben?

Es ist ein Uhr, mein Derek, und mir ist kalt – und ich bin müde, furchtbar müde. Ich fühle mich, als hätte ich die Seele verloren; als wäre alles vollkommen leer. Draußen ist es so still und ruhig, und die seltsamen, altmodischen Ideen – erinnerst du dich an deine Geschichte? – sitzen wehmütig neben mir, während ich schreibe. Vielleicht höre ich sie traurig davonflattern, wenn ich den Umschlag zuknöpfe.

Ich liebe dich, mein Liebling, ich liebe dich ... Ich weiß nicht, warum das Schicksal bestimmt hat, dass wir so leiden müssen, obwohl du vielleicht sagen wirst, es sei mein Schicksal und nicht das des Schicksals. Und vielleicht hast du recht, obwohl es mir so vorkommt, als wäre es dasselbe.

Später, wenn ich mich etwas mehr an die Dinge gewöhnt habe, treffen wir uns vielleicht. . . . Ich kann mir kein Leben vorstellen, ohne dich jemals wiederzusehen. und ich schätze, wir werden uns sowieso über den Weg laufen. Nur kann ich mir im Moment keine erlesenere Folter vorstellen, als dich als den Ehemann einer anderen Frau zu sehen. . . .

Gute Nacht, meine liebe, liebe Liebe, Gott segne und behüte dich.

JOAN.

Oh! Junge, was ist das alles für eine Hölle, was für eine Hölle!

Das Feuer brannte tief im Kamin, als Vane den Brief neben sich auf den Tisch legte. Bolschewismus, Streiks, Kriege – welchen Sinn hatte das alles außer dem ewigen Problem eines Mannes und einer Frau? Eine Weile saß er regungslos da und starrte auf die erlöschende Glut, dann erhob er sich mit einem kurzen, bitteren Lachen.

„Das geht nicht, Mylady", murmelte er vor sich hin. „Gott sei Dank kenne ich die Suttons ..."

KAPITEL XV

Am folgenden Nachmittag bestieg Vane in Victoria den Zug und nahm im Pullman-Waggon Platz. Es war ein Nonstop-Zug nach Lewes, und eine Fahrkarte dorthin steckte in seiner Tasche. Was er tun würde – welche Entschuldigung er vorbringen würde, hatte er noch nicht entschieden. Obwohl er die Suttons sehr gut kannte, hatte er das Gefühl, dass es ein wenig seltsam aussehen würde, wenn er plötzlich unangemeldet in ihr Haus käme; und er hatte Angst davor, aus London zu telegraphieren oder anzurufen, falls er Joan erschrecken könnte. Er hatte das vage Gefühl, dass etwas auftauchen würde, das ihm die Entschuldigung liefern würde, die er brauchte; aber in der Zwischenzeit war sein Gehirn in einem unzusammenhängenden Zustand. Nur ein Gedanke überragte alle anderen, und er verspottete ihn und lachte ihn aus und ließ ihn unruhig auf seinem Sitz hin und her rutschen. Joan würde Baxter heiraten ... Joan würde Baxter heiraten ...

Das Rasseln der Räder klang ihm zu Ohren; es schien zu ihrem Rhythmus zu passen, und er zerquetschte das Papier, das er brutal in der Hand hielt. Beim Himmel! Sie ist nicht. . . . Beim Himmel! Sie ist nicht. . . . Wild und beharrlich beantwortete er die spöttische Herausforderung, während der Zug durch die Wiesen und Wälder von Sussex weiterraste. In der Wivelsfield-Kurve wurde es langsamer und nahm dann auf den letzten paar Meilen bis Lewes wieder Fahrt auf. Mit düsteren Augen sah er die Pferderennbahn von Plumpton vorbeiziehen und erinnerte sich an das letzte Treffen, an dem er dort zwei Jahre vor dem Krieg teilgenommen hatte. Dann rasten sie durch Cooksbridge und Vane richtete sich auf seinem Sitz auf. In etwa einer Minute würde er Melton House in Sichtweite bekommen, das zwischen den Bäumen unter den South Downs lag. Und Vane befand sich in einem Zustand, in dem ein flüchtiger Blick auf das Haus, das Joan beherbergte, für einen durstigen Mann wie ein Schluck Wasser war. Es kam und ging in einer Sekunde, und mit einem Seufzer, der fast einem Stöhnen ähnelte, lehnte er sich zurück und starrte mit blinden Augen auf die hohen Hügel, die das Tal der Ouse flankieren, mit ihren großen weißen Kreidegruben und sanften Grashängen.

Er hatte beschlossen, die Nacht in einem Hotel zu verbringen und am nächsten Tag im Melton House einen Besuch abzustatten. Im Laufe des Abends musste er sich eine hinreichend plausible Geschichte ausdenken, um die Suttons über den wahren Grund ihres Kommens zu täuschen – aber bis zum Abend genügte ihm die Sorge darüber. Er ging langsam den steilen Hügel hinauf, der zur High Street führte, und buchte ein Zimmer im ersten Gasthaus, das er erreichte. Dann ging er wieder hinaus und schlenderte ziellos umher.

Die Stadt ist nicht gerade voller wilder Erheiterung, und Vane kannte sie schon von zwei Gelegenheiten, als er dort Pferderennen besucht hatte. Außerdem ist sie sehr hügelig, und nach kurzer Zeit kehrte Vane in sein Hotel zurück und setzte sich ins Raucherzimmer. Es war unbesetzt, bis auf einen Mann, der offenbar ein Handelsreisender war, und Vane ließ sich in einen Sessel neben dem Kamin sinken. Er nahm eine Abendzeitung zur Hand und versuchte, sie zu lesen, aber nach wenigen Augenblicken fiel sie unbeachtet zu Boden. . . .

„Kennen Sie diese Gegend gut, Sir?", brach der Mann ihm gegenüber plötzlich das Schweigen.

„Kaum", erwiderte Vane kurz angebunden. Er war nicht in der Stimmung für ein Gespräch.

„Verschlafene Altstadt", fuhr der andere fort, „aber durch all die deutschen Gefangenen ist sie etwas aufgeweckt."

Vane setzte sich plötzlich auf. „Oh! Haben sie hier Gefangene?" Die Entschuldigung, nach der er gesucht hatte, schien da zu sein.

"Viele. Früher gab es Kriegsdienstverweigerer, aber sie konnten sie nicht ausstehen ..." Er plapperte freundlich weiter, aber Vane schenkte ihm keine Beachtung. Er war damit beschäftigt, sich zu überlegen, unter welchem Vorwand man ihn wohl hingeschickt haben könnte, um sich um die Boche-Gefangenen zu kümmern. Und da er ein Mann mit Urteilsvermögen ist, ist es mehr als wahrscheinlich, dass er etwas ganz Gutes daraus gemacht hätte, wenn nicht plötzlich und unerwartet der alte Mr. Sutton selbst aufgetaucht wäre ...

„Du meine Güte! Was machst du hier, mein lieber Junge?", rief er, schritt durch das Zimmer und schüttelte Vanes Hand wie eine Pumpenschwengel.

„Wie ist es Ihnen ergangen, Sir", murmelte Vane. „Ich – äh – bin hergekommen, um mich nach diesen verdammten Kriegsdienstgefangenen zu erkundigen – Boche-Verweigerer – Sie kennen die Mistkerle. Die Frage der Standardisierung ihrer Rationen, wissen Sie nicht ... Irgendwie eine Komitee-Angelegenheit ..."

Vane wich dem Blick des Handelsreisenden aus und steuerte schnell auf sichereres Gelände zu. „Ich habe darüber nachgedacht, morgen rauszukommen und Mrs. Sutton zu besuchen."

„Morgen", schnaubte der freundliche alte Mann. „Du wirst nichts dergleichen tun, mein Junge. Du wirst jetzt mit mir zurückkommen – in dieser Minute. Zum Glück bin ich zufällig vorbeigekommen. Ich habe das Auto draußen stehen lassen und alles. Wie lange dauert dieser Job, was auch immer es ist ..." werde ich dich mitnehmen?

„Drei oder vier Tage“, sagte Vane und hoffte, dass er seine Freude über den Vorschlag verbergen würde.

„Und können Sie es von Melton aus genauso gut machen?“ fragte Herr Sutton. „Ich kann dich jeden Morgen im Auto vorbeischicken.“

Vane verbannte die Vorstellung von Brechern vor ihm und kam zu dem Schluss, dass er die Aufgabe von Melton aus vortrefflich erledigen könnte.

„Dann kommen Sie doch gleich vorbei und legen Sie Ihre Tasche ins Auto.“ Der alte Herr, die Hand auf Vanes Arm, stürzte ihn aus dem Raucherzimmer und ließ den Geschäftsreisenden tief darüber nachdenken, ob er sich stillschweigend auf eine neue Variante des Vertrauenstricks eingelassen hatte.

. . .

„Wir haben Joan Devereux bei uns untergebracht“, sagte Mr. Sutton, während der Chauffeur die Teppiche über sie stapelte. „Du kennst sie, nicht wahr?“

„Wir haben uns kennengelernt“, antwortete Vane kurz.

„Ich habe mich gerade mit diesem Baxter verlobt. Unmengen an Geld.“ Der Wagen bog auf die Londoner Straße ein, und der alte Mann schwafelte weiter, ohne Vanes Geistesabwesenheit zu bemerken. „Auch eine verdammt gute Sache – zwischen uns beiden. Sir James – ihr Vater, wissen Sie – war in einer sehr seltsamen Straße … Land, mein Junge, ist heutzutage der Teufel. Fass es nicht an; besitze nichts Wenn du das tust, wirst du dir die Finger verbrennen, aber ich bin mir nicht sicher, ob das so ist Es wäre nicht klüger, es zu verkaufen und in möblierten Zimmern in Margate zu wohnen Von erfolgreichen Betrügern vertrieben, verfolgen sie eine Runde, verwirren sie und versuchen so zu tun, als würden sie dieselbe Sprache sprechen.

„Wann wird Miss Devereux heiraten?“ fragte Vane, als der alte Mann innehielt, um Luft zu holen.

„Sehr bald … Vierzehn Tage oder drei Wochen. Eine ziemlich ruhige Angelegenheit, wissen Sie; Baxter ist strikt gegen jede große Veranstaltung. Außerdem muss er so oft und so unerwartet nach Frankreich fahren, dass es nötig sein könnte im letzten Moment um ein oder zwei Tage verschoben. Es ist unangenehm, wenn halb London gefragt wurde.

Das Auto schwang durch das Tor und rollte die Auffahrt zum Haus hinauf. Die braunen Farbtöne des Herbstes zeigten sich gerade erst auf den Bäumen, und gelegentlich fielen tote Blätter herab, als sie darunter vorbeizogen. Dann, viel zu schnell für Vane, waren sie am Haus und der Chauffeur hielt die Autotür auf. Jetzt, wo er tatsächlich da war – jetzt, da er in einer weiteren Minute Joan gegenüberstehen würde –, war er unerklärlicherweise nervös geworden.

Er folgte Mr. Sutton langsam die Stufen hinauf und verbrachte unnötig viel Zeit damit, seinen Mantel auszuziehen. Er fühlte sich wie ein Junge, der sich ungemein auf seine erste Party gefreut hat und von Schüchternheit ergriffen wird, als er das Wohnzimmer betritt.

„Komm rein, komm rein, mein Junge, und wärm dich auf." Mr. Sutton riss eine Tür auf. „Mary, meine Liebe, wen, glaubst du, habe ich in Lewes gefunden? Den jungen Derek Vane – ich habe ihn mitgebracht …"

Vane folgte ihm ins Zimmer, während er sprach, und nur er bemerkte, dass Joan sich halb von ihrem Stuhl erhob und dann wieder zurücksank, während eine Welle der Farbe ihre Wangen überflutete und dann wieder verschwand und sie totenbleich zurückließ. Mit klopfendem Puls, aber äußerlich ganz gelassen, schüttelte Vane Mrs. Sutton die Hand.

„So nett von Ihrem Mann", murmelte er. „Er fand mich, als ich das Raucherzimmer des Hotels stützte, und rettete mich vor einer so schrecklichen Operation …"

Mrs. Sutton strahlte ihn an. „Aber es ist herrlich, Captain Vane. Ich bin so froh, dass Sie kommen konnten. Lassen Sie mich nachdenken – Sie kennen Miss Devereux, nicht wahr?"

Vane wandte sich Joan zu, und für einen Moment trafen sich ihre Blicke. „Ich glaube, ich habe dieses Vergnügen", sagte er leise. „Ich glaube, ich muss Ihnen zu Ihrer bevorstehenden Hochzeit gratulieren, Miss Devereux."

Er hörte Joan nach Luft schnappen und verstand kaum ihre geflüsterte Antwort: „Mein
Gott! Warum bist du gekommen?"

Er drehte sich um und sah, dass die beiden alten Leute einen Moment beschäftigt waren. „Aber nur, um Ihnen zu gratulieren, liebe Dame … nur, um Ihnen zu gratulieren." Seine Augen brannten in ihren und seine Stimme zitterte. „Warum sonst, Joan, warum sonst?"

Dann begann Mrs. Sutton zu sprechen, und das Gespräch wurde allgemeiner.

"Es geht um diese deutschen Gefangenen; sie machen ziemlich viel Ärger", sagte Vane als Antwort auf ihre Frage. "Und deshalb haben wir eine Art Ausschuss gebildet, der ihre Ernährung und ihre allgemeinen Bedingungen untersucht … und – äh – ich bin einer von ihnen."

„Das ist wirklich interessant", sagte die alte Dame. „Sind Sie schon lange dabei?"

„Nein, nicht lange. Tatsächlich", sagte Vane und sah Joan fest an, „habe ich meine Befehle erst gestern Abend bekommen …" Mit dem Anflug eines Lächelns beobachtete er, wie die verräterische Farbe kam und ging.

Dann wandte sie sich ihm zu, und ihr Gesichtsausdruck war ein wenig verwirrend. „Und haben Sie, Captain Vane, eine besondere Qualifikation, um sich mit einem so komplizierten Thema zu befassen?"

„Kompliziert?" Er hob die Augenbrauen. „Ich hätte gedacht, es wäre ganz einfach. Nur eine Frage des gesunden Menschenverstands und dass diese Männer – nun ja – ein Gefühl für Proportionen entwickeln."

„Sie meinen, ihnen Ihr Gespür für Proportionen beizubringen?"

„In manchen Fällen kann es nur einen geben", sagte Vane ernst.

„Und das ist Ihr eigenes. Diese – deutsche Gefangene, sagten Sie, nicht wahr? – diese deutschen Gefangenen halten es vielleicht für ihre Pflicht, anderer Meinung zu sein als Sie. Zweifellos aus patriotischen Motiven …"

„Das wäre sehr schade", sagte Vane. „Dann läge es an mir, ihnen ihre Fehler aufzuzeigen."

„Und wenn du versagst?" fragte das Mädchen.

„Irgendwie glaube ich nicht, dass ich das schaffen werde", antwortete er langsam. „Aber wenn ich es tue, wird die Not, von der ich gesprochen habe, nicht weniger werden. Sie wird zunehmen …"

„Wir kümmern uns zu sehr um diese Schweine", grummelte Mr. Sutton. „Mir wird schlecht, wenn ich höre, wie unsere Jungs von den Rohlingen behandelt werden. Eine verdammt gute Auspeitschung zweimal am Tag – verzeihen Sie mir meine Ausdrucksweise – ist das, was sie wollen."

„Ja – drastische Maßnahmen können manchmal recht erfolgreich sein", sagte Vane mit einem leichten Lächeln. „Leider ist die öffentliche Meinung in unserem gegenwärtigen fortgeschrittenen Zivilisationszustand gegen Auspeitschungen. Sie zieht es vor, dass Gewalt gegen die Person geistig statt körperlich ausgeübt wird … Und es scheint so kurzsichtig, nicht wahr? Letzteres ist vorübergehend, während das andere dauerhaft ist.

Joan stand auf und sah ihn ruhig an. „Wie schön, einen Mann zu treffen, der heutzutage alles für beständig hält. Ich hätte gedacht, wir leben in einem Zeitalter sich ständig ändernder Werte …"

„Sie liegen völlig falsch, Miss Devereux", sagte Vane. „Ganz, ganz falsch. Die kleinen Dinge mögen sich ändern – der Schaum auf dem Pool, den jeder sieht und kennt; aber die großen, grundlegenden Dinge bleiben immer gleich …"

„Und was sind Ihre großen, grundlegenden Dinge?", wollte sie wissen.

Vane sah sie einen Moment lang an, bevor er ihr leichthin antwortete. „Dinge, über die es keine Meinungsverschiedenheiten geben kann, auch wenn es meine eigenen Ansichten sind. Liebe und die Freude an angenehmer Arbeit und Gesundheit ... Stellen Sie sich nur vor, Sie müssten dauerhaft mit jemandem zusammenleben, dessen Verdauung nicht mehr funktioniert ...“

„Mögest du es nie tun *müssen* “, sagte das Mädchen leise. Dann drehte sie sich um und ging zur Tür. „Ich schätze, es ist an der Zeit, sich anzuziehen, nicht wahr?“ Sie ging aus dem Zimmer, und Mr. Sutton ging mit erhobener Hand auf Vane zu, wie der Bösewicht in einem Melodram, der gerade dabei ist, ein Geheimnis zu enthüllen, ohne sich der komischen Erleichterung bewusst zu sein, die in dem hohlen Baum versteckt ist.

„Mein lieber Freund“, flüsterte er heiser. „Du hast das Falsche gesagt.“ Er spähte ernst zur Tür, um sich zu vergewissern, dass Joan nicht zurückgekehrt war. „Baxter – der Mann, den sie heiraten wird – ist ein perfekter Märtyrer gegen Verdauungsstörungen. Das ist der einzige Dorn im Auge. In jeder anderen Hinsicht passt er hervorragend zusammen, aber er lebt“ – und der alte Herr tippte Vane auf die Schulter Betonen Sie diese abscheuliche Sache: „Er lebt von Zwieback und Sodawasser.“

Vane warf das Ende seiner Zigarette ins Feuer und lachte. „Irgendwo gibt es immer einen Haken, nicht wahr, Mr. Sutton? ... Ich fürchte, ich muss Sie bitten, mein Umziehen zu entschuldigen; ich habe nur dieses Khaki dabei.“

Vane stand vor dem großen offenen Kamin in der Halle, als Joan zum Abendessen herunterkam. Es war das erste Mal, dass er sie im Abendkleid sah, und als sie langsam vom Fuß der Treppe auf ihn zukam, ballte er die Hände auf dem Rücken und biss die Zähne zusammen. In ihrem schlichten schwarzen Abendkleid war sie so schön, dass jedem Mann schwindlig wurde. Und wenn der Mann zufällig in sie verliebt war und außerdem wusste, dass sie in ihn verliebt war, war es nicht verwunderlich, dass er mit einer plötzlichen, fast verzweifelten Bewegung beide Hände an den Kopf legte.

Als das Mädchen ihn erreichte, sah sie die Geste und ihre Augen wurden ganz sanft. Die Deutung war nicht schwer zu erkennen, selbst wenn sie nicht den grimmigen, starren Ausdruck in seinem Gesicht gehabt hätte, der sie hätte leiten können; und in einem Augenblick machte es den Entschluss, den sie in ihrem Zimmer gefasst hatte, ihn kalt zu behandeln, zunichte. Als sie ihn erreichte, erkannte sie in einem Blitz klarer Selbstanalyse die Sinnlosigkeit eines solchen Entschlusses. Mit der Erkenntnis ihrer Schwäche kam die Angst. ... All ihre sorgfältig durchdachten Pläne schienen wie ein Kartenhaus zusammenzufallen; Alles, was sie wollte, war, in seinen Armen zu sein. . . geküsst werden. . . . Und doch wusste sie, dass das eine Torheit war. . . .

„Warum bist du gekommen?“ sagte sie sehr leise. „Es ging nicht darum, das Spiel zu spielen, nach dem, was ich dir geschrieben habe ...“

Vane sah sie einen Moment lang schweigend an und lachte dann. „Wirst du wirklich mit mir reden, Joan, über so etwas wie das Spielen des Spiels?"

Sie stand neben ihm und streckte die Hände nach den brennenden Holzscheiten aus. „Du weißt, wie schwach es mich macht, in deiner Nähe zu sein. … Du spielst damit."

„Also", sagte Vane grimmig, „gibt es einen Mann, der das unter diesen Umständen nicht tun würde?"

„Und doch", sagte sie, drehte sich um und sah ihn ernst an, „wissen Sie, was für mich auf dem Spiel steht." Ihre Stimme begann zu zittern. „Sie spielen mit Sex … Sex … Sex, und es ist die mächtigste Waffe der Welt. Aber seine Auswirkungen sind äußerst vergänglich."

„Du lügst, Joan, und du weißt es", Vane packte sie am Arm. „Es ist nicht das Vorübergehende."

„Das ist es", rief sie und stampfte mit dem Fuß auf, „das ist es. Auf der anderen Seite der Waage steht dagegen das Glück meines Vaters und meines Bruders – Blandford – Dinge, die von Dauer sind …"

„Aber was ist mit deinem eigenen Glück?" fragte er grimmig.

„Warum denkst du, dass ich nicht glücklich sein sollte?" Sie weinte. „Ich habe dir gesagt, dass es sich um eine rein geschäftliche Vereinbarung handelt. Henry ist sehr nett und nett, und alles, was mir fehlen wird, sind ein paar Monate von dem, was sie Liebe nennen …"

Vane nahm seine Hand von ihrem Arm und ließ sie auf seine Seite fallen. „Ich fürchte, ich habe deinen Arm markiert", sagte er leise. „Ich wusste nicht, wie sehr ich es festhielt. Es gibt nur einen Punkt, den ich Ihnen gerne mitteilen möchte. Ist Ihnen in den Sinn gekommen, dass es bei der geschäftlichen Vereinbarung, die Sie so entzückend dargelegt haben, möglicherweise auffallen könnte, dass Mr. Baxter – angesichts seiner großen Besitztümer – dass ein Sohn und Erbe Teil des Vertrags ist?" Während er sprach, richtete er seinen Blick auf ihr Gesicht.

Er sah, wie sich ihr ganzer Körper versteifte, als wäre sie geschlagen worden; er sah, wie sie sich mit einem plötzlichen kleinen Keuchen auf die Lippe biss, er sah, wie die Farbe aus ihren Wangen verschwand. Dann erholte sie sich.

„Natürlich", sagte sie. „Ich habe keinen Zweifel daran, dass das Teil des Programms sein wird. Ich glaube, das ist in der Regel in ähnlichen Fällen der Fall."

Vanes Stimme war sehr sanft, als er antwortete. „Mein graues Mädchen", flüsterte er, „das geht nicht. . . . Es geht einfach nicht. Wenn ich glauben würde, dass das, was du sagst, wirklich ausdrückt, was du denkst, weißt du nicht, dass ich das verlassen würde?" Haus, ohne auf das Abendessen zu warten? Aber sie können mir nicht in die Augen schauen.

„Das kann ich", antwortete sie trotzig; „Das ist es, was ich denke. . . ."

„Schau mir in die Augen, sagte ich", unterbrach Vane leise.

Zweimal versuchte sie zu sprechen, und zweimal scheiterte sie. Dann wandte sie sich mit einem kleinen, halb erstickten Keuchen ab. . . . „Du Rohling", sagte sie und ihre Stimme zitterte, „du Rohling …"

Und als ihr Gastgeber die Treppe herunterkam, um sich ihnen anzuschließen, lachte Vane – ein kurzes, triumphierendes Lachen. . . .

Fast sofort gingen sie zum Abendessen hinein; und für Vane schien das Essen eine Abfolge unbekannter Gerichte zu sein, die seine Aufmerksamkeit von Zeit zu Zeit teilweise von dem einzig Wirklichen im Raum ablenkten – dem Mädchen, das ihm gegenüber saß. Und doch schmeichelte er sich, dass weder sein Gastgeber noch seine Gastgeberin etwas Auffälliges an seinem Verhalten bemerkten. Tatsächlich hielt er ihn für ein Vorbild an Taktgefühl und Diskretion. . . .

Vane war betrunken – so betrunken, wie ein Mann von Wein betrunken wird. Er war betrunken vor Aufregung; er war verrückt vor Liebeswahn. Manchmal hatte er das Gefühl, er müsse aufstehen, um den Tisch herumgehen und sein Mädchen in die Arme schließen. Er ging sogar so weit, sich den Gesichtsausdruck des Butlers vorzustellen, als er das tat. Unglücklicherweise war das gerade der Moment, als Mrs. Sutton eine grauenhafte Geschichte über einen toten Soldaten beendet hatte, der seine bettlägerige Frau mit dreizehn Kindern zurückgelassen hatte. Vane hatte kein Wort von der Geschichte gehört, aber das Gesicht des Butlers war ihm hin und wieder in den Sinn gekommen, und er wählte diesen Moment, um zu lachen. Es war kein Lachen zur rechten Zeit, aber irgendwie schaffte er es, sich davon zu befreien …

Und dann, gerade als die Suppe kam – oder war es die herzhafte? –, wusste er, so sicher er sie vor sich sehen konnte, dass sein Wahnsinn Joan beeinflusste. Die klugen Köpfe mögen es Telepathie nennen, die Sympathie zweier Unterbewusstseine. . . . Was liegt den Pädagogen, was liegt den psychologischen Experten am Herzen? Es war Liebe – herrlich und wunderbar in ihrer Zügellosigkeit. Es war der Mann, der die Frau rief; es war die Frau, die dem Mann antwortete. Es war Freiheit, Schönheit und Wahnsinn in einem; Es war das Einzige auf dieser Welt, das zählte. Aber er achtete stets sehr darauf, das große Geheimnis nicht preiszugeben. Nur ein- oder zweimal trafen sich ihre Blicke, und jedes Mal, wenn das passierte, machte er eine Bemerkung, die ungemein witzig war als sonst – oder noch ungemein dummer. Und das Mädchen gegenüber half ihm und lachte mit ihm, während über den großen Mahagonitisch ihre wahre Botschaft sprang: „Meine Liebe, ich gehöre dir ..." Es flüsterte durch die Blumen in der großen geschliffenen Glasschale, die das Herzstück bildete; es hallte zwischen den massiven silbernen Kerzenständern mit ihren rosafarbenen Lichtern wider. Manchmal ertönte es triumphierend aus jeder Ecke des Raumes und vertrieb mit dem Wunder seiner Stimme alle alltäglichen Umgebungen; Manchmal schwebte es sanft durch die warme, duftende Luft und beschwor Bilder von Nächten in der Wüste herauf, in denen der Nil sanft auf den heißen Sand plätscherte und die Schreie der Wasserjungen schwach durch die stille Luft drangen.

Aber immer und ewig war es da, alles beherrschend, so hartnäckig war seine Realität. So sicher, als ob die Worte gesprochen worden wären, sahen sie einander ins Herz, als an jenem Abend beim Essen ein würdiger alter Gutsherr aus Sussex und seine Frau über den Krieg und Wohnungsprobleme sprachen und darüber, wie sinnlos es sei, einen Fleischpreis so festzusetzen, dass es sich für die Bauern auszahlte, ihre Kälber zur Kuh zu bringen, anstatt die Milch zu verkaufen. Schließlich waren die Worte schon einmal gesprochen worden, und Worte zählen nicht viel. Es gibt Zeiten – nicht oft, denn Künstlichkeit und Zivilisation sind strenge Zuchtmeister – aber es gibt Zeiten, in denen ein Mann und eine Frau wie Götter werden und wissen. Wozu brauchen sie dann Worte zwischen sich? Ein Mathematiker muss nicht das kleine Einmaleins zu Rate ziehen oder die Regeln für Addition und Subtraktion nachschlagen.

Doch dieser Zustand ist gefährlich – sehr gefährlich. Denn das Gesetz des Universums bestimmt, dass es auf jede Aktion eine gleich große und entgegengesetzte Reaktion gibt. Wahnsinn darf keine Rolle spielen – auch wenn er göttlicher Natur ist. Er nützt nicht das Geringste, wenn es an der Zeit ist, die Rechnung zu bezahlen. Zu diesem Zeitpunkt ist der Wahnsinn wie ein Traum in der Nacht vorüber, und der kalte Verstand ist der Richter, vor dem ein Mensch stehen oder fallen muss. Es gibt vielleicht einige, die eine Zeit lang bei der Rechnung schummeln, aber sie leben in einem Narrenparadies. Früher oder später wird die Rechnung präsentiert. Das muss so sein – denn so ist das Gesetz der Dinge, wie sie sind ... Und alles, worum ein Mensch beten kann, ist, dass er für sein Geld einen angemessenen Gegenwert erhält.

Nach dem Essen sang Joan ein oder zwei Mal, und Vane, der in einem Sessel neben dem Kamin saß, beobachtete sie mit halb geschlossenen Augen. Seine Gastgeberin strickte friedlich, und der alte Herr schlief offen und unverhohlen. Das Mädchen hatte eine leise Stimme, aber sehr süß und rein; und nach einer Weile stand Vane auf und ging zum Klavier. Er stand da, den Ellbogen darauf gestützt, und blickte auf sie herab, und als sich ihre Blicke trafen, stockte ihre Stimme ein wenig.

„Ach! Wenn die Liebe kommt, sind ihre Flügel schnell,
ihre Wege sind voller schneller Überraschungen; es ist gut für diejenigen,
die die Gabe haben, sie zu ergreifen, während sie fliegt …“

Sie sang das einfache indische Liebeslied mit einer Art wehmütiger Zärtlichkeit, und dem Mann, der sie beobachtete, kam es vor, als würde sie für sich selbst und nicht für ihn singen. Als die letzte Note des Refrains zitterte und verklang, wachte Mr. Sutton mit einem lauten Schnauben auf und sah sich schuldbewusst um. Ganz zufrieden, dass niemand seinen Fehler bemerkt hatte, stand er auf und ging zum Klavier.

„Entzückend, meine Liebe, entzückend“, sagte er herzlich. „Mein Lieblingslied.“ Die Zahl der Lieblingslieder des alten Herrn, die er unter ähnlichen Umständen hörte, war groß.

„Komm mit, mein Junge“, fuhr er fort und wandte sich an Vane. „Billard oder Billard, und mal sehen, ob der alte Mann dir nicht das eine oder andere zeigen kann.“

Mit einem inneren Stöhnen bekundete Vane seine Freude. „Vielleicht kommt Miss Devereux und punktet für uns“, murmelte er.

„Das tue ich, meine Liebe“, sagte Mrs. Sutton. „Und dann gehe ich ins Bett.“

Wenn Vane sich auch kaum an das Abendessen an jenem Abend erinnerte, so erinnerte er sich noch weniger an das Billardspiel, außer dass er zu Mr. Suttons großer Freude eine haushohe Niederlage erlitt und dass er ziemlich viel über alberne kleine Witze lachte. Ab und zu stand er neben Joan an der Anzeigetafel und berührte ihren Arm oder ihre Hand; und einmal, als sein Gastgeber, der auf einen Stoß konzentriert war, ihnen den Rücken zuwandte, beugte er sich sehr schnell vor und küsste sie auf die Lippen. Und er fühlte, wie sie bei seiner Berührung zitterte und dann erstarren musste.

Er spielte scheußlich, und wenn er versuchte, sich zusammenzureißen, um das Spiel schneller zu beenden, spielte er noch schlechter. Wenn der alte Mann doch nur zu Bett gehen oder so etwas tun und sie allein lassen würde … Wenn er doch nur ein paar Minuten allein mit Joan hätte, nur um sie zu küssen und in die Arme zu schließen. Aber der alte Mann zeigte keinerlei Anzeichen, irgendetwas dergleichen zu tun. Er kam nicht oft zum Billardspielen; noch seltener schlug er jemanden, und er hatte fest vor, das Beste daraus zu machen. Dann schließlich, als das Spiel endlich vorbei war, spielte er zur Übung die Hälfte seiner Stöße noch einmal. Und Vane, den Queue mit beiden Händen umklammernd, überlegte, ihm mit dem Knüppel den Schädel einzuschlagen …

Aber es sollte noch schlimmer kommen. Mr. Sutton war stolz darauf, altmodisch zu sein. „Früh zu Bett und früh aufstehen“, ein Sprichwort, das

Vane immer für das abscheulichste der englischen Sprache gehalten hatte, war einer der Lieblingssprüche seines Gastgebers. Besonders, wenn es auf andere Leute angewendet wurde. . . .

„Nun, meine Liebe", sagte er zu Joan, nachdem er dreimal einen einfachen Kanonenschuss verfehlt hatte und das Gefühl hatte, eine kleine Rechtfertigung zu brauchen, „geh jetzt ins Bett. Ich kann nicht zulassen, dass du so kurz vor deiner Hochzeit deinen Schönheitsschlaf verpasst, sonst werde ich Baxter wie eine Tonne Ziegelsteine auf mich loslassen."

Vane wandte sich abrupt dem Feuer zu, und es ist zu befürchten, dass seine Gedanken nicht ganz so waren, wie sie hätten sein sollen. Tatsächlich schwor er sich im Geiste, dass er, sollte er jemals die Ehre haben, einem Mörder zu begegnen, ihm herzlich die Hand schütteln würde.

„Gute Nacht, Captain Vane." Joan stand neben ihm und streckte ihre Hand aus. „Ich glaube nicht, dass Sie heute Abend sehr gut gespielt haben, oder?"

Im nächsten Moment hatte sich die Tür hinter ihr geschlossen und Vane drehte sich langsam um, um eine Frage seines Gastgebers zu beantworten. Und als er sich umdrehte, lachte er leise vor sich hin. Denn Joan hatte ihn nicht einmal angesehen, als sie „Gute Nacht" sagte, und obwohl der Raum warm, fast stickig, war, war ihre Hand so kalt wie Eis gewesen.

Vane schloss die Tür seines Zimmers und ging nachdenklich zum Feuer. Er fühlte sich mehr oder weniger benommen, wie ein Mann, der eine große Belastung durchgemacht hat und für den Moment eine vorübergehende Ruhe findet.

Er gab nicht vor, dafür verantwortlich zu sein; er versuchte es nicht einmal. Es hatte andere Tage gegeben, die er mit Joan verbracht hatte – Tage, an denen er ihr körperlich viel näher gestanden hatte als an diesem Abend. Bis auf den einen kurzen Kuss im Billardzimmer hatte er sie kaum berührt. Und doch spürte er ihre Gegenwart lebendiger als je zuvor.

Vane war kein Psychologe, und die Psychologie des Sex folgt ohnehin keinen Regeln. Sie entwickelt ihre eigenen, während sie voranschreitet. Und der einzige Gedanke, der aus dem wirren Chaos in seinem Gehirn hervorstach, war die wilde Freude darüber, Baxter besiegt zu haben. Der primitive Höhlenmensch war in dieser Nacht noch sehr lebendig in ihm …

Joan gehörte *ihm* ; er wusste es, und sie wusste es – und mehr gab es nicht zu sagen. Und mit einem kurzen, triumphierenden Lachen zog Vane einen Sessel ans Feuer und zündete sich eine Zigarette an. Er hörte, wie Mr. Sutton den Gang entlangging und in sein Zimmer ging; und dann wurde es allmählich still im Haus. Draußen war die Nacht still, und einmal stand er auf und ging zum Fenster. Er stand eine Zeit lang da und starrte in die

Dunkelheit, die Hände tief in den Taschen vergraben; dann kehrte er wieder zu seinem Sessel zurück. Er verspürte kein Verlangen, ins Bett zu gehen; er wollte einfach nur sitzen und an sein Mädchen denken.

Drei Tage sind eine lange Zeit, wenn man am Anfang steht; und aller Wahrscheinlichkeit nach würden sie ihm eine Verlängerung gewähren. Drei Tage mit Joan – drei ganze Tage. . . .

Sie machten ein paar lange, herrliche Wanderungen über die Downs, wo der Rasen bis zum Fuß federnd ist und der Wind direkt vom grauen Atlantik kommt und der salzige Geruch es gut macht, am Leben zu sein. Und dann, eines Nachmittags, als sie nach Hause kamen, erwartete Joan ein Telegramm, in dem stand, dass in Blandford Kohle entdeckt worden sei, und glaubte sie, dass es von Bedeutung wäre, wenn der Hauptschacht ins Esszimmer führte?

So etwas würde zwangsläufig passieren, und selbst wenn es nicht käme, wären die Dinge nicht schlechter dran als jetzt. Und in der Zwischenzeit – drei Tage. . . . Denn Vane hatte das Stadium des Denkens überschritten; Er war nicht in der Lage, über Dinge zu diskutieren oder Einhalt zu gebieten, selbst wenn er es wollte. Es schien ihm, dass alles so unermesslich klein war im Vergleich zu der einen großen Tatsache, dass Joan ihn liebte.

Er pfiff leise vor sich hin und begann, seine Schuhe zu öffnen. „Wir werden sie noch betrügen", murmelte er, „irgendwie." Und noch während er sprach, versteifte er sich plötzlich und starrte zur Tür. Daraufhin hatte es zwei tiefe, zögernde Schläge gegeben. . . .

Einen Moment lang blieb er stehen, unfähig, sich zu rühren, während seine Zigarette, in zwei Teile geknickt und zerrissen, unbeachtet ins Gitter fiel. Jeder Blutstropfen in seinem Körper schien stillzustehen und dann wieder wie verrückt zu pulsieren, als ihm klar wurde, wer draußen war. Dann ging er mit zwei großen Schritten zur Tür und öffnete sie. . . .

„Joan", flüsterte er, „meine Liebe …"

Sie trug einen seidenen Morgenmantel, und durch die Öffnung an ihrem Hals konnte er die Spitzen ihres Nachthemds sehen. Ohne ein Wort ging sie an ihm vorbei ins Zimmer und hockte sich über das Feuer, während Vane mit dem Rücken zur Tür dastand und sie mit geweiteten Augen beobachtete.

„Schließ die Tür ab." Ihre Worte hörte er schwach durch das Dröhnen in seinen Ohren und mechanisch tat er, was sie verlangte.

Langsam, mit kurzen, zögernden Schritten kam er auf das Feuer zu und blieb neben ihr stehen, während seine Nägel sich in seine Handflächen schnitten. Dann stand sie auf und stand ihm gegenüber.

„Du hast gewonnen", sagte sie einfach. „Ich bin zu dir gekommen." Sie
schwankte in seine Arme, und so blieben sie eine ganze Weile stehen,
während der Mann die dichten Haarmassen, die ihr über die Schultern fielen,
immer wieder um seine Finger wickelte. Er berührte ihre Stirn und ihre
Wangen mit Händen, die ein wenig zitterten, und plötzlich küsste er sie heftig
auf die Lippen – so dass sie nach Luft schnappte und zu zittern begann. Er
konnte ihren Körper durch das dünne Seidentuch an sich spüren, und er
umschloss sie fester mit seinen Armen, als wolle er sie wärmen.

„Mein Liebling", flüsterte er, „dir ist kalt ... so kalt ... Nimm meinen
Morgenmantel ..."

Aber das Mädchen klammerte sich nur noch mehr an ihn, und der Mann, der
nur ein Mann war, spürte, wie seine Sinne von dem Wunder darüber zu
schwärmen begannen.

Und dann stieß sie ihn plötzlich weg und starrte mit den Händen auf dem
Kaminsims ins Feuer.

Vanes Atem ging schnell. Sie sah so überaus begehrenswert aus, während der
rote Schein des Feuers ihr Gesicht erleuchtete und ihr Haar um sie fiel. Er
streckte seine Hand aus und legte sie auf ihren Arm, als wollte er sich
vergewissern, dass es kein Traum war, und bei der Berührung seiner Finger
schien etwas zu brechen. Eine große Welle von Farbe überflutete ihr Gesicht
und breitete sich bis zu ihrem Hals aus, und sie begann unkontrolliert zu
zittern. Er beugte sich über sie, flüsterte ihr etwas ins Ohr, und plötzlich legte
sie beide Arme um seinen Hals. Und dann legte sie wie ein kleines Kind, das
seine Mutter um Trost bittet, ihren Kopf an seine Schulter, und die Tränen
kamen.

Er beruhigte sie sanft, strich ihr mit der Hand übers Haar, und allmählich, im
Lauf der Minuten, legte sich der wütende Sturm in seinem Kopf und machte
einem wunderbaren Frieden Platz. Das Mädchen, das so sanft in seinen
Armen weinte, rief alles Gute in seiner Natur hervor, und mit einem kleinen,
flackernden Lächeln auf den Lippen starrte er auf die Flammen über ihrem
Kopf.

Die Leidenschaft hatte ihn verlassen; ein großes Gefühl des Schutzes – das
göttliche Erbe der Menschheit über alle Jahrhunderte hinweg – hatte ihren
Platz eingenommen.

Und so nahm er sie nach einer Weile in die Arme und legte sie auf sein Bett.
Er zog ihr die Kleider um, nahm ihre Hand in seine und setzte sich neben sie
auf einen Stuhl.

Die ganze Nacht über wachte er an ihrer Seite, und während er der Uhr im Flur lauschte, die die Stunden schlug, dämmerte ihm allmählich, was er tun musste.

Denn er hatte Baxter nicht geschlagen; er hatte das Mädchen nur geschlagen. Baxter stand immer noch da, wo er war. Für Joan war Baxter immer noch der Ausweg. Als Rivale – Mann gegen Mann – zählte er nicht; er hätte genauso gut Jones oder Smith sein können. Aber als Waffe gegen die Ordnung der Dinge blieb Baxter, wo er war – der Sieger.

Und obwohl er diese Ordnung der Dinge verfluchte, empfand er doch eine Art verblüffte Überraschung, dass er selbst hier tatsächlich mit einem von Ramages Eigeninteressen konfrontiert war. . . . Wenn Blandford verstaatlicht worden wäre, wäre das Problem so einfach gewesen. . . .

Er bewegte sich gereizt auf seinem Stuhl. Was für ein Durcheinander das Ganze war – was für ein Durcheinander. Und dann beugte er sich mit der Berührung einer Frau über das schlafende Mädchen und wischte zwei Tränen weg, die auf ihren Wimpern glitzerten. Armes kleines Mädchen – arme kleine Joan. . . .

Ein Gefühl überwältigenden Mitleids und Liebe für sie übertönte jeden anderen Gedanken. Ob richtig oder falsch, sie tat, was sie für ihre Aufgabe hielt; und jetzt war er gekommen und machte ihr alles tausendmal schwerer.

Ganz sanft zog er seine Hand aus ihrer und erhob sich von seinem Stuhl. Er heizte das Feuer wieder an und begann dann langsam im Zimmer auf und ab zu gehen. Die Zeit des Herumtreibens war vorbei; die Sache musste jetzt geklärt werden.

Er war kein Dummkopf, und nebenbei wusste er so viel über Frauen wie ein Mann. Er verstand genau, warum sie an diesem Abend zu ihm gekommen war; so deutlich, als hätte sie ihm gesagt, dass er die wilden, brodelnden Gedanken in ihrem Kopf verstand, das Chaos, das Gefühl der Sinnlosigkeit. Und dann das plötzliche, unwiderstehliche Verlangen, die Dinge in Ordnung zu bringen – das Kämpfen aufzugeben – das Glück zu ergreifen oder das, was ihr im Moment als Glück erschien.

Und angenommen, die Stimmung wäre nicht gekippt – angenommen, die Tränen wären nicht geflossen ... Er blieb in seinem langsamen Gang stehen und starrte das schlafende Mädchen nachdenklich an ... Wie wäre die Lage jetzt?

„Sex – Sex – Sex. Das Mächtigste auf der Welt und das Flüchtigste." Ihre Worte vor dem Abendessen, als sie in der Halle gestanden hatten, fielen ihm wieder ein, und er holte tief Luft. Das war die Waffe, die er gegen sie einsetzte; er versuchte nicht, sich in dieser Hinsicht etwas vorzumachen.

Schließlich – warum nicht? Es war die Waffe, die seit Anbeginn der Dinge eingesetzt worden war; es war die Waffe, die bis zum Ende eingesetzt werden würde. Es war die Waffe der Natur … und doch …

Er setzte seinen Weg fort – sechs Schritte in eine Richtung, dann umdrehen, sechs Schritte zurück. Er bewegte sich langsam, das Kinn auf die Brust gesenkt und die Hände unruhig hinter dem Rücken hin und her gedreht. Angenommen, sie hatte recht, angenommen, sie würde sich in einem oder fünf Jahren gegen ihn wenden und sagen: „Gegen mein besseres Wissen hast du mich überstimmt. Obwohl ich dich geliebt habe, obwohl ich dich immer noch liebe – hast du mich gezwungen, mein Glück zu einem zu hohen Preis zu erkaufen?“

Angenommen, sie würde das sagen – was dann? Hatte er das Recht, sie einem solchen Risiko auszusetzen? War es fair? Immer wieder überlegte er sich Fragen und Antworten. Natürlich war es fair – sie liebten einander; und Liebe ist das Größte im Universum. Aber war es in seinem Fall nur Liebe – überwältigte sie nicht auch die Leidenschaft? Nun – was wäre, wenn es so wäre; es gibt Fälle, in denen die beiden nicht getrennt werden können – und diese Fälle sind wertvoller als Rubine. Dagegen wäre es lächerlich, das Schicksal von Blandford zu setzen … Durchaus – aber wessen Standpunkt war das – seiner oder ihrer?

Vane war im Wesentlichen ein fairer Mann. Der durchschnittliche Engländer ist so gemacht – das liegt in der besonderen Natur des Rohlings. Wenn überhaupt, wird er – als Schiedsrichter oder Richter – die Entscheidung gegen seine eigene Seite treffen, was der Grund dafür ist, dass sich England bis ans Ende der Welt ausgebreitet hat und dort auf ausdrücklichen Wunsch der Kleinen Völker geblieben ist. Voreingenommenheit oder Günstlingswirtschaft sind ihm zuwider; Soweit es ihm möglich ist, wägt der Engländer die Vor- und Nachteile des Falles ab und fällt seine Entscheidung ohne Parteilichkeit oder Vorurteil. Er mag manchmal einen Fehler machen, aber der Fehler ist ehrlich und wird als solcher anerkannt.

Und während Vane ruhelos in seinem Zimmer auf und ab ging, empörte sich jeder Instinkt in ihm vor dem Gedanken, eine emotionale Krise auszunutzen, von der er wusste, dass sie an diesem Abend in Joan ausgelöst worden war. Es schien ihm unfair zu sein.

„An sie musst du denken“, sagte er sich immer wieder. „Nur sie... Sie ist es, die verlieren wird – viel mehr als du.“

Er hatte das Gefühl, dass er sofort aus ihrem Leben verschwinden würde – wenn es ihr dadurch helfen würde. Aber würde es? Das war der Knackpunkt. War es gerechtfertigt, dass er sie dieses Opfer bringen ließ? So deutlich, als hätte er es in Feuerbuchstaben an der Wand gesehen, wusste er, dass die Angelegenheit in seinen Händen lag.

Noch einmal ging er zum Fenster und schaute hinaus. Im Osten zeichneten sich die ersten Streifen der Morgendämmerung am Himmel ab, und er stand lange Zeit regungslos da und starrte sie an. Wie oft hatte er in Frankreich die Geburt eines neuen Tages miterlebt und sich gefragt, was er für ihn bereithielt. Aber da drüben ist ein Mann ein Fatalist – seine Rolle ist ihm zugeteilt, und er kann nur blind die ausgetretenen Pfade beschreiten. Während hier, so sehr man auch dem Spiel der spielenden Götter verpflichtet ist, irgendwann die Zeit kommt, in der man selbst spielen muss. Das ist übrigens der Teil der Aufführung, der die Götter amüsiert. Sie planen ihre fantastischen Puzzles; aber eine der Regeln ist, dass sich die Figuren von selbst bewegen müssen. Und durch ihre Freundlichkeit lassen sie die Figuren glauben, dass sie die Bewegung kontrollieren. . . .

Plötzlich drehte sich Vane um und ging auf das Mädchen zu. Er nahm sie auf die Arme, öffnete schweigend die Tür und trug sie in ihr Zimmer.

Sie war völlig erschöpft und ausgelaugt und wachte kaum auf, selbst als er sie in ihr eigenes kaltes Bett legte. Sie öffnete einmal schläfrig die Augen, und er beugte sich zu ihr herunter und küsste sie zärtlich.

„Kleine Joan", flüsterte er. „Liebes kleines graues Mädchen."

Aber sie hörte ihn nicht. Mit einem müden Seufzer war sie wieder eingeschlafen.

KAPITEL XVI

Als Joan am nächsten Morgen aufwachte, war ihr bewusst, dass etwas geschehen war. Dann gingen ihr die Ereignisse der letzten Nacht durch den Kopf, und eine Weile lag sie ganz still da. Die Einzelheiten schienen alle verschwommen und verschwommen; nur die Haupttatsache war klar und deutlich zu erkennen: die Tatsache, dass sie in sein Zimmer gegangen war.

Danach wurde alles etwas verwirrend. Sie erinnerte sich daran, wie sie in seinen Armen getragen wurde, wie er sich über sie beugte und ihr „Little Joan" zuflüsterte, wie er sie küsste – aber das alles schien in einem wunderbaren Traum verschmolzen zu sein.

„Oh, meine Liebe", flüsterte sie, während das Licht der Liebe in ihren grauen Augen leuchtete. „Aber du bist so eine Liebe ..."

Es war ihr naturgemäß nicht möglich, die enorme Belastung zu begreifen, der sie ihn ausgesetzt hatte; es kam ihr nur so vor, als gäbe es ein neues und wunderbares Geheimnis, das sie mit ihm teilen konnte. Und für das Mädchen, das noch immer unter dem Einfluss ihrer Stimmung vom Vorabend stand, bildete dieses Geheimnis das letzte Glied in der Kette. Sie fragte sich, wie sie jemals hatte zögern können; jetzt schien alles so einfach und offensichtlich.

Baxter, Blandford – was machte das schon? Sie war zu Derek gegangen; die Sache war entschieden ...

Ihre Zofe kam ins Zimmer und ging vorsichtig auf das Bett zu.

„Ah! Aber Mam'selle ist wach", sagte sie. „Und den Tee, mon Dieu, aber er ist ziemlich kalt."

„Wie spät ist es, Celeste?", fragte Joan.

„Neun Uhr, Mam'selle. Ich habe ze dejeuner draußen. Und eine Nachricht von M'sieur le Capitaine." Sie hielt Joan einen Umschlag hin und machte sich geschäftig im Zimmer auf. „Ah! aber er ist ein Gentleman – M'sieur le Capitaine; jung und von großartiger Art." Man kann sagen, dass Celeste Baxter eher wie ein lästiges Insekt betrachtete.

„Bring mir bitte mein Frühstück."

Joan wartete, bis das Zimmermädchen das Zimmer verlassen hatte, bevor sie den Umschlag öffnete. Da war nur eine Zeile drin und ihre Augen wurden sehr zärtlich, als sie die Worte las.

„Ich habe dir etwas zu sagen, kleine Joan, was in den großen Räumen gesagt werden muss. Wirst du heute Morgen mit mir in die Downs gehen?"

Sie las es ein halbes Dutzend Mal durch und wandte sich dann an Celeste.

„Sagen Sie Captain Vane, dass ich in einer Stunde fertig sein werde", sagte sie.

* * * * * *

Vane stand im Flur, als Joan erschien. Ein leicht zitterndes Lächeln lag auf ihren Lippen, aber sie kam stetig auf ihn zu und streckte ihm beide Hände entgegen.

„Guten Morgen, Mylady", sagte er sanft. „Möchten Sie gerne wissen, wie wunderbar Sie aussehen?"

„Oh! Derek", flüsterte sie. "Mein Schatz!"

„Angeblich gehen Sie zum Einkaufen nach Lewes", bemerkte er grinsend. „Ich habe es mit Boche-Gefangenen zu tun ... Zumindest habe ich das unserem würdigen Gastgeber beim Frühstück über die Nieren gesagt ..."

Sie lachte ein wenig fröhlich. „Und in Wirklichkeit?"

„Wir werden beide irgendwo abgesetzt und wir werden dem Auto sagen, es soll weglaufen und spielen, während wir über die Downs nach Hause laufen."

„Und mein Einkauf?"

„Sie konnten nichts finden, was Sie wollten."

„Und Ihre Gefangenen?"

„Nun, das Einzige, was meine Gefangenen verraten könnte, wäre, wenn ich im Gefängnis auftauche", lächelte Vane. „Hoffen wir, dass Mr. Sutton den Gouverneur nicht kennt."

Und plötzlich fügte er belanglos hinzu: „Unser Gastgeber war ein wenig überrascht, dass Sie nicht zum Frühstück erschienen, da er Sie so früh ins Bett geschickt hatte." Er beobachtete, wie sie leicht schneller atmete, wie ihre Wangen leicht rot wurden, und plötzlich schien sein Entschluss außerordentlich sinnlos. Dann riss er sich mit großer Anstrengung zusammen und steckte zur größeren Sicherheit beide Hände in die Taschen. „Ich denke", bemerkte er ruhig, „Sie sollten sich besser fertig machen. Der Wagen wird gleich da sein ..."

Wortlos verließ sie ihn und ging nach oben in ihr Zimmer, während Vane zur Haustür schlenderte. Der Wagen kam gerade aus der Garage und er nickte dem Chauffeur zu.

„Herrlicher Tag, nicht wahr?"

„Schade, dass Sie es wegen der Gefangenen verschwenden müssen, Sir“, sagte der Mann.

„Ja“, stimmte Vane nachdenklich zu. „Ich möchte, dass du mich in der Stadt absetzt, und dann gehe ich zu Fuß über die Downs zurück. … Ein herrlicher Tag für einen Spaziergang …“ Er drehte sich um und sah Joan neben sich. „Und eine tolle Vorstellung“, lächelte er sie an. „Ich brauche gleich.“

Er schlüpfte in seinen Mantel und half ihr, ins Auto zu steigen. „Setzen Sie mich doch in der High Street ab – gegenüber vom Postamt?“, sagte er zum Chauffeur. „Ich erwarte einen Brief.“

„Ich fürchte“, sagte sie, als das Auto die Auffahrt hinunterrollte, „dass du, wie die meisten Männer, eher dazu neigst, zu übertreiben.“ Mit einem kleinen, fröhlichen Lachen kuschelte sie sich an ihn und schob ihre Hand in seine unter dem Teppich.

„Ich gehe zu Fuß nach Hause, danke, Thomas“, sagte Joan, als sie aus dem Auto stieg und der Mann dastand und auf Befehle wartete.

Er berührte seine Mütze und sie standen da und sahen dem Auto zu, wie es die   High Street entlangfuhr. Dann wandte sie sich an Vane.

„Sie sollten sich besser um Ihre Briefe kümmern“, sagte sie zurückhaltend. „Und dann gehen wir vielleicht über das Schloss. Es gibt eine wunderbare Sammlung oleographischer Paläographen, die die Amerikaner mitgebracht haben, als sie England entdeckten …“

„In einer Sekunde“, drohte Vane, „werde ich dich küssen. Und ich weiß nicht, ob sie es hier verstehen würden …“

„Sie würden denken, wir wären Filmschauspieler“, gurgelte sie und schloss sich ihm an. "Weißt du den Weg?"

„In den Tagen meiner unwiederbringlichen Jugend bin ich hier zu den Rennen gegangen“, antwortete er. „Man kommt an einem Gefängnis oder so etwas vorbei. Ist das überhaupt wichtig?“

Sie seufzte völlig zufrieden. „Nichts ist wichtig, mein Mann – überhaupt nichts – außer dass ich bei dir bin. Nur ich möchte raus ins Freie, mit dem frischen Wind, der mir ins Gesicht weht – und ich möchte vor Freude singen. . . Glaubst du, wenn wir die Stadt hier besingen würden, würden sie mir ein paar Cent geben?“

„Wahrscheinlich sperren wir uns eher als unerwünschte Landstreicher ein“, lachte Vane. „Es ist eine Kreisstadt und sie sind ziemlich eigenartig. Ich bin mir nicht sicher, ob Fröhlichkeit nicht eine Straftat nach dem Defense of the

Realm Act ist. Übrigens glaube ich nicht, dass es heutzutage viele Verurteilungen geben wird. . . . "

Sie blieb einen Moment stehen und sah ihn an. „Das ist nicht erlaubt, Derek; es ist einfach nicht erlaubt."

„Dein Diener bittet um Verzeihung", antwortete er ernst, und eine Weile gingen sie schweigend weiter.

Sie kamen an zwei zerlumpten Kindern vorbei, deren Gesichter mehr Dreck angesammelt hatten, als menschenmöglich schien, und nichts würde Joan zufriedenstellen, als dass sie jedem einen Sixpence überreichte.

„Arme kleine Teufel", und ihre Stimme war sehr sanft. „Was für ein Leben, auf das man sich freuen kann, Derek – was für eine schreckliche Existenz …"

„Das ist alles, wozu sie jemals erzogen wurden." Er steckte Sixpence in jede kleine schmutzige Pfote und lächelte auf die ehrfürchtigen Gesichter hinunter. „Geht und gebt alles für Süßigkeiten aus", sagte er zu ihnen, „und seid einmal in eurem Leben wirklich wunderbar und glücklich krank …"

Und dann bogen sie endlich um eine Ecke, und vor ihnen erstreckten sich die Downs. Zu ihrer Linken stand düster und scheinbar leblos das düstere, finstere Gefängnis, und als Joan daran vorbeikam, schauderte sie leicht.

„Oh! Junge", schrie sie, „ist es nicht unmöglich, dem Leid und der Fäulnis zu entkommen – auch nur für einen Moment?" Sie schüttelte sich, als wollte sie die Stimmung vertreiben, und streckte die Arme zu den offenen Hügeln aus. „Es tut mir leid", sagte sie kurz. „Komm in die großen Räume und sag mir, was du sagen willst …"

Eine Weile gingen sie über den sauber geschnittenen Rasen, und der Wind vom Meer wehte durch den Ginster und die raschelnden Gräser, küsste sie und ging weiter.

„Es gibt einen Heuhaufen, wie ich sehe, mein Mädchen", sagte Vane. „Lasst uns hingehen und uns darunter hinsetzen. Und allen Gesetzen und Vorschriften zum Trotz werden wir dort eine Zigarette rauchen."

Sie erreichten die geschützte Seite und Vane warf seinen Mantel auf den Boden, damit sie sich darauf setzen konnte.

„Vergisst du nicht etwas?", flüsterte sie, und er zog sie in seine Arme und küsste sie. Dann ließ er sie sich hinsetzen und legte ihr den Mantel um die Schultern.

„Komm auch du rein", befahl sie. „Es ist genug Platz für beide …"

Und so saßen sie eine Weile schweigend da, sein Arm lag um ihre Taille, seine Wange berührte ihre.

Dann sprach Vane plötzlich: „Graues Mädchen – ich gehe heute weg."

„Weggehen?" Sie wiederholte die Worte und starrte ihn ungläubig an. „Aber … aber … ich dachte …"

„Das habe ich auch", erwiderte er ruhig. „Als ich gestern hierher kam, hatte ich nur einen Gedanken im Kopf – und der war, dich dazu zu bringen, Baxter aufzugeben. Ich wollte es aus rein egoistischen Gründen; ich wollte es, weil ich dich selbst wollte …"

„Und jetzt nicht?", fragte sie verwundert.

„Mehr – unendlich mehr – als ich zuvor getan habe. Aber eines möchte ich noch mehr – dein Glück." Er blickte unverwandt über das weite Stück offenes Land bis zu Crowborough, das in der violetten Ferne lag. „Als du letzte Nacht zu mir kamst, kleine Joan, dachte ich, ich würde vor Glück ersticken. Es kam mir so herrlich vertrauensvoll von dir vor … obwohl ich zugeben muss, dass mir diese Idee nicht zuerst kam. Du siehst, ich" „Ich bin nur ein Mann; und du bist ein hübsches Mädchen. Er lachte kurz ein wenig. „Ich hatte mir vorgenommen, die nächsten zwei oder drei Tage treiben zu lassen, und als du dann kamst, schien es eine direkte Lösung des Problems zu sein. Mir war von Anfang an nicht klar, dass du dazu nicht ganz fähig bist." Es war mir auch egal, eine Frau und ein Mann Allmählich, als du geweint hast und dich an mich geklammert hast, ist die ganze überwältigende Leidenschaft verschwunden – und stattdessen kam es mir so vor, als ob du … hatte die Abrechnung auf meine Schultern gelegt.

„Jetzt ist es da, mein lieber Mann", flüsterte sie. „Ich war einfach müde, müde, müde vom Kämpfen – und letzte Nacht schien alles so klar." Während ihre Brust sich schnell hob und senkte, starrte sie über die Hügel, und Vane beobachtete sie mit Augen voller Liebe.

„Das weiß ich – letzte Nacht", antwortete er.

„Verstehst du nicht", fuhr sie nach einem Moment fort, „dass eine Frau sich entscheiden lassen will? Sie will keine Argumente und Standpunkte – sie will in die Arme eines Mannes genommen werden, und geküsst und wenn nötig geschlagen. Ich weiß nur, dass ich benommen und verletzt war Kommen Sie zu Ihnen – und regeln Sie die Dinge. Sie drehte sich zu ihm um und ihr Gesicht war sehr angespannt. „Du warst nicht – du warst nicht schockiert", ihre Stimme war sehr leise. „Ich bin nicht angewidert von mir."

Vane warf den Kopf zurück und lachte. „Mylady", sagte er nach einem Moment, „verzeihen Sie mein Lachen. Aber wenn Sie sich in Ihren wildesten Träumen auch nur die Absurdität einer solchen Idee vorstellen könnten, würden Sie auch lachen ..." Dann wurde er wieder ernst und stach mit der Spitze seines Stocks auf den Boden. „Glaubst du, mein Lieber, dass ich diesen Ausweg nicht lieber selbst gewählt hätte? Glaubst du, dass die Versuchung, diesen Ausweg zu gehen, jetzt nicht auf mir lastet? . . . Deshalb habe ich es getan gehen. . . ."

"Wie meinst du das?" Ihr Gesicht war halb abgewandt.

„Ich meine", antwortete er grimmig, „wenn ich heute Abend in Melton vorbeikäme, würde ich in dein Zimmer kommen. Wie ich schon gesagt habe, ich bin nur ein Mann, und du bist ein hübsches Mädchen – und Ich verehre dich so sehr, dass ich einer Versuchung entkomme, von der ich weiß, dass sie mich besiegen würde.

Sie drehte sich um und sah ihn an. „Und angenommen, ich möchte, dass es dich besiegt?"

„Ah! Tun Sie das nicht. . . . Um Himmels willen – tun Sie es nicht!" schrie er, stand auf und ging davon. Er stand mit dem Rücken zu ihr, während eine Vielzahl verschiedener Kobolde in seinem Gehirn ihm versicherten, dass er ein absoluter Narr sei.

„Um Himmels willen! – nimm, was die Götter dir anbieten", sangen sie. „Hier im kalten Tageslicht, wo es keine Frage gibt, dass sie überreizt ist, bittet sie dich, die Dinge für sie zu regeln. Nimm es, du Narr, nimm es ..."

Und der Gott, der sich unter hundert anderen mit diesem besonderen Puzzle beschäftigte, hielt einen Moment inne und schenkte den neunundneunzig keine Beachtung. Dann blätterte er zwei oder drei Seiten um, um zu sehen, was auf ihn zukam, und verlor sofort das Interesse. Es ist schlecht, etwas zu überspringen – selbst für einen Gott.

Plötzlich spürte Vane Joans Hand auf seinem Arm und als er nach unten blickte, sah er sie an seiner Seite.

„Verstehst du das nicht, mein Lieber?", sagte sie. „Ich habe Angst davor, dass ich entscheiden muss ... ich habe einfach Todesangst."

„Und verstehst du denn nicht, liebes Mädchen", antwortete er, „dass ich Angst habe, für dich zu entscheiden? Wenn man für sich selbst die falsche Entscheidung trifft – nun, dann ist es das eigene Begräbnis. Aber wenn es für jemand anderen ist – und es ist dessen Begräbnis ..."

„Auch wenn der andere Sie darum bittet?"

„Auch wenn die andere Person einen darum bittet", wiederholte er ernst. „Außer dass die Geschlechter vertauscht sind, kleine Joan – so etwas ist vor nicht allzu langer Zeit passiert. Und die Frau sagte dem Mann, er solle hingehen und sich vergewissern ... Ich schätze, sie hatte Angst davor, alles auf einen plötzlichen Ansturm von Sex zu setzen. Sie hatte recht." Er drehte sich zu ihr um und ergriff stöhnend beide Hände. „Oh! mein Lieber – du weißt, was du gestern Abend vor dem Abendessen zu mir gesagt hast. Sex – Sex – Sex; die mächtigste Waffe der Welt – und die vergänglichste. Und ich wage es nicht, sie zu benutzen – ich wage es einfach nicht." mehr."

Er nahm sie in die Arme und küsste sie. „Ich kann nicht vergessen, dass du dich damals gegen mich entschieden hast. Seitdem ist etwas passiert, Joan. … Letzte Nacht … Es ist ein weiterer Faktor in der Situation, und ich weiß nicht genau, wie mächtig er sich erweisen wird. Es ist im Moment zu nah … Es ist unscharf. Aber trotz allem weiß ich, dass es kein Spiel wäre, dich mit einem weiteren … Letzte Nacht … zu überrumpeln."

Er starrte über ihren Kopf hinweg, und der Wind wehte ihr die Strähnen ihres Haares gegen seine Wange. „Wir müssen die letzte Nacht an ihren richtigen Platz zurückbringen, graues Mädchen", fuhr er nach einer Weile fort. „Und nur du kannst das tun. . . . Was mich betrifft – warum, daran hat es nie Zweifel gegeben. . . . . Die Entscheidung liegt ganz bei dir. . . ."

„Aber ich möchte mich nicht entscheiden." Ihre etwas gedämpfte Stimme kam von seiner Schulter. „Ich möchte, dass du für mich entscheidest." Dann lehnte sie sich von ihm weg und legte beide Hände auf seine Schultern. „Nimm mich weg, Derek – nimm mich jetzt mit dir weg. Lass uns gehen und heiraten – nur du und ich und Binks – und sofort von allen weggehen und allein sein." Noch einmal klopften die Kobolde spöttisch, aber Vane lächelte nur ernst und schüttelte den Kopf.

„Wo wäre der Unterschied, Liebling?" er hat gefragt. „Wo würde der Unterschied liegen? Ich schätze, zwischen Ihnen und mir geht es nicht darum, ob Sie einen Geistlichen haben oder nicht."

Ihre Hände fielen müde zur Seite und sie wandte sich ab. „Ich nehme an, du tust, was du für richtig hältst, Liebes", sagte sie schließlich. „Und ich kann dich nicht mitnehmen und zum Altar schleppen, oder?"

„Ich will nicht geschleppt werden, kleine Joan, wenn du in vierzehn Tagen noch derselben Meinung bist." Dann ergriff er plötzlich ihre beiden Hände. „Meine Liebe, meine Liebe!", rief er heiser. „Verstehst du nicht, dass ich dir Zeit geben muss, um sicherzugehen? Ich muss …"

Sie schüttelte den Kopf. „Ich habe schon zu viel Zeit gehabt, Derek. Ich habe Angst vor der Zeit; ich will nicht nachdenken. . . . Oh! Junge, Junge, lass mich nicht nachdenken; nimm mich einfach und denk für mich. . . ."

Aber wieder lächelte Vane ernst und schüttelte den Kopf. „So können wir es nicht umgehen, mein Liebling – das können wir einfach nicht …" Er bückte sich, um seinen Mantel aufzuheben, und der verantwortliche Gott warf einen beiläufigen Blick in ihre Richtung, um zu sehen, dass die Dinge sich günstig entwickelten. Und als er das kleine, hoffnungslose Lächeln auf dem Gesicht des Mädchens sah, wandte er sich an einen seiner Freunde.

„Es ist zu einfach", bemerkte er gelangweilt und wandte seine Aufmerksamkeit einem kämpfenden Pfarrer mit vier Kindern zu, die aus Liebe geheiratet hatten. . . .

Und so handelte Vane an diesem Nachmittag nach seinen Vorstellungen. Vielleicht war es Weisheit, vielleicht war es Torheit, aber der Punkt ist unerheblich, denn er steht im Buch der Dinge, die geschehen.

Er ging und erzählte seinem Gastgeber, dass er an diesem Morgen neue Bestellungen bei der Post gefunden hatte, und das Mädchen winkte ihm vom Fenster ihres Schlafzimmers aus mit ihrem Taschentuch zu, als das Auto die Auffahrt hinunterfuhr.

Für einen kurzen Moment nach dem Mittagessen waren sie allein gewesen – aber sie hatte keinen weiteren Versuch unternommen, ihn zu behalten. Sie hatte ihn gerade erst einmal geküsst und seinen Worten leidenschaftlicher Liebe mit einem ernsten kleinen Lächeln zugehört. „Nur vierzehn Tage, mein Schatz", hatte er ihr gesagt. „Aber das müssen wir geben. Du musst sicher sein." Und er war zu sehr mit seinen eigenen Gedanken beschäftigt gewesen, um die Müdigkeit in ihren Augen zu bemerken.

Sie sagte ihm nichts von dem ungelesenen Brief, der oben auf ihrem Frisiertisch lag, und erst lange nachdem er gegangen war, nahm sie den Umschlag und drehte ihn immer wieder zwischen ihren Fingern. Dann öffnete sie es endlich.

Es war genau im gleichen Stil wie alle Briefe, die ihr Vater ihr zu dieser Zeit schrieb. Überströmend vor Hoffnung und Zuversicht und Freude und Vergnügen; er plante neue Schönheiten für ihre geliebte Blandford – er assoziierte Joan immer mit sich selbst, wenn sie sie besaß; er schmiedete Pläne, wie sie nach ihrer Hochzeit jedes Jahr zu ihm kommen und lange Besuche bei ihm verbringen könnte. Es war der Brief eines Mannes, der aus der Dunkelheit der Sorgen ins Licht der Sicherheit gekommen war; und wie in allen anderen gab es den unvermeidlichen Hinweis auf die dunklen Zeiten, die vorbei waren.

Langsam brach die Dämmerung herein, die Schatten hinter den großen Bäumen draußen wurden dunkler. Die Hügel verschwammen zu einem nebligen Nebel, und schließlich wandte sie sich vom Fenster ab. Im flackernden Licht des Feuers warf sie sich mit dem Gesicht nach unten auf ihr Bett. Eine Stunde lang lag sie reglos da, während die Schatten fröhlich um sie herumtanzten und es draußen dunkel wurde. Nur ab und zu drang ein leises, klägliches Stöhnen über ihre Lippen, gedämpft und unartikuliert aus

den Tiefen des Kissens; und einmal schüttelte sie ein heftiges Schluchzen –
Schluchzen, das die alte, duftende Bettwäsche mit Tränen durchnässte. Aber
die meiste Zeit lag sie schweigend da, die Hände geballt und steif, und so ging
sie den Weg des Schmerzes zu ihrem Golgatha. . . .

Um sechs Uhr stand sie auf, wusch sich das Gesicht und puderte sich die
Nase, wie es alle normalen Frauen tun müssen, bevor sie sich einer
unsympathischen Welt stellen, selbst wenn sie von den Qualen der Hölle auf
die Folter getrieben wurden. Dann ging sie mit festen Schritten die Treppe
hinunter ins Wohnzimmer und fand es leer vor. Ohne zu zögern ging sie zum
Klavier und nahm von einem Stapel Noten „Der Garten von Kama“. Sie
wandte sich dem siebten Lied des Zyklus zu –

„Ach! Wenn die Liebe kommt, sind ihre Flügel schnell,
ihre Wege sind voller schneller Überraschungen; es ist gut für diejenigen,
die die Gabe haben, sie zu ergreifen, während sie fliegt …“

Ihre Augen glitten über die wohlbekannten Zeilen, und sie setzte sich ans
Klavier und sang sie durch. Sie sang sie, wie sie noch nie zuvor gesungen
hatte; sie sang sie, wie sie sie nie wieder singen würde. Denn die letzte Note
war kaum verklungen und verhallte in der Stille, als Joan die Partitur in die
Hand nahm und sie zerriss. Sie zerriss die Seiten noch einmal, und dann trug
sie die Stücke hinüber und warf sie ins Feuer. Während sie die Reste mit
einem Schürhaken niederdrückte, kam Mrs. Sutton ins Zimmer und blickte
sie leicht überrascht an.

„Es ist ein altes Lied“, sagte Joan mit einem klaren, schallenden Lachen.
„Eines, das ich nie wieder singen werde. Ich habe es satt …“

Und der verantwortliche Gott hielt einen Moment inne und fragte sich, ob
es der Mühe wert war …

KAPITEL XVII

"Mein Hut!" bemerkte der Adjutant, als Vane seine Rückkehr zum Depot meldete.

„Kann das wahr sein? Den Urlaub aufgeben …"

Vane grinste und setzte sich auf die Tischkante.

„„Es gibt noch mehr Dinge, Horatio"", zitierte er freundlich.

„Aus Liebe zu Pete – nicht dieses alte Motto", stöhnte der andere. „Möchten Sie einen Job?"

"Mein Hut!" lachte Vane. „Kann das wahr sein? Arbeite ich im Depot?"

„Versuchen Sie es mal", grunzte Vallance. „Von all der krummbeinigen Schar von C3-Toten, die ich je gesehen habe, ist diese Schar genau das Richtige … Warum ein verdammter Kerl, der im Kochhaus hilft – Kartoffeln schälen – sagt, dass es ihm Schmerzen bereitet. . Und im Zivilleben war er Außendienstmitarbeiter. Er verfiel in düsteres Schweigen.

„Was ist mit diesem Job?" fragte Vane.

Der Adjutant zündete sich eine Zigarette an. „Wenn Sie möchten, kann ich problemlos einen Subalternen herüberschicken", sagte er. „Aber vielleicht finden Sie es eine gute Reise. Es ist ein Entwurf für das sechste Bataillon in Irland; Sie müssen sie überqueren und in Dublin übergeben."

Vane dachte einen Moment nach und nickte dann.

„Das würde mir gefallen", sagte er. „Ich möchte im Moment lieber etwas tun. . . ."

„Gut, alter Junge. Fangen Sie morgen an. Kommen Sie gegen zehn vorbei, dann gebe ich Ihnen die Papiere."

Vane salutierte und verließ die Schreibstube. Die Aussicht auf die Reise gefiel ihm; wie er gesagt hatte, wollte er im Moment etwas tun. Obwohl er sie erst am Tag zuvor verlassen hatte, wurde die Versuchung, zu Joan zurückzukehren – oder ihr zumindest zu schreiben – immer größer. Er verfluchte sich bereits selbst als Dummkopf für sein Verhalten; und doch wusste er, dass er richtig gehandelt hatte. Die Entscheidung musste ihr überlassen werden …

Und wenn … Vane zuckte bei dem Gedanken mit den Schultern.

Drei Tage später hatte er seine Herde sicher über das Wasser geführt und sie seiner Ablösung übergeben. Die Reise war ohne besondere Vorkommnisse verlaufen, abgesehen von der außerordentlichen Leistung zweier Männer, die es geschafft hatten, sich mit Regierungsbier unerträglich zu betrinken. Vane verbrachte eine Nacht in Dublin, inspizierte mit einer Art Erstaunen den Schauplatz der Kämpfe in der Sackville Street und bereitete sich darauf vor, an Bord der SS „Connaught" für die Rückfahrt zu gehen.

Stand nicht alles im Buch der Worte geschrieben?

Er hätte vielleicht für einen Tag mit dem Jungenjungen anhalten können – aber er tat es nicht; er hätte vielleicht am Vorabend überqueren können – aber er hatte es nicht getan. Er ging lediglich an Bord der „Connaught" und aß früh zu Mittag, was nach bestem Wissen und Gewissen ein ganz normaler Vorgang war. An Bord befanden sich zwar einige Soldaten, die meisten Passagiere bestanden jedoch aus Zivilisten, mit einem hohen Anteil an Frauen und Kindern. Es gab ein paar teuer aussehende Herren in Pelzmänteln, die sich früh in ihre Hütten zurückzogen und von denen Vane entschied, dass sie Parlamentsmitglieder sein mussten. Im Raucherraum befand sich eine Gruppe von sechs jungen Iren, alle im wehrfähigen Alter, die für jeden, der zuhören wollte, freimütig verkündeten – und es war nicht leicht, dies zu vermeiden –, dass sie Sinn Feiners seien. Vane studierte sie eine Weile, mehr um seine eigenen Gedanken abzulenken, als um sich für ihre Meinungen zu interessieren. Es fiel ihm auf, dass sie das genaue Gegenstück zu der neuen Clique der Menschheit waren, die kürzlich auf dieser Seite der Irischen See entstanden ist; fortgeschrittene Denker ohne Gedanken – die Produkte einer kleinen Bildung ohne den Ballast eines Gehirns. Sie sind wild und enthusiastisch in ihrem Wunsch nach Veränderung und wissen nicht, was sie als Ergebnis der Veränderung wollen. Sie sind destruktiv, ohne konstruktiv zu sein, sie verwirren sich mit langen Worten und verachten die Einfachheit. Kein Plan ist ihnen zu wild oder verrückt, vorausgesetzt, sie selbst stehen im Rampenlicht. . . . Und was die anderen betrifft – *qu'importe* ? . . . Das Selbst ist ihr Gott; die schlecht verdauten, halbverstandenen Pläne großer Denker ihre Nahrung; Sprechen Sie über ihre Erholung. Und sie spielen Verlängerung. . . .

Er öffnete die Tür zum Raucherzimmer und trat auf die Terrasse hinaus. Ein paar Augenblicke lang stand er still da und sah zu, wie das Wasser vorbeiströmte, und atmete reichlich frische Luft ein. Er hatte das Gefühl, dass er sich von der verdorbenen Atmosphäre befreien wollte, die er gerade verlassen hatte. Dann begann er mit langsamen, gemessenen Schritten das Deck auf und ab zu gehen. Die meisten Passagiere saßen eingekuschelt in Liegestühlen, aber anders als auf dem Boulogne-Boot gab es viel Platz zum Gehen; und Vane gehörte zu den Menschen, die immer leichter denken, wenn sie sich bewegen.

Und er wollte an Joan denken. Er hatte an nichts anderes gedacht, seit er sie verlassen hatte – aber das Thema wurde nie müde. Er konnte sie jetzt spüren, wie sie in seinen Armen gelegen hatte; Er konnte immer noch den sanften

Duft ihres Haares riechen. Der Wind sang durch die Takelage, und plötzlich überkam ihn ihr Wunder in einer großen Welle, und er starrte mit leuchtenden Augen über das graue Meer.

Nach einer Weile klopfte er seine Pfeife aus und wollte sie erneut stopfen. Als er da stand, mit seinem offenen Tabakbeutel in der Hand, erregte etwas im Meer seine Aufmerksamkeit. Er erstarrte und starrte es an – und im selben Moment zeigte ein wildes Läuten der Maschinenglocke, dass der Offizier auf der Brücke es auch gesehen hatte. Gleichzeitig schien jeder zu bemerken, dass etwas nicht stimmte – und für eine kurze Sekunde brach fast Panik aus. Das Schiff schwankte nach Backbord, aber Vane erkannte, dass es hoffnungslos war: Der Torpedo musste sie treffen. Und die Möwen, die um das Boot kreisten, kreischten ihn misstönend an … Er packte die Reling und wappnete sich für den Aufprall. Unwillkürlich schloss er die Augen – der Teufel … es war schlimmer als ein Knall – das konnte man kommen hören – und das hier …

„Schnell – bring es hinter dich." Er wusste nicht, dass er gesprochen hatte … und dann kam es … Es gab eine gewaltige, zerreißende Explosion – seltsam gedämpft, dachte Vane, verglichen mit einer Granate. Aber sie schien so unendlich mächtiger und zerstörerischer; wie der Aufruhr eines großen Monsters, langsam und fast würdevoll verglichen mit der bissigen Wut eines kleineren Tieres. Es schien, als ob die Eingeweide der Erde sich erschüttert und aufgebrochen hätten.

Das Schiff taumelte und zitterte wie ein zerschmettertes Ding, und Vane öffnete die Augen. Es begann bereits, ein wenig Schlagseite zu bekommen, und er sah das klaffende Loch in seiner Seite, um das herum ein unbeschreibliches Durcheinander aus kleinen Gegenständen und Holzstücken schwamm. Der Torpedo hatte es vorne getroffen, aber trotz der Fahrt trieb das Schiff weiter, und das Trümmergewirr kam direkt unter Vane. Plötzlich kniff er die Augen zusammen und sah, was von einem Mädchen übrig war, das sich langsam im noch immer brodelnden Wasser drehte.

Dann drehte er sich um und betrachtete die Szene an Deck. Die Mannschaft ging in vollkommener Stille ihrer Arbeit nach, und unter den Passagieren herrschte eine Art fassungslose Apathie. Das Ganze war so plötzlich passiert, dass die meisten von ihnen noch kaum realisierten, was geschehen war.

Er sah einen Mann – einen komischen kleinen, pickeligen Mann mit Brille, von dem Typ, von dem er erwartet hätte, dass er die Hände rang und jammerte –, der mit größter Gelassenheit seine Stiefel auszog und sie ordentlich nebeneinander auf das Deck stellte.

Dann kam ein großer, gesunder Mensch in einem Pelzmantel an ihm vorbei, verlangte, den Kapitän zu sprechen, und protestierte wütend, als man ihm sagte, er solle zur Hölle fahren.

„Das ist absurd, Sir", sagte er zu Vane, „absolut absurd. Ich bestehe darauf, den Kapitän zu sehen …"

„Seien Sie nicht dümmer, als Sie können", antwortete Vane unhöflich. „Heute ist nicht der ‚Zuhause'-Tag des Kapitäns …"

Und wieder einmal wurde ihm bewusst, wie es ihm in Frankreich schon so oft bewusst geworden war, wie unmöglich es ist, im Voraus zu erraten, wie sich die Gefahr auf verschiedene Menschen auswirkt. Eine Frau neben ihm weinte leise und versuchte, einen kleinen Jungen zu beruhigen, der sich mit weit aufgerissenen, verängstigten Augen an sie klammerte. . . .

„Glauben Sie, dass eine Gefahr besteht, Sir?" Sie wandte sich an Vane und sah ihn flehend an.

„Das hoffe ich nicht", antwortete er beruhigend. „Es dürften genug Boote für alle da sein. . . . Ah! Schau mal – da sind die Schweine."

Etwa eine halbe Meile entfernt tauchte der Kommandoturm des U-Boots, der ein wenig rollte und gerade überschwemmt war, aus dem Meer auf, und plötzlich hörte Vane eine Stimme neben sich, die ihn bitter und kindisch verfluchte. Er drehte sich um und stellte fest, dass einer der Raucherzimmer-Patrioten die Faust davor schüttelte, während ihm schwache Tränen der Wut über das Gesicht liefen. Als Vane hinterher über das Erlebnis nachdachte, kam er zu dem Schluss, dass sich das Spektakel schon fast gelohnt hatte. . . .

Zwei Boote entfernten sich gerade vom Schiff, das sich bereits am Bug niedergelassen hatte, und zwei weitere befanden sich gerade im Stapellauf, als der Hunne seinem rechtmäßigen Ruf alle Ehre machte. Es gibt Zeiten, in denen einem das abscheuliche Geschwätz eines reuigen Deutschlands übel und übel wird; durch den heuchlerischen Humbug, der Deutsche sei im Grunde seines Herzens ein friedliebender, sanfter Mensch, der von denen über ihm verführt worden sei. Und als Vane grimmig den Weg des zweiten und so unnötigen Torpedos beobachtete, verspürte er ein überwältigendes Verlangen, dass einige der Verfechter der Doktrin an Bord sein könnten.

Die „Connaught" war erledigt; so viel war selbst dem größten Landratten klar. Und der zweite Torpedo könnte nur einen Zweck haben – die mutwillige Zerstörung so vieler weiterer hilfloser Frauen. Außerdem empörte es seinen Sinn für Sport; Es war, als würde man einen sitzenden Vogel mit einer Schrotflinte in Stücke sprengen. . . .

Er sah, wie es mittschiffs zuschlug; Er hatte eine flüchtige Vision einer schreienden, kämpfenden Bootsladung – voller Flüche und Rufe, und dann wusste er nichts mehr. In seinen Ohren dröhnte es, und er schien durch weite Weiten zu reisen. Lichter tanzten und blitzten vor seinem Gehirn und plötzlich fühlte er sich sehr kalt. Der Lärm hatte aufgehört und alles war ganz still und still. . . . Die Kälte wurde stärker, bis sie sich in ihn hineinzufressen schien und sein Kopf seltsam leicht wurde. Fast so, als würde es vor ungewohntem Druck platzen. Dann, gerade als es so aussah, als ob es das Ende wäre und sein Schädel buchstäblich in Stücke fliegen würde, kam plötzlich Erleichterung, und Vane ertappte sich dabei, wie er keuchend und keuchend auf der Wasseroberfläche landete. Um ihn herum war eine Masse Trümmer, und instinktiv griff er nach einem Liegestuhl, der in der Nähe schwebte. Er erreichte es und klammerte sich lange Zeit daran fest, nur mit dem Kopf aus dem Wasser – zufrieden damit, große Schlucke Luft in seine keuchenden Lungen zu saugen. Dann erhob er sich nach einer Weile im Wasser und sah sich um.

Ungefähr fünfzig Meter entfernt sank die „Connaught" schnell, und Vane fragte sich schwach, wie er dorthin gekommen war, wo er war. Noch immer kämpften und kletterten Menschen über die schrägen Decks, und er beobachtete einen Mann, der mit einem Messer auf die Wasserfälle eines teilweise gefüllten Bootes einschnitt.

Er hörte eine Stimme, die den Mann als Narren verfluchte, und fragte sich, wer da sprach. Dann stürzte das Boot mit dem Heck voran nach unten und schoss seine Ladung ins Wasser, und dieselbe Stimme krächzte: „Ich habe es dir gesagt, du verdammter Idiot. Ich habe es dir gesagt." Da wurde ihm klar, dass es seine eigene Stimme war. . . .

Vane schloss die Augen und versuchte nachzudenken. Vermutlich hatte der Funker ein SOS gesendet; vermutlich würde rechtzeitig jemand vor Ort eintreffen. Bis das geschah, musste er sich auf seine Rettung konzentrieren. Sein Kopf schwamm noch von der Wucht der Explosion, und lange Zeit lag er da und stützte sich mechanisch auf dem halb untergetauchten Stuhl. Dann spürte er, dass er sich bewegte, und als er die Augen öffnete, wurde ihm klar, dass das Schiff verschwunden war. Sehr bald hörte der Sog auf, und er fand sich allein auf dem grauen, düsteren Wasser wieder. In der Ferne konnte er ein halbes Dutzend Boote sehen, die auf der kurzen Dünung auf und ab schaukelten; aber in der Nähe war nichts außer Treibgut und Wrackteilen des Schiffes. Das U-Boot war, soweit er es erkennen konnte, verschwunden; jedenfalls war er zu tief im Wasser, um es zu sehen. Nach einer Weile verschwanden auch die Boote des Schiffes aus dem Blickfeld, und zum ersten Mal bekam Vane Angst. Was, wenn das SOS nicht beantwortet wurde? Was wäre, wenn nur die Boote geborgen worden wären und er nie gefunden worden wäre? . . .

Eine überwältigende Panik erfasste ihn und er begann zu schreien – ein klägliches Geräusch, das in der Weite um ihn herum unterging und vom Kreischen eines zahllosen Möwenschwarms übertönt wurde, der um die Beute kämpfte, die ihnen zuteil geworden war. Dann riss er sich mit großer Anstrengung zusammen. Er musste einen kühlen Kopf bewahren und seine Kräfte schonen – er musste … Jedes Boot, das näher kam, würde von den Möwen zum Schauplatz der Katastrophe gelockt werden, wiederholte er sich immer wieder – und dann würden sie ihn sehen.

Er ergriff den Stuhl erneut und schwamm ein paar Züge, um sich warm zu halten. Das war der nächste Punkt, der ihm in den Sinn kam – wie lange konnte er es aushalten, bis er, betäubt von der Kälte, seinen Griff um den Stuhl lockerte und er nur noch seinen Rettungsgürtel hatte, auf den er sich verlassen konnte? Ihm darf nicht kalt werden, er muss gleichmäßig und ruhig schwimmen, um seinen Kreislauf aufrechtzuerhalten – und dabei immer in der Nähe der Möwen bleiben. Er argumentierte sorgfältig in Gedanken, sprach unbewusst laut, und als er sich entschieden hatte, was er tun würde, nickte er völlig zustimmend. Und dann lachte er – ein seltsames, krächzendes Lachen und apostrophierte eine Möwe, die über seinem Kopf kreiste. „Wie verdammt lustig, alter Vogel“, sagte er immer noch kichernd; „Wie verdammt lustig. . . .“ Der Humor der Situation war ihm plötzlich aufgefallen. Nach den langen Jahren in Frankreich, in denen ich wie eine wilde Henne in einem Hühnerstall ertrunken bin! . . .

Zweifellos sah ein Mann, der sich an einen Liegestuhl klammerte, eher wie eine Henne in einem Hühnerstall aus – eine verwahrloste Henne, ganz bestimmt, sehr verwahrlost. Überhaupt nicht die Art Henne, die man im Carlton oder im Savoy zum Abendessen auf den Tisch bringen sollte. Eine billige und eklige Henne, entschied Vane …

Ein Spritzer Wasser traf ihn im Mund und brachte ihn zum Stottern und Husten. „Reiß dich zusammen, Mann“, rief er wütend; „um Gottes Willen, reiß dich zusammen!“ Er merkte, dass seine Gedanken abgeschweift waren; er erkannte, dass dort der Tod lag. Er begann stetig zu schwimmen, hielt sich in der Nähe des Hauptteils des Wracks und schob den Stuhl vor sich her. Mehrmals stießen sie gegen Dinge, und einmal sah Vane durch die Gitterstäbe der Stuhllehne auf etwas, das im Wasser rollte und klatschte. Und dann drehte es sich halb um, und er sah, dass es eine Frau war. Ein paar ihrer Haare, nass und verfilzt, kamen durch die Öffnungen seines Stuhls, und er beobachtete die schwimmenden Ranken eine Weile verständnislos. Tot … natürlich war sie tot … mit dem Wasser, das unaufhörlich über ihr Gesicht spritzte … In Frieden; sie hatte ihre Hand hineingesteckt – den sinnlosen Kampf aufgegeben.

Welche Chance bestand überhaupt, dass rechtzeitig ein Boot kam? Was für ein Narr war er, weiterzugehen, wenn er sich so müde und so kalt fühlte? ... Der Frau machte das nichts aus – der, die da so nah bei ihm im Wasser lag. Sie war vollkommen glücklich ... während er taub und erschöpft war. Warum legte er sich nicht einfach aufs Wasser und schlief ein? ... Er würde der Frau Gesellschaft leisten und genauso glücklich sein wie sie, anstatt seine gefrorenen Hände zwingen zu müssen, dieses verfluchte, glitschige Holz zu halten ...

Und Joan wäre glücklich, weil sie Blandford gerettet hätte; und Baxter, verdammt noch mal, er wäre glücklich; und die ganze verdammte Truppe wäre genauso glücklich wie er, wenn er gerade eingeschlafen wäre ...

Er wäre nie ein Ehemann für Margaret gewesen; die Idee war lächerlich. Stellen Sie sich vor, Sie würden sich hinsetzen und ein Buch schreiben, während sie die Pennys an der Tür nahm – oder musste er die Pennys nehmen? Jedenfalls war die Sache damit erledigt und ersparte sich die Mühe einer Erklärung. Er hasste Erklärungen; alles, was er wollte, war Ruhe und Frieden und Erholung ...

Was für eine Farce das alles war: Der Mensch glaubte, er könne gegen die Wissenschaft ankämpfen. Die Wissenschaft beherrschte das Universum – Flugzeuge, Gas, Torpedos. Und es geschah den Menschen recht, dass sie diese Dinge erfanden; sie hätten vorsichtiger sein sollen. Das Lächeln auf dem Gesicht des toten deutschen Fliegers, als er in der Nähe von Poperinghe auf dem Boden lag, schwebte vor ihm, und er nickte bedeutungsvoll mit dem Kopf.

„Du hast recht, alter Knabe", krächzte er. „Der Mann, den ich kennenlernen möchte, ist der Narr, der das nicht lustig findet ..."

Und dann durchquerte Vane das Tal des Schattens, soweit ein Mensch es durchqueren und dennoch zurückkehren kann. Fremde Gestalten drängten sich um ihn und umringten ihn von allen Seiten. Der Boche, dem er bei Arras das Gehirn weggeblasen hatte, war mit seinem zertrümmerten Schädel da und streckte eine Hand zur Begrüßung aus – und Baxter, der sarkastisch grinste. Margaret – mit einem Überfluss an Mitleid und Liebe im Gesicht und Joan mit ihren grauen, leicht spöttischen Augen ... Und sein Schneider mit der Warze auf der Nase und Mrs. Green und Binks ... Sie waren alle da und verschwanden dann allmählich in der großen Dunkelheit ... Alles wurde still und friedlich – die Ruhe, die er sich gewünscht hatte, war gekommen.

Dann kamen sie plötzlich wieder zurück – die Boche und Baxter und der Rest – und begannen, ihn herumzuzerren. Er fluchte und schimpfte auf sie, aber sie schenkten ihm keine Beachtung; und bald wurde die Qual, die er erlitt, fast unerträglich. In Gottes Namen, warum konnten sie ihn nicht in

Ruhe lassen? ... Er tobte und schluchzte, aber es half nichts. Sie gingen unaufhaltsam weiter, und das Knarren der Ruder in den Dollen des Bootes, das ihn aufgenommen hatte, kam ihm wie das Knarren seiner Arme und Beine vor ...

KAPITEL XVIII

Als Vane seine Augen wieder öffnete und die Wirklichkeit wiedererkannte, fand er sich in einem seltsamen Raum wieder. Für einige Augenblicke lag er ganz still da und tastete sich zurück in eine Halbwelt aus grauen Schatten. Er erinnerte sich an den ersten Torpedo und dann an den zweiten; aber danach schien alles verwirrend. Ein Mann öffnete die Tür und kam zu seinem Bett.

„Fühlst du dich besser?", bemerkte er lächelnd.

„Soweit ich das im Moment beurteilen kann", sagte Vane, „fühle ich mich vollkommen gut. Wo bin ich und was ist passiert? . . ."

„Sie liegen in einem Privatkrankenhaus nicht weit von Liverpool", antwortete der Mann. „Du wärst in der ,Connaught' fast ertrunken und hast außerdem einen schlimmen Schlag auf den Kopf bekommen ... Fühlst du dich jetzt überhaupt benommen?"

„Kein bisschen", sagte Vane und stützte sich auf seinen Ellbogen. „Ich hoffe, sie haben das Schwein gefangen."

„Vor drei oder vier Tagen gab es das Gerücht, dass sie es getan hätten."

Vane starrte den Sprecher an. "Was hast du gesagt?" bemerkte er ausführlich.

„Vor drei oder vier Tagen gab es das Gerücht, das U-Boot sei gesunken", wiederholte der andere.

„Darf ich fragen, wie lange ich schon hier bin?"

„Zehn Tage", antwortete der Arzt. „Aber ich habe Ihrem Depot telegrafiert, dass Sie in Sicherheit sind, Sie brauchen sich also keine Sorgen zu machen."

„Was das Depot betrifft", bemerkte Vane grimmig, „können Sie mir glauben, dass ich nicht ... Zehn Tage ... Zwölf – vierzehn." Er zählte an seinen Fingern ab. „Oh! Verdammt ..."

„Sie haben ein paar Briefe für Sie nachgeschickt", sagte der Arzt. „Ich werde sie für Sie besorgen ..."

„Danke", sagte Vane. „Wann fährt der nächste Zug nach London?"

„Soweit es Sie betrifft, in etwa vier Tagen", lachte der andere.

Er verließ das Zimmer und Vane lag ganz still da. Vierzehn Tage. . . . Vierzehn Tage. . . .

Der Arzt kam zurück und überreichte ihm etwa ein Dutzend Briefe.

„Sie kommen in Abständen", bemerkte er. „Ich schicke Ihnen gleich eine Tasse Bovril rauf ..."

Vane drehte sie rasch in seiner Hand um und stellte fest, dass nur zwei zählten. Er sah sich die Poststempel an, um sie in die richtige Reihenfolge zu bringen, und zog eifrig den Inhalt des ersten heraus. Er war vier Tage nach seiner Abreise aus Melton geschrieben worden.

"Lieber Junge, ich verlasse diesen Ort morgen und gehe zurück nach Blandford; aber bevor ich gehe, möchte ich dir etwas sagen. Ein Mann kann die Handlungen einer Frau zu keiner Zeit sehr gut beurteilen; er neigt so sehr dazu, sie durch seine eigenen Augen zu sehen. Er überlegt und wird logisch ... und vielleicht hat er recht. Aber eine Frau braucht keine Gründe oder Logik – nicht, wenn sie verliebt ist. Sie möchte atemlos aufgewirbelt und mitgerissen werden und Dinge tun müssen; und es spielt keine Rolle, ob sie richtig oder falsch sind – nicht, wenn sie verliebt ist. Vielleicht hattest du recht, Derek, als du weggegangen bist; aber oh, mein Lieber, ich wünschte bei Gott, du hättest es nicht getan."

Eine Krankenschwester kam mit einer Tasse Bovril herein und stellte sie auf den Tisch neben seinem Bett, und Vane drehte sich abrupt zu ihr um.

„Wo sind meine Kleider, Schwester?“

„Du wirst noch eine Weile keine Kleider brauchen“, antwortete sie lächelnd. „Ich komme gleich zurück, um dich fertigzumachen“, und Vane fluchte leise, als sie das Zimmer verließ.

Dann nahm er den zweiten Brief und öffnete ihn. Zuerst dachte er, es sei ein leeres Blatt Papier, aber dann sah er, dass in der Mitte der Seite ein paar Worte standen. Einen Moment lang tanzten sie vor seinen Augen; dann riss er sich zusammen und las sie.

„Für diejenigen, die die Gabe besitzen, ist es gut,
ihn zu ergreifen, während er fliegt …“

„Oh! Du Narr – du Narr! Warum hast du es nicht getan?“

Das war alles, und er lag lange da und starrte auf die kahle Wand gegenüber.

„Warum hast du es nicht getan?“ Die Worte verhöhnten ihn, tanzten in großen roten Buchstaben auf der blassgrünen Leimfarbe, und er schüttelte kindisch seine Füße.

„Das ist nicht fair“, schwärmte er. „Es ist einfach nicht fair.“

Und der verantwortliche Gott warf einen Blick in den Raum, obwohl es für den Mann im Bett nur ein Strahl einer wässrigen Sonne war, in dem kleine Staubkörnchen tanzten und schwebten.

„Es zählt nur ein bisschen Dreck“, murmelte er zynisch. „Es war nicht meine Schuld ... Ich habe nie darum gebeten, torpediert zu werden. Ich habe nur getan, was ich für richtig hielt." Er vergrub seinen Kopf stöhnend in seinen Händen.

Die Krankenschwester kam noch einmal ins Zimmer und musterte ihn vorwurfsvoll. „Das Bovril ist ziemlich kalt", sagte sie und hob es auf. „Das ist sehr unartig von dir. . . ."

Er sah sie an und begann zu lachen. „Ich bin ein sehr ungezogener Mann, Schwester. Aber trotzdem müssen Sie etwas für mich tun. Nein – nehmen Sie diese schreckliche Schüssel und den Schwamm weg. . . . Es macht mir nichts aus, wenn ich schmutzig bin. . . . Sie müssen den Arzt herbringen und meine Kleidung holen. Und unter uns, Schwester, wir werden sie noch betrügen.

„Wen betrügen?" fragte sie beruhigend.

„Die blinden, bösartigen Kobolde, die uns elende Menschen kontrollieren", antwortete er. „Um Himmels willen! Meine liebe Frau, tun Sie, was ich sage. Ich bin nicht benommen, glauben Sie mir."

Und da die Krankenschwester eine stoische und einfallslose Frau war, war es nur gut, dass in diesem Moment der Arzt das Zimmer betrat. Denn hätte sie in ihrer besten Krankenzimmermanier gemurmelt ... „Das ist schon in Ordnung. Nur noch schön waschen und dann gehen wir schlafen", hätte sie zweifellos eine Tasse kaltes Bovril über ihren üppigen Körper geschüttet. So war die Katastrophe abgewendet und Vane wandte sich mit einem Seufzer der Erleichterung an den Arzt.

„Kann ich kurz mit Ihnen allein sprechen, Doktor?", fragte er. „Und, Schwester, würden Sie mir meine Kleider bringen?"

„Doktor", fuhr er fort, als sich die Tür hinter ihr schloss. „Ich muss los – sofort."

„Mein lieber Freund", begann der andere, aber Vane brachte ihn mit einer Handbewegung zum Schweigen.

„Vielleicht hatte ich eine Gehirnerschütterung, vielleicht bin ich fast ertrunken. Vielleicht bin ich der dumme Kaiser, weil ich aufstehen wollte", fuhr er ruhig fort. „Aber es muss sein. Wissen Sie, ich liege ein bisschen im Streit mit ...", er hielt einen Moment inne, als wüsste er nichts, und fügte dann launig hinzu: „mit den Mächten, die die Dinge leiten. Und", wütend: „Ich will verdammt sein, wenn sie hier einen Spaziergang machen ..."

Der Arzt blickte ihn einen Moment lang ernst an, ohne zu antworten.

„Du solltest noch nicht aufstehen", sagte er schließlich.

„Aber Sie lassen mich", rief Vane.

„In zwei Stunden fährt ein guter Zug", antwortete der andere kurz. „Und die Folgen gehen auf Ihre Rechnung ..."

Vane öffnete den Rest seiner Briefe auf dem Weg nach London. Er fühlte sich ein wenig benommen und schwach, obwohl er ansonsten vollkommen fit war, und als er durch sie hindurchgeschaut hatte, starrte er aus dem Fenster auf die vorbeiziehende Landschaft. Sie fuhren durch das Schwarze Land, und es schien ihm im Einklang mit seinen Gedanken zu stehen – mürrisch, unerbittlich, grimmig. Die schwelenden Hochöfen, die hohen, geschwärzten Schornsteine, die kilometerlangen schmuddeligen, heruntergekommenen Häuser – sie alle verspotteten die Fluchtversuche ihrer Erbauer.

„Du hast uns geformt", spotteten sie; „Aus deinem Gehirn wurden wir geboren, und nun wirst du uns für immer dienen. . . . Du kannst nicht – du wirst nicht entkommen. . . ."

Für Vane war alles die Stimme des Schicksals. „Du kannst nicht – du sollst nicht entkommen. Was sein soll – soll sein; und deine kümmerlichen Bemühungen werden keinen einzigen Buchstaben im Buch verändern ..."

Und doch hatte er Joan aus freien Stücken verlassen; er war selbst schuld daran.

„Was wäre, wenn ich getan hätte, was sie wollte?", fragte er laut. „Was hättest du dann getan, du Schwein?"

Aber auf die Frage „Was hätte sein können" gibt es in dieser Welt keine Antwort; nur Schweigen und Fantasie, die manchmal sehr gnadenlos ist.

Er stieg in Euston aus dem Zug und fuhr direkt zu seinem Zimmer. Zum ersten Mal in seinem Leben schenkte er Binks keine Beachtung, und dieser Würdige, der wusste, dass etwas nicht stimmte, saß einfach in seinem Korb und wartete. Vielleicht konnte er später irgendwie helfen ...

„Die junge Dame, die zum Tee kam, war vor vier oder fünf Tagen hier, Mr. Vane", sagte Mrs. Green, nachdem sie ein Streichholz ans Feuer gelegt hatte.

Vane saß ganz still da. „Und was wollte sie, Mrs. Green?"

„Um Sie zu sehen, Sir. Sie sagte, sie hätte im Depot angerufen, und der Mann, der antwortete, sagte, Sie seien im Urlaub ..."

„Das würde er", sagte Vane grimmig.

„Also kam sie hierher", Mrs. Green hielt inne und beobachtete ihn mit mütterlichem Blick; dann beschäftigte sie sich unnötigerweise am Feuer. „Ich fand sie mit Binks in ihren Armen – und sie schien einfach elend zu sein.

‚Oh! Können Sie mir nicht sagen, wo er ist, Mrs. Green?‘ „Das kann ich nicht, meine Liebe“, sagte ich, „denn ich weiß es nicht.“ Und dann nahm sie ein Blatt Papier, schrieb ein paar Worte darauf, versiegelte es und adressierte es an Sie in Murchester.

„Ah!“, sagte Vane ruhig. „Sie hat es hier geschrieben, nicht wahr?“ Er lachte kurz und bitter. „Sie hatte recht, Mrs. Green. Ich hatte das Spiel in der Hand und habe es weggeworfen.“ Er stand auf und starrte grimmig auf die Häuser gegenüber. „Hat sie zufällig gesagt, wo sie wohnt?“

„Ashley Gardens“, sagte sie, „und wenn Sie hereinkommen, solle ich es Ihnen sagen.“

„Danke, Mrs. Green.“ Schließlich drehte er sich um und nahm das Telefonbuch zur Hand. „Vielleicht können Sie mir ja einen Tee geben …“

Die ehrenwerte Frau eilte kopfschüttelnd aus dem Zimmer. Wie Binks wusste sie, dass etwas ganz und gar nicht in Ordnung war, aber der Trost, in einem Korb zu sitzen und zu warten, bis die Wolken vorbeiziehen, blieb ihr verwehrt. Denn die Menschen müssen Pläne schmieden und sich Sorgen machen, was auch immer geschieht …

„Ist das Lady Auldfearn?“ Vane nahm das Telefon vom Tisch. „Oh! Lady Auldfearn spricht? Ich bin Captain Vane Heute Abend. Aber Sie wissen nicht, wo sie ist.

Er legte den Hörer auf und lehnte sich stirnrunzelnd in seinem Stuhl zurück. Dann kam ihm plötzlich ein Gedanke und er zog die Briefe, die er am Morgen erhalten hatte, aus der Tasche. Er zog eines in Nancy Smallwoods weitläufiger Handschrift heraus und überflog es noch einmal, um sich zu vergewissern.

„Essen Sie um 8 Uhr – und gehen Sie anschließend zum Mainwarings-Tanz. . . . Kommen Sie, wenn Sie können. . . .“

Vane legte es vor sich auf den Tisch und verbeugte sich tief davor. „Wir könnten“, bemerkte er zu Binks, „es fast gerahmt haben.“

Und Binks‘ zitternder Schwanz stimmte zu, indem er eine Reihe von Schlägen gegen seinen Korb ausführte.

„Ich hoffe, dass Sie Ihren Dinnerpartner nicht zu schrecklich finden.“ Nancy Smallwood warf kleine Vogelblicke durch den Raum, als sie Vane an diesem Abend begrüßte. „Sie hat eine Mission … oder zwei. Sie hält Soldaten davon ab, zu viel zu trinken und in schlechte Hände zu geraten. Persönlich wäre alles – *alles besser, als in ihre Hände zu geraten.*“

„Mir kommt es vor“, murmelte Vane, „als wäre ich auf die Füße gefallen. Sie ist doch nicht diese gigantische Frau in Lila, oder?“

„Mein lieber Junge! Das ist Georges Mutter. Du kennst meinen Mann. Nein, da ist sie – die Runzelige in Schwarz … Und sie geht auch zu den Mainwarings – also musst du mit ihr tanzen. "

Zu jeder anderen Zeit hätte Vane seiner Nachbarin vielleicht etwas Humor entlockt, aber heute Abend, in seiner Stimmung, schien sie typisch für alles zu sein, was völlig sinnlos war. Sie strapazierte seine Nerven, bis er ihr nur noch höflich antworten konnte: „Wir machen dies und wir haben jenes entschieden.“ Der Krieg hatte ihr eine Gelegenheit zur Selbstdarstellung gegeben, die ihr bisher verwehrt geblieben war. So furchtbar sie es auf der einen Seite ihres Wesens zweifellos auch fand, auf der anderen Seite machte es sie fast glücklich. Es hatte ihr ermöglicht, sich in das Schema der Dinge einzuzwingen; Aus einer Nichtigkeit hatte sie sich zu einer Person mit einer Mission entwickelt. . . .

Zwar waren die Handlungen und Entscheidungen, auf denen sie ständig herumritt, zum Wohle der Männer, die er geführt hatte. Aber für diese Frau waren es nicht die Männer, die am meisten zählten. Sie mussten sich in die Entscheidungen einfügen, nicht die Entscheidungen in sie. . . .

Sie waren unerbittlich, genau wie die Gesetze der Meder und Perser. Und wer war diese elende Frau, dass sie das Gesetz erlassen konnte? Was wusste sie, was verstand sie?

„Und so beschlossen wir, dass wir damit wirklich aufhören mussten. Die Leute begannen sich zu beschweren; und wir hatten ein oder zwei – äh – bedauerliche Skandale.“

Vane schreckte aus seinen Träumen hoch und erkannte, dass er keine Ahnung hatte, wovon sie sprach.

„In der Tat“, murmelte er. „Möchten Sie eine gesalzene Mandel?“

„Meinen Sie nicht, dass wir recht hatten, Captain Vane?“, fuhr sie unerbittlich fort. „Die Männer sind so vielen Versuchungen ausgesetzt, dass das Mindeste, was wir tun können, darin besteht, diejenigen auszuschalten, die wir können.“

„Aber sind sie jetzt mehr ausgesetzt als vorher?“, bemerkte er müde. „Warum lassen Sie sie nicht in Ruhe, meine Dame, lassen Sie sie in Ruhe? Sie haben es verdient.“

Schließlich erhoben sich die Damen, und Vane seufzte erleichtert auf und setzte sich neben einen Anwalt, den er gut kannte.

„Du siehst ziemlich mies aus, Derek“, sagte er und sah Vane kritisch an.

„Ich habe neben einer Frau mit einer Mission gespeist“, antwortete er. „Und ich wäre im ‚Connaught‘ fast ertrunken.“

Der Anwalt sah ihn scharf an. „Und beides zusammen hat Ihnen den Rest gegeben."

„Oh! Nein. Ich hebe mir meinen letzten Versuch für den dritten auf. Den bekomme ich bei den Mainwarings." Er hob sein Glas und ließ das rubinrote Licht durch seinen Portwein schimmern. „Warum kämpfen wir, Jimmy? Warum, um Himmels willen, tut irgendjemand jemals etwas anderes, als sich treiben zu lassen? Schauen Sie sich diese verdammte Dummheit über dem Wasser an ... Der gigantischste Kampf der Welt. Und schauen Sie sich das Ergebnis an ... . Anarchie, Rebellion, Streit, was nützt es?

Der Anwalt zündete sich nachdenklich eine Zigarette an. „Es geht nicht nur euch da draußen, Derek", sagte er, „denen es so geht. Wir sind alle auf dem Sprung, und wir alle füllen es auf. Das Ergebnis ist eine Prüfung wie ..." Das hatten wir neulich, als Zeugen und Richter sich gegenseitig anschrien und die Würde mit Füßen getreten wurde. Jede Seele in England las den Fall – im Allgemeinen zweimal – bevor man sie alle im Zug sehen konnte Geschäft – wobei das Blatt, auf dem es berichtet wurde, vorsichtig von seinem richtigen Platz genommen und in die Mitte des Papiers gelegt wurde, damit sie so tun konnten, als würden sie die Kriegsnachrichten lesen.

Vane lachte. „Wir waren besser als das. Wir haben es angenommen, nackt und ohne Scham, in der Reihenfolge unseres Dienstalters. Und niemand durfte irgendein Leckerbissen laut vorlesen, aus Angst, es dem nächsten Mann zu verderben."

Jimmy Charters lachte kurz. „Wir sind einfach nervös, und Sensationsgier hilft. Sie lenkt einen für einen Moment von sich selbst ab, man vergisst."

„Und das Ergebnis ist, dass jemand, eine Klasse, mit Dreck beworfen wird. Egal, ob es wahr ist; egal, ob es ratsam ist – es ist Dreck. Und er klebt gleichermaßen an den Gerechten und den Ungerechten; während die Welt zusieht und höhnisch lästert; und über dem Wasser sehen die Menschen zu und – sterben."

George Smallwood schob seinen Stuhl zurück. „Kommt schon, Jungs. Die Cuthberts werden aus ihren Schlupflöchern kommen." ... Er ging voran zur Tür und Vane stand auf.

„Achten Sie nicht darauf, was ich gesagt habe, Jimmy." Der Anwalt schlenderte neben ihm her. „Es ist Leber; ich werde morgen früh eine Dosis Salze nehmen."

Jimmy Charters sah ihn einen Moment lang schweigend an.

„Ich weiß nicht, was im Moment besonders beunruhigend ist, alter Mann", sagte er schließlich, „aber lassen Sie nicht locker. Ich bin kein Himmelspilot, aber ich vermute, dass irgendwo oben ein Big Controller ist." Wer versteht. Nur ist es manchmal etwas schwierig, dem zu folgen.

Vane lachte kaum. „Das passiert wahrscheinlich, wenn die Laubsäge ausrutscht."

Vane schlenderte in den Ballsaal und sah sich um, aber von Joan war keine Spur; und dann sah er, dass es neben dem Hauptraum einen weiteren, kleineren Raum gab, in dem ebenfalls getanzt zu werden schien. Er ging darauf zu, und als er die Tür erreichte, blieb er abrupt stehen und seine Augen wurden schmal. Mittendrin führte Joan einen Schautanz auf, unterstützt von einem Jugendlichen des Flying Corps.

Das Publikum, das an den Seiten des Raumes saß, applaudierte lautstark und spornte die Tänzer zu noch größeren Anstrengungen an. Und dann löste sich Joan plötzlich von ihrem Partner und tanzte allein, während Vane mit geradem, hartem Kiefer an der Tür lehnte. Einmal wanderte sein Blick über die Gesichter der Männer, die zusahen, und er ballte die Fäuste an seinen Seiten. Besonders ein älterer Mann mit hervortretenden Augen weckte in ihm eine regelrechte Wut …

Es war eine wilde, gewagte Darbietung – eine Masse wirbelnder Vorhänge und grauer Seidenstrümpfe. Mehr noch, es war eine wundervolle Darbietung. Sie tanzte mit einer unbekümmerten Hingabe, die sich allmählich in pure Teufelei verwandelte, und sie begann, den Raum dicht an den Gästen entlang zu umrunden, die an den Wänden aufgereiht standen. Vor Vane standen zwei Männer, und als sie sich der Tür näherte, drängte er sich ein wenig vor, so dass er ganz in Sicht kam. Einen Moment lang dachte er, sie würde vorbeigehen, ohne ihn zu sehen, aber dann trafen sich ihre Blicke. Sie hielt inne und stockte, und dann drehte sie sich um und ließ sich anmutig zu Boden sinken, in der bewährten Art des Knickses, um zu zeigen, dass sie fertig war.

Die Zuschauer forderten lautstark eine Zugabe, aber sie stand auf und ging direkt auf Vane zu.

„Wo warst du?", sagte sie.

„Seit zehn Tagen bewusstlos im Krankenhaus", antwortete er grimmig. „Ich bin mit der ‚Connaught' untergegangen. . . . Darf ich Ihnen zu Ihrer wunderbaren Leistung gratulieren?"

Einen Moment lang dachte er, sie würde ohnmächtig werden, und instinktiv streckte er den Arm aus, um sie festzuhalten. Dann kam die Farbe in ihr Gesicht zurück, und sie hakte sich bei ihm unter.

„Ich möchte etwas essen. Nehmt es mir bitte ... Nein, nein, meine lieben Leute, nicht mehr", als eine Schar von Gästen um sie herumkam. „Ich brauche Essen."

Ihre Hand auf seinem Arm schob Vane nach vorne und gehorsam führte er sie durch den Ballsaal.

„Wenn es Champagner gibt, hol mir ein Glas", sagte sie und setzte sich an einen Tisch. „Und ein Sandwich ..."

Gehorsam holte Vane, was sie wünschte, und setzte sich ihr gegenüber.

„Die vierzehn Tage sind um", sagte er ruhig. „Ich bin gekommen, um meine Antwort zu bekommen."

„Hast du meine Briefe bekommen?", fragte sie langsam.

„Beides. Als ich heute Morgen zu mir kam. Und ich wollte mich nicht grundlos einen Narren nennen lassen, Mylady – also bin ich aufgestanden und habe nach Ihnen gesucht. Was ist mit dem ausgezeichneten Baxter? Steht das Datum für Ihre Hochzeit fest?"

Sie sah ihn einen Moment lang schweigend an und begann dann zu lachen. „Die Zeremonie in der Kirche findet in einer Woche nach seiner Rückkehr aus Frankreich statt."

„Oh! Nein, das tut es nicht", sagte Vane grimmig. „Aber das lassen wir mal durchgehen. Darf ich fragen, ob Ihre Unterhaltung heute Abend ein Hinweis auf die Freude war, die Sie angesichts dieser Aussicht empfinden?"

Sie begann erneut zu lachen, und es klang dabei hässlich. Eine Frau am Nebentisch sah sie neugierig an.

„Hör auf damit, Joan", sagte er mit leiser, eindringlicher Stimme. „Um Gottes willen, reiß dich zusammen. . . ."

Sie blieb sofort stehen, und nur das unaufhörliche Drehen ihres Taschentuchs zwischen ihren Fingern verriet sie.

„Ich schätze, es wäre nicht gut, in einen Anfall heftiger Schläge zu verfallen", sagte sie mit einer Stimme, die sie vergeblich versuchte, ruhig zu halten. „Die Mainwarings denken vielleicht, dass es ihr Champagner war – oder die ersten Symptome einer Grippe – oder unerwiderte Liebe ... Und sie sind doch so sehr respektabel, nicht wahr? – die Mainwarings, meine ich?"

Vane sah sie ernst an. „Sprich eine Weile nicht. Ich hole dir noch ein Glas Champagner. . . ."

Aber Joan stand auf. „Ich will es nicht", sagte sie. „Bring mich irgendwohin, wo wir reden können." Sie legte ihre Fingerspitzen auf seinen Arm. „Sprich zum letzten Mal, mein Freund. . . ."

„Ich will verdammt sein", murmelte er zwischen zusammengebissenen Zähnen.

Sie gab keine Antwort; und schweigend fand er zwei Stühle in einer abgeschiedenen Ecke hinter einem Paravent.

„Sie sind also mit der ‚Connaught' untergegangen, oder?" Ihre Stimme war ganz ruhig.

„Das habe ich. Daher mein Schweigen."

„Und hätten Sie meinen ersten Brief beantwortet, wenn Sie ihn erhalten hätten?"

Vane dachte einen Moment nach, bevor er antwortete. „Vielleicht", sagte er schließlich. „Ich wollte, dass du entscheidest. . . . Aber", grimmig, „hätte ich schon in der Sekunde geantwortet, wenn ich es gehabt hätte. . . ."

„Das habe ich in Ihren Zimmern geschrieben, nachdem ich aus Blandford zurückgekommen war", bemerkte sie, während ihr Blick immer noch auf ihn gerichtet war.

„Das habe ich von Mrs. Green erfahren … Meine Liebe, Sie müssen doch gewusst haben, dass etwas passiert ist." Er nahm eine ihrer Hände in seine und sie lag leblos und reglos da.

„Ich dachte, du wärst weltfremd", sagte sie. „Ich versuche, das Richtige zu tun – und ich war müde … mein Gott! Aber ich war müde." Sie schwankte auf ihn zu und in ihren Augen lag Verzweiflung. „Warum hast du mich gehen lassen, mein Mann – warum hast du mich gehen lassen?"

„Aber das habe ich nicht, Mylady", antwortete er mit verwunderter Stimme. "Morgen. . . ." Mit einem leisen, halb unterdrückten Stöhnen legte sie ihre Hand auf seinen Mund. „Nimm mich einfach in deine Arme und küsse mich", flüsterte sie.

Und es schien Vane, als würde seine ganze Seele ihn verlassen, als er ihre Lippen auf seinen spürte.

Dann lehnte sie sich in ihrem Stuhl zurück und sah ihn ernst an. „Ich frage mich, ob Sie es verstehen werden. Und noch mehr frage ich mich, ob Sie mir vergeben werden. Da Sie die Dinge nicht für mich regeln wollten, musste ich sie selbst regeln …"

Vane spürte, wie er immer starrer wurde.

„Ich habe sie für mich selbst in den Griff bekommen“, fuhr sie ruhig fort, „oder vielmehr haben sie mich für sich selbst in den Griff bekommen. Ich habe versucht, dir klarzumachen, dass ich Angst hatte, weißt du … und du wolltest nicht.“

„Worauf wollen Sie hinaus?“, sagte er heiser.

„Ich heirate Henry Baxter in etwa einer Woche in der Kirche. Ich habe ihn am Tag seiner Abreise nach Frankreich im Standesamt geheiratet.“

EPILOG

Vom Cromarty Firth wehte ein grauer Nebel über das Tal. Es verbarg die niedrigen Hügel, die die kleine Nebenbahnlinie flankierten und langsam und unmerklich durch die braunen Bäume an ihren Hängen trieben und wirbelten. Unten in London war eine Welt verrückt geworden – aber der Nebel schenkte dieser Dummheit keine Beachtung. Reihen von Männern und Frauen spazierten Arm in Arm durch Piccadilly, um das Ende des Wahnsinns zu feiern. Kreischende Partys fuhren in übergewichtigen Taxis nach Wimbledon oder Limehouse oder die Bond Street hinauf und hinunter, aber der Nebel rollte lautlos und unaufhaltsam weiter. Keines dieser Dinge wurde berücksichtigt.

Von Anfang an war ein Nebel wie dieser vom offenen Meer her das Tal heraufgeweht; bis zum Schluss würde es weitergehen. . . . Es war Teil der Naturgesetze, und der Mann, der es kommen sah, drehte sich mit einem leichten Schauder um.

Vor ihm erstreckte sich das braune, schroffe Moorland, das sich in den schneebedeckten Hügeln verlor. Hier und da war das Moorland dunkler, und zu seinen Füßen lag, in den glatten grauen Stein gewölbt, eine Wasserfläche. Sie war dunkel und sah böse aus, und ab und zu wehte ein Windstoß von den Hügeln herab und kräuselte die glatte Oberfläche.

Die Farben der Heidelandschaft waren düster und dunkel; und unter den Schneemassen weit weg im Herzen von Ross-shire schien es dem Mann, der mit grüblerischen Augen zusah, als sei es die Schwärze der Nacht. Eine verlassene, tote Welt, deren Nacktheit von einem kalten, grauen Leichentuch verhüllt war.

Er schauderte erneut und wischte sich die Feuchtigkeit aus dem Gesicht, während ein Terrier neben ihm näher kam, um ihn zu trösten.

Und dann kam die Veränderung. Schnell und triumphierend fing die Sonne den Nebel ein und vertrieb ihn. Einer nach dem anderen entstanden die zerklüfteten Hügelketten wieder – einer nach dem anderen riefen sie: „Wir sind frei, seht uns …"

Das erste war ein zartes Braun, und direkt dahinter ragte ein kleiner violetter Höhepunkt empor. Noch weiter entfernt wurden die Brauntöne dunkler und kräftiger – die Veilchen verwandelten sich in ein wundersames Lila. Und das Schwarz unter dem Schnee schien aus sattem Samt zu sein.

Der Teich zu Füßen des Mannes schimmerte türkisblau; Das Moorland glänzte silbern im Sonnenlicht. Und als Krönung des Ganzen leuchteten die glatten Schneehänge in der Ferne rosa und orange, wo sie zuvor weiß und kalt gewesen waren.

Denn das Leben war in ein Land des Todes gekommen.

Allmählich verblasste der grübelnde Gesichtsausdruck des Mannes, ein Schimmer skurrilen Humors leuchtete in seinen Augen. Er holte einen alten Dornbusch aus seiner Tasche und begann ihn zu füllen; und bald kräuselte sich der blaue Rauch träge nach oben in die stille Luft. Aber er stand immer noch regungslos da und starrte über das Moor, die Hände tief in den Taschen seines alten Jagdmantels, den er trug.

Plötzlich warf er den Kopf zurück und lachte; dann streckte er fast unbewusst seine Arme der untergehenden Sonne entgegen.

„Danke", rief er, und mit einem schnellen Flügelschlag erhoben sich zwei Auerhühner in der Nähe und schossen wie braune Streifen über den silbernen See. „Früher oder später verschwindet der Nebel immer..."

Er klopfte die Asche aus seiner Pfeife und steckte sie wieder in die Tasche. Und als er sich aufrichtete, schien es dem Mann plötzlich, als ob die Berge und die Heide, der Bergsee und das Moorland die Veränderung in ihm billigten und ihn für würdig befanden und ihm ihre Botschaft überbrachten.

„Die Sonne wird immer siegen", riefen sie im mächtigen Chor. „Früher oder später wird der Nebel verschwinden."

Eine Weile stand der Mann da, während die Sonne immer tiefer sank und die Welt in Glanz tauchte. Dann pfiff er...

„Das ist dein letzter Spaziergang im Moorland, Binks, alter Mann. Also komm schon. Morgen gehen wir zurück."

Und während ein Terrier wie verrückt durch das Heidekraut um ihn herum huschte, schritt der Mann vorwärts.